미라클레터 MIRAKLE LETTER 2023 트렌드 리포트

미래10년,
빅테크로 미리보기

이상덕 이덕주 지음

매일경제신문사

CONTENTS

프롤로그

'미러클 모닝을 꿈꾸는 직장인의 참고서'인 뉴스레터 미라클레터가 마침내 책으로 나왔습니다. 미라클레터는 매일경제 실리콘밸리 특파원이 보내는 테크놀로지 분석 편지로 2019년 4월 처음 보내 드렸는데요. 그동안 많은 변화의 길을 걸어왔어요. 독자님들의 요청에 맞춰, 전 세계 트렌드뿐 아니라 기업문화 그리고 커리어 성장까지 그 폭을 넓혔습니다. 정보가 되고 동기부여를 드리는 편지로 성장했어요.

미라클레터 필자들은 이번에 편지를 책으로 엮으면서 많은 고민을 했습니다. 첫 베타 버전을 선보인 이후 2022년 9월에 꼭 500호를 보내 드렸는데요. 500호를 250쪽 분량의 책으로 내려니 총 25권이나 됐습니다. 그래서 어떤 콘텐츠를 선별해 담을까 고민에 고민을 거듭했습니다. 필자들은 미라클레터가 테크놀로지를 분석해 드리는 편지였다는 초심으로 돌아왔어요. 그래서 2022년 이후 일어난 테크놀로지 이슈를 영역별로 묶기로 했습니다. 달라진 내용은 다시 업데이트 했고, 책에 맞게 포맷을 변경했습니다. 아쉽지만 분량이 넘치다보니 동기부여나 리더십 인사와 같은 시대에 얽매이지 않는 에버그린 콘텐츠는 2023년에 별도 책으로 낼까 합니다.

책으로 나온 미라클레터의 챕터는 크게 일곱 가지로 구성했습니다. 각 챕터는 인공지능, 반도체, 클라우드, 메타버스, 우주항공, 미디어, e커머스라는 키워드를 따라가는데요. 챕터마다 구글, 테슬라, 애플, 아마존, 메타, 스페이스X, 유튜브처럼 빅테크 기업의 스토리를 먼저 서술했습니다. 빅테크 기업이 테크놀로지 생태계의 트렌드를 주도하고 있기 때문입니다. 또 스타트업은 어떤 테크놀로지를 개발해 빅테크 기업을 따라잡으려 하는지 함께 살펴봤습니다. 왜 이런 테크들이 유행하고 있는지, 새로운 테크의 부상으로 비즈니스 모델은 어떻게 달라졌는지 함께 짚었습니다.

미라클레터는 독자님들과 늘 함께 호흡하는 뉴스레터를 꿈꿉니다. 필자들은 항상 콘텐츠를 만들 때 어떤 독자님들이 어떻게 사용하시는지에 관심이 많습니다. 2021년 11월에 약 2주간 독자님들께 여쭤 봤는데요. 미라클레터를 성장하는 데 필요한 에너지와 동기부여를 받고, 알게 된 지식을 통해 아이스 브레이킹을 하고, 가족과 소통하기 위한 소재로 쓰고, 사내 교육을 위한 교재로 쓰며, 투자 스터디 클럽에서 내용을 공유한다는 답변을 많이 받았어요.

대체육과 채식 등에 대한 이야기들이 미라클레터에서 계속 나오는 것을 보고 '채식'이라는 키워드로 소스 제품을 개발하신 박민정 식품회사 연구원님이 대표적입니다. 또 실리콘밸리 흐름을 파악해 재테크에 도움을 받았다는 맘편한세상의 황효미 매니저님, 사업기획이 막힐 때 콘텐츠 내용을 살펴 적용한다는 손용우 님도 계셨습니다. 2022년 약 7만 명에 달하는 독자님들이 미라클레터를 읽고 계시는데요. 대한민국 주요 기업들의 최고경영자(CEO)님 상당수가 아침을 함께하고 계세요.

항상 독자님과 함께인 것이죠. 그래서 책에서도 문어체를 사용하지 않았어요. 우리말은 책으로 옮길 때는 독자를 특정할 수 없기 때문에 반말로 적는 것이 일반적인데요. 미라클레터는 독자님 한 분 한 분을 생각하고 쓰기 때문에, 존댓말과 구어체로 책을 썼습니다. 딱딱한 책이 아닌 옆에서 낭독해주는 서간문이나 편지라는 생각으로 말이죠. 만약에 책을 읽다가 더 업데이트가 필요하시거나 궁금하신 것이 있다면 미라클레터를 구독해 주세요. 방법은 간단합니다. 검색창에서 '미라클레터'로 검색하면 바로 한눈에 보여요. 클릭을 해서 구독만 하면 무료로 보실 수 있는데요. 미라클레터 편지 끝에 있는 '좋았어요' '별로예요' 버튼을 누르고 몇 자만 적어주세요. 필자들이 달려가 답변을 드리겠습니다.

세상을 바꾼 혁신가들은 이런 말들을 남겼어요.

"고객에게 더 가까이 다가가라. 너무 가까워서 고객 스스로가 알아채기도 전에 그들에게 필요한 것을 미리 말해줄 만큼."(스티브 잡스)
"고객을 만족시켜라. 처음에도, 맨 나중에도, 그리고 항상."(루치아노 베네통)

미라클레터는 독자님들과 함께하는 성장을 꿈꿉니다. 미라클레터 책을 읽고 독자님들이 한층 더 성장하시기를 기원합니다. 늘 응원합니다.

— 이상덕 특파원·이덕주 기자 드림

인공지능 | 플랫폼 | 로봇

구글, 테슬라

생성형 AI의 시대!
사람은 뭘 해야 하죠?

"활자 인쇄가 인간의 창의성을 열어준 것처럼 (인공지능 화가는)
이제 누구나 시각적 창의성에 접근할 수 있게 만들어졌다."

: 에마드 모스타크 스태빌리티AI 창업자 겸 CEO

인공지능(AI) 화가가 그림을 그려준다. AI가 작곡을 해준다. AI가 삼행시를 짓는다. 기사나 소셜미디어에서 이런 내용을 들어보셨을 것 같은데요. 이같이 뭔가를 만들어내는 AI를 통틀어 '생성형 인공지능(Generative AI)'이라고 부른다고 합니다. 미라클레터에서도 여러 번 다뤘던 주제.

그런데 오늘 또 '생성형 AI'를 주제로 들고 나왔는데요. 왜냐하면 그동안이 앞선 기술을 소개해오는 차원이었다면 이제는 당장 이 기술을 나의 직업을 위해 사용할 수 있을 정도로 코앞에 다가왔기 때문입니다. 이건 반대로 '생성형 AI'가 누군가의 일자리와 생계를 빼앗아갈 수도 있다는 뜻입니다. 최근 나온 AI 트렌드 보고서에서도 이를 자세히 다루고 있어서, 오늘은 생성형 AI에 대해 살펴보고자 합니다!

일러스트 업계가
뒤집힌 이유

최근 2주간 일러스트 업계는 AI 때문에 떠들썩했습니다. 여기에서 일러스트 업계란 전반적인 그림이 아니라 일본 '아니메(Anime)' 스타일의 일러스트를 그리는 업계를 뜻하는데요. 만화 표지, 웹소설 표지, 게임 등에서 이 같은 일러스트가 주로 쓰이고 있어요. 이런 일러스트레이터에게 돈을 주고 그림을 그려달라고 맡기는 것을 '커미션'이라고 부릅니다. 회사에 소속돼 있어 이런 스타일의 그림을 그리는 일러스트레이터도 있고, 커미션으로 생활비를 버는 프리랜서 일러스트레이터도 꽤 있었죠. 정확한 규모는 알 수 없지만 시장이 존재하고, 기업 내에서도 명확한 수요가 있는 직군이었습니다.

미라클레터가 노블AI로 생성한 기자 일러스트.

하지만 2022년 10월 한 회사가 내놓은 서비스 때문에 일러스트레이터는 존재의 불안감을 느끼게 됐습니다.

바로 노블AI라는 회사가 내놓은 '노블AI 이미지 제너레이션(NovelAI Image Generation)'입니다. 이 회사는 이름 그대로 AI가 소설을 써주는 서비스를 개발하는 곳이었습니다. 그런데 이 회사가 '스테이블 디퓨전(Stable Diffusion)'이라는 오픈소스 '텍스트 투 이미지(Text-to-Image) AI' 모델을 사용해 아니메 일러스트에 최적화된 서비스를 내놓은 것입니다. 달리2(DALL-E 2), 미드저니, 스테이블 디퓨전 같은 기존 서비스와 다르게 아니메 그림을 학습시켜 텍스트를 입력하면 아니메 스타일 일러스트를 그려주는 서비스였습니다.

5만원 주고 만들던 것 15원이 됐다

그런데 AI가 그린 아니메 스타일 일러스트가 웬만한 평범한 일러스트레이터의 수준에 맞먹는 결과물을 내놓기 시작했습니다.

이 노블AI의 결과물 때문에 우리나라뿐만 아니라 전 세계 소셜미디어와 온라인 커뮤니티가 떠들썩했습니다. 왜냐하면 일러스트레이터가 수년간 공부해 어렵게 익혔던 기술을 AI가 순식간에 따라할 수 있는 것으로 나타났기 때문입니다. 한 장의 AI 일러스트가 만들어지는 데 걸리는 시간은 약 1분. 노블AI는 월 10달러인 구독 서비스에 가입하면 일러스트를 그리는 데 쓸 수 있는 화폐를 주는데, 이에 따라 환산한 그림 한 장당 가격은 15원에 불과했습니다. 보통 커미션의 가격은 그림 타입과 필요한 노력에 따라 다르지만 장당 1만~10만원 범위에 들었던 것을 감안하면 충격적인 비용이었습니다.

실제로 제가 사용해보니 그 자체로 완결되는 작업물이 나오는 사례는 드물었고 약간의 수정작업이 필요했습니다. 특히, AI 화가는 손가락을 잘못 그릴 때가 많았는데요. 캐릭터 한 명만 나오는 일러스트에서는 그럭저럭 쓸 만했지만 등장인물을 여러 명으로 늘리자 실망스러운 결과물이 많았습니다. 하지만 이런 단점이 향후 개선될 여지가 있다는 걸 생각해보면 '돈 내고 써볼 만한데?'라는 생각이 들었습니다.

빅테크 너도나도 AI 창작 서비스

지난 몇 주간 빅테크들이 너도나도 생성형 AI를 이용한 서비스를 자랑하는 데 바빴습니다. 대표적인 텍스트 투 이미지 서비스인 스테이블 디퓨전과 미드저니가 인터넷에서 유행어(buzzword)가 되기 시작하자 빅테크들은 다급하게 자신들이 연구하고 있던 생성형 AI를 꺼내놓기 시작했습니다.

9월 29일: 메타가 '문장'만 입력하면 비디오를 만들어주는 '메이크 어 비디오(Make A Video)'를 공개했습니다.

10월 5일: 구글이 자신들이 개발 중인 텍스트 투 이미지 서비스 '이매진(Imagen) AI'를 동영상으로 확장시킨 '이매진 Video'를 선보였습니다.

여기까지는 빅테크들이 '나도 이런 거 할 수 있어! 나도 AI 잘해!'라는 수준이었다면 마이크로소프트(MS)의 최근 발표는 한 단계

달리2 베타테스트로 만들어본 기자 일러스트. ©오픈AI

더 나아갔습니다.

10월 12일: MS는 이그나이트 콘퍼런스를 통해 달리2의 텍스트 투 이미지 기능을 새롭게 출시될 예정인 'MS 디자이너스 애플리케이션(앱)'과 '에지 브라우저'에 장착시키겠다고 발표했습니다. MS는 달리를 만드는 오픈AI에 2019년 1조원을 투자했는데요. 다들 기술을 자랑하는 동안 소비자들이 바로 사용할 수 있는 서비스를 내놓은 것입니다. MS의 디자이너스 앱이 위협적인 것은 캔바

(Canva)라는 유니콘 기업이 만든 '일반인을 위한 디자인 시장'에 MS가 직접 뛰어들기 때문인데요. 그 전면에 내놓은 기능이 바로 텍스트 투 이미지 생성형 AI였습니다. 서비스가 나와봐야 알겠지만 '게임체인저'가 될 수도 있을 것 같아요.

혜성처럼 나타난
스테이블 디퓨전

생성형 AI는 사실 몇 년 전에도 있던 개념. AI를 이용해 뭔가를 만들어내는 것이 모두 생성형 AI이기 때문이죠. 하지만 생성형 AI가 갑자기 유행하게 된 것은 이것을 이용해서 실제로 돈을 벌 수 있는 방법이 생기고, 평범한 개인들의 생활에도 영향을 미치기 때문인 것 같아요. 최근 생성형 AI 시장 트렌드에서 발견할 수 있는 몇 가지 시사점을 정리해 볼게요.

1. 생성형 AI 시장은 무한 경쟁에 이미 접어들었다

텍스트 투 이미지 시대를 처음 연 것은 누가 뭐래도 오픈AI의 달리2. 하지만 최근의 붐을 주도하는 것은 스테이블 디퓨전을 만든 스태빌리티AI라는 곳이에요. AI 학회

CVPR 2022에서 발표된 '레이텐트 디퓨전 모델(Latent Diffusion Model)'을 바탕으로 AI 커뮤니티와 협업해 기존보다 훨씬 빠르고 낮은 비용으로 AI 화가를 만들었어요. 구글이나 메타 같은 거대 기업이 아니더라도 AI 연구자들이 협업하면 엄청난 성과를 낼 수 있다는 것을 보여줬어요. 놀라운 것은 이 모든 결과를 오픈소스로 공개해 누구든 스테이블 디퓨전의 모델을 가져와서 사용할 수 있다는 점이에요(API를 쓰는 건 유료예요). 노블AI도 스테이블 디퓨전의 것을 일부 수정했죠.

이렇게 되자 달리2도 9월 말 사용자를 제한적으로 받는 것을 중단하고 누구든지 사용할 수 있게 정책을 바꿨습니다. 문장을 입력하기만 해도 그림을 그려주는 기술이 신기했는데 이제는 기술 자체가 순식간에 대중화돼 버렸습니다.

일본은 린나(Rinna)라는 기업 주도로 일본어 캡션 데이터를 기반으로 파인 튜닝을 하는 '일본어 스테이블 디퓨전' 프로젝트를 시작했습니다. 아마 일본인 고객들이 가장 맘에 들어하는 결과물은 여기에서 나오지 않을까요?

2. AI를 가지고 돈을 버는 방법이 '더' 중요해진다

똑같은 AI 기술이지만 기존의 AI가 그린 그림과 노블AI가 그린 그림이 사람들에게 주는 충격이 달랐던 것은 후자는 구체적으로 파괴하는 시장이 있었고, 거기에 추가로 새로운 시장을 만들어낼 가능성을 보여줬기 때문이에요. 즉, 기술보다는 그 기술을 가지고 어떤 시장을 공략하고 어떻게 돈을 벌 수 있는지가 중요해졌습니다.

만화풍 일러스트를 그리는 데 15원밖에 돈이 들지 않는다면 어떤 일이 벌어질까요?

❶ 만화를 좋아하는 사람들은 자신의 프로필 사진으로 AI가 그린 '나만의 만화 캐릭터'를 사용할 거예요.
❷ 아마추어 웹소설 작가들은 커미션을 부탁하지 않아도 멋진 표지를 갖게 될 거예요.
❸ 만화는 못 그리지만 이야기를 지을 수 있는 사람은 이미지를 여러 장 생성해 직접 만화(웹툰)를 만들려고 할 거예요. 만화뿐일까요? 이모티콘을 제작할 수도 있죠! 캐릭터로 굿즈도 만들 수 있어요(저작권 문제는 아직 해결되지 않았지만).

생성형 AI가 의미 있는 것은 기존 시장을

파괴하고 사람들이 일자리를 잃게 만드는 것이 아니라, 기존에는 이를 사용하지 못했던 사람들이 여기에 기꺼이 돈을 내도록 만드는 데 있을 것 같아요. 저작권에 민감한 기업이나 유니크한 일러스트가 필요한 사람들은 기존의 유능한 일러스트레이터에게 비용을 그대로 지불할 것 같아요. 반면 경쟁력이 낮은 일러스트레이터는 시장에서 퇴출될 가능성이 높아 보입니다.

3. AI 모델보다 데이터가 중요하다

노블AI는 당연히 아니메 스타일의 일러스트를 학습할 필요가 있었어요. AI 화가는 완전히 새로운 것을 창조하는 것이 아니라 인간이 수없이 만들어놓은 기존 작품을 참고해 그 스타일을 모방하게 돼요. 그러므로 아니메 스타일의 결과물을 원하는 사람을 위해서는 그런 스타일의 데이터를 학습시켜야 하죠.

이 과정에서 노블AI가 '불펌' 사이트의 데이터를 사용했다는 것이 알려져 논란이 되기도 했습니다.

AI 일러스트가 넘쳐나면서 제일 위험해 보일 수 있는 회사. 바로 게티이미지인데요.

게티이미지는 AI가 생성한 이미지를 자사 사이트에 올리는 것을 금지했어요. 이것은 해당 이미지에 저작권 문제가 생길 수 있다고 봤기 때문이에요. AI 화가가 학습한 수많은 이미지가 있을 텐데요. 그중에 저작권 문제가 있는 그림이 있었을 수도 있죠.

이것은 어떻게 알 수 있냐고요? AI에 어떤 이미지를 생성하도록 했을 때, 게티이미지의 워터마크(불법복제를 막기 위한 글씨)가 함께 생성된 사례가 많았거든요. 즉, 저작권이 있는 게티이미지를 불법으로 사용했다는 의심을 주고 있습니다.

이런 점에서 생성형 AI에 사용할 수 있는 우수하고 저작권 문제가 없는 데이터를 만들어내는 일이 중요해질 것 같아요. 최근 AI 업계는 '합성 데이터(Synthetic Data)'라고 하는 AI가 만든 데이터가 많이 사용되고 있는데요. 데이터를 취득하는 비용이 높기 때문에 실제 데이터가 아닌 인위적인 데이터를 만들어 학습에 사용하는 것이랍니다. AI 모델보다는 AI 학습에 사용되는 데이터의 중요성을 보여주는 것이죠!

텍스트 투 이미지는 앞으로 등장하게 될 생성형 AI의 한 가지 예시에 불과. 지금은 일러스트에서 시작했지만 앞으로는 우리가 인간의 창의적 영역이라고 생각했던 것들이 AI 때문에 더 많이 대체될 것 같아요. 가트너는 2025년까지 생성형 AI가 만들어내는 데이터가 전 세계 데이터 생성의 10%를 차지할 것이라고 예상했어요(현재는 1% 미만). 그렇다면 창조성의 영역에서 앞으로 인간의 역할은 무엇일까요? 어느 영역이든 AI가 쉽게 대체할 수 없는 영역이 있고 그 부분에서 인간의 역할은 더 커질 수도 있을 것 같아요.

그런 점에서 이런 상상을 해봤습니다.

❶ 쉽게 창작 가능한 온라인에 대비되는 오프라인 창작의 가치가 올라갈 것 같고요.
❷ 디지털 창작물에 가치를 부여하는 지식재산권(IP)이라든지 대체불가토큰(NFT) 등의 가치가 올라갈 것 같아요.
❸ 아이디어, 상상력, 스토리텔링, 사회적 지능과 같은 높은 차원의 인간의 언어능력이 중요해질 것 같아요.

내가 하는 일이 AI와 기술 때문에 대체될 수도 있다는 두려움. 누구나 한번쯤 가져볼 것 같은데요. 걱정하지 마시고 지금처럼 상상하고, 고민하고, 사람들을 만나고, 실행에 옮기세요! 미라클레터가 도와드리겠습니다.

달리2가 그린
페르메이르의 작품

"AI는 인문학 분야에 속한다.
진정으로 인간의 지능과 인지능력을 이해하기 위한 시도다."

: **서배스천 스런** 스탠퍼드대 연구교수

샌프란시스코에 본사를 둔 오픈AI가 2022년 4월 새로운 AI 달리2를 출시해 큰 화제를 모았습니다. 오픈AI는 일론 머스크와 샘 올트먼 등이 2015년 설립한 '더 안전한 AI 발전을 추구하는 것'을 목표로 하는 스타트업인데요.

앞서 인간처럼 글을 작성해주는 GPT-3와 문장을 입력하면 자동으로 코딩으로 변환해주는 코덱스(Codex)를 선보여 주목받은 바 있습니다. 2021년에는 글을 입력하면 자동으로 이미지를 생성해주는 달리1을 선보였고, 이번에는 실제 작품과 같은 그림을 그리는 달리2를 내놓았습니다.

AI 달리는 초현실주의 화가 살바도르 달리와 애니메이션 영화 '월이(E)'에서 본떠 이름을 지었습니다. 오픈AI 연구원 7명이 2년간 매달려 달리2를 만든 이유는 이렇습니다. "아티스트를 위해 언제든 빠르게 이미지를 만드는 도구를 제공하고 싶었어요."

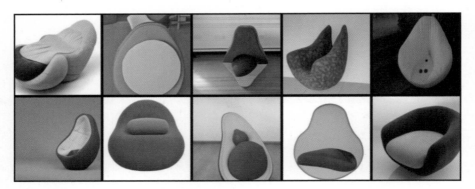

달리가 그린 아보카도 의자. ⓒ오픈AI

달리1,
글자만 입력해도 그림!

달리를 만든 오픈AI의 올트먼 최고경영자
(CEO)는 달리를 보더니 이렇게 말했어요.
"지금까지 만든 것 중 가장 즐거웠고, 오랜
만에 기술에서 느껴보지 못한 재미가 있었
어요." 2021년에 나온 달리1은 많은 일을 합
니다. 특히 그림 그리는 능력이 예술입니다.

캐릭터 그림: 검색창에 "강아지를 산책시키는
아기 무를 그려주세요"를 입력하면 바로 캐릭
터가 뚝딱하고 나옵니다.

산업 디자인: "아보카도 모양의 의자"라고 입
력하면 위에 있는 그림처럼 아보카도 모양의
의자를 그려줍니다.

패션 디자인: "검은 가죽 재킷과 금색 스커트"
라고 입력하면 또 뚝딱 그려줍니다. 패션 산업
이 크게 달라지겠죠?

더욱 놀라운 점으로 달리에는 이미지가 마
음에 들지 않으면 편집을 할 수 있는 기능
이 있습니다. 예를 들어 "물속에서 트럼펫을
연주하는 테디베어"라고 입력해보면, 그런
그림이 나오겠죠? 이때 트럼펫 모양이 별로
마음에 들지 않으면, "물속에서 기타를 연주
하는 테디베어"라고 입력하면 그림이 수정
됩니다.

달리가 그림을 잘 그리는 까닭은 1750억개
에 달하는 매개변수를 활용했기 때문이에
요. 또 딥러닝을 한 GTP-3와 동일한 모델

달리2가 그린 달 위의 우주비행사. ⓒ 오픈AI

을 사용했다고 합니다. 아울러 글자를 인식하고 이미지를 생성하는 데 토큰 1280개를 활용하고 있습니다. 여기에서 토큰이란 개별 어휘의 한 기호인데요. 예를 들어 알파벳은 26자이니 토큰이 26개 정도 된다고 할 수 있습니다. 1280개 토큰은 1280개를 조합해 텍스트를 인식하고 이미지를 그린다는 뜻입니다.

앞으로 이러한 모델이 상업적으로 사용된다면 패션디자인, 산업디자인, 웹툰, 캐릭터 등에 큰 변화가 올 수 있습니다. 또 달리는 인체 내부에 있는 온갖 장기 조직과 그 세포들까지 그릴 수 있다고 하니, 의학적인 용도로도 사용 가능성이 크다고 합니다.

달리2, 예술 작품이 따로 없다

2022년 4월에 본격 선보인 달리2는 한 차원 더 업데이트가 됐습니다. 달리1이 어디에서 본 것 같은 그림을 그렸다면, 달리2는 매우 독창적이고 예술작품 같은 그림을 그립니다. 예를 들어 "우주비행사가 말을 타고 달을 달리고 있다"고 입력하면 위와 같은 그림을 그려 주는데요.

얀 페르메이르의 원본(맨 왼쪽)과 달리2의 모작. ©오픈AI

더 근사한 점은 캡션을 보다 더 정교하게 입력할 수 있다는 사실입니다. 예를 들어 강아지를 넣을 위치까지 글로 입력할 수 있는데요. 그렇게 하면 강아지 위치가 바뀐다고 합니다. 또 빛, 그림자, 질감 등을 문자로 입력해 수정할 수 있어요. 아울러 이미지 원본에서 영감을 받아 새롭게 그린다고 합니다.

1년 만에 나온 달리2가 훨씬 발전한 것은 사람들이 집어넣은 텍스트와 결괏값인 이미지를 AI가 학습했기 때문입니다. 예를 들어 "모자를 쓰고 타이핑을 하는 원숭이"라고 입력한다면, 인공지능은 원숭이 그림을 먼저 불러옵니다. 이어 원숭이 머리 윗부분을 슬쩍 지운 뒤 모자를 그립니다. 이어 원

숭이 손 앞에 있는 배경을 지우고 다시 노트북을 가져다놓는 그림을 그립니다.

오픈AI에 따르면 달리2는 달리1에 비해 4배나 더 높은 해상도로 작업을 할 수 있다고 해요. 또 매우 사실적입니다. 오픈AI는 일반인을 불러모아, 달리1과 달리2가 그린 그림을 비교해 달라고 요청했다고 합니다. 그 결과 88.8%가 달리2가 더 사실적이라고 손을 들어줬다고 합니다.

이런 달리2를 두고 출시 전부터 많은 염려가 있기는 했습니다. 이상한 그림을 그릴 수 있고, 편견 있는 그림을 그릴 수 있으니까요. 예를 들어 "테러리스트 그려"라고 하면

자동으로 무슬림이 나올 수 있다는 걱정이 있었다고 합니다. 이런 점은 서서히 개선될 예정이고요.

물론 아직 100% 정확한 것은 아니래요. "달 위에 있는 에펠탑"을 입력하면, 그냥 탑 위에 달을 그리는 실수도 한다고 합니다. 아직 완벽하게 이해하지는 않지만 오픈AI의 이미지 AI에 대한 개선은 계속될 것 같습니다.

GAN 위에
생성형 모델

그동안 AI가 그림을 그려올 수 있었던 것은 GAN(Generative Adversarial Network)이라는 모델을 개발했기 때문입니다. 우리말로는 생성적 대립 신경망이라고 불러요.

사람은 직관적으로 코나 눈이나 입을 구별하는데, AI는 그렇지 않습니다. 픽셀(점)의 RGB(색상)를 학습하면서 엄청나게 많은 공통점을 찾아내는 것이 GAN의 특징입니다. 예를 들어 사람마다 눈의 위치는 다 다르겠지만 검정색 주변에 살색이 나타나면 '아하, 여기가 눈이구나' 하는 방식입니다. 이미지를 픽셀과 RGB로 인식하면서 평균적인 분포를 찾아내는 것이죠. 그림 그리는

것은 역으로 사용하면 가능합니다. 문제는 AI가 그림을 잘못 그리는 것인데요. 그래서 생성자와 판별자라는 알고리즘을 함께 씁니다.

생성자(Generator): 생성자는 마구 그림을 그려대요.
판별자(Discriminator): 판별자는 생성자가 그린 그림이 진짜인지 가짜인지 판별해내요.

🐵 **생성자** 이 정도면 사람 얼굴 같지?
👾 **판별자** 딱 해상도만 봐도 가짜네.
🐵 **생성자** 이 정도면 사람 얼굴 같지?
👾 **판별자** 야! 눈이 왜 여기에 달려 있냐?
🐵 **생성자** 이건 모를 거야!
👾 **판별자** 어? 나도 좀 헷갈리는데.

마치 위조지폐범이 위조지폐를 그리고, 경찰이 이것의 진위를 판별하며 알려주면 다시 위조지폐범이 보다 정교하게 그리는 것과 같은 방식을 쓰는 AI가 바로 GAN입니다. 하지만 GAN에는 문제점이 있습니다. 생성자가 판별자를 한 번 속이면, 다시 동일한 방법을 사용할 가능성이 큽니다. 이 때문에 매우 다양한 작품을 그리기가 어렵죠. 그래서 나온 것이 생성 모델(Generative model)입니다. 특히 생성 모델의 일종인 확산 모델(Diffusion model)이 널리 사용되고

있습니다. 디퓨전이란 초점을 흐린다는 뜻인데요, 노이즈를 연속해서 학습시킨 뒤 이를 역으로 적용하는 방식입니다. 예를 들어 초고해상도 사진을 백지가 될 때까지 문지른다고 해볼게요. 다시 이를 반대로 백지에서 초고해상도 사진으로 바꾸는 작업을 한다면 어떨까요. AI가 보다 창의적으로 그릴 수 있는 이유입니다.

물론 기술적으로 비판이 없는 것은 아니에요. 산타페연구소의 멜라니 미셸은 달리2가 인지력이 부재하다고 비판했습니다. 예를 들어 인접성·동일성·폐쇄성·개방성 등 인간만이 사용할 수 있는 추상적인 어휘를 사용하면 한계에 직면한다는 주장입니다. 그리고 그는 이렇게 말을 했습니다. "머신러닝이 만든 제품은 감탄할 만하지만, 아직은 일반 지능이라고 착각해서는 안 됩니다."

무궁무진한
그림 그리기 AI

달리2는 상업적 용도로 서서히 확산 중입니다. 오픈AI는 "우리의 희망은 달리2가 사람들이 자신을 창의적으로 표현할 수 있도록 돕는 것"이라고 했는데요. 인류에게 도움이 되는 AI가 사명이라는 메시지입니다. 그림

그리기 AI의 몇몇 사례를 살펴볼게요.

GAN만 하더라도 쓸 수 있는 곳이 많습니다. 이미지의 누락된 부분을 복원하거나, 아니면 질 낮은 이미지를 업스케일링해 초고해상도 이미지로 변경이 가능해요. 또 노이즈도 제거할 수 있고요. 그래서 주목받는 분야가 의료입니다. 예를 들어 자기공명영상(MRI) 품질을 높이려면 방사선 양을 높여야 하는데요, 몸에는 해롭죠. 이때 GAN을 활용해 해상도를 높일 수 있습니다. 다만 현재는 AI가 인위적으로 이미지를 생성할 수 있어, 조심스럽게 연구하고 있는 단계라고 합니다.

로즈버드닷에이아이는 가상 패션모델을 만들어주는 AI를 선보였어요. 열심히 촬영을 했는데, 패션모델이 별로라면 어떨까요. 또 사진만 찍었을 뿐인데 피사체가 움직이면서 말을 하면 어떨까요. 로즈버드닷에이아이는 토킹헤드라는 앱을 내놓았는데요. 이미지뿐 아니라 애니메이션까지 적용할 수 있는 기술입니다. 이런 스타트업은 또 있어요. 런웨이에이엠엘은 동영상에 등장하는 인물만 살리고 배경은 제거하는 AI를 구독 서비스로 내놓았어요. 반대로 배경만 남기고 인물은 지울 수도 있다고 합니다. 게임이나 이커머스(전자상거래) 등 사용처가 무궁무

진합니다.

생각해 보기 🔍

일부에서는 이미지 생성 AI가 아직 갈 길이 멀다고도 합니다. 하지만 이미 이미지 생성 기술은 활발하게 서비스되고 있는 것 같아요. 달리2를 제작한 오픈AI는 AI를 기업에 제공해 수익을 내고 있기도 합니다. 달리2는 여전히 학습 중이에요. 또 이러한 AI를 개발하고 있는 곳은 비단 오픈AI뿐만이 아닙니다. 캐나다의 앨런연구소는 이미지와 텍스트는 물론이고 오디오까지 분석할 수 있는 시스템을 구축하고 있어요. 이러한 AI는 유튜브에 있는 수많은 영상 중에서 특정 소리를 감지해 추출할 수 있다고 해요.

미래에 이러한 AI는 검색 엔진을 개선하고 디지털 비서로 활동하며, 그래픽 아티스트 역할을 할 것이 분명해요. 이미 구글은 구글 렌즈를 이용해 사진을 촬영하는 것만으로 검색까지 할 수 있는 기능을 선보인 바 있어요. 물론 여전히 숙제도 있어요. 이러한 이미지 생성 AI는 지극히 편향적일 수 있습니다. 또 유명 인사와 닮은 인물을 생성해 사회적 혼란을 초래할 수 있고, 개인정보를 침해할 가능성이 있다는 우려도 나오고 있습니다.

하지만 인류는 항상 염려 속에서도 기술 개발이라는 꽃을 피워왔어요. 오늘날 AI가 확산되는 속도를 보면 분명 몇 년 후에는 이러한 이미지 생성 AI가 널리 퍼져 있을 것 같습니다.

미래 사무실
드래건스케일을 가다

"야외의 삶을 꿈꾸면서도, 여전히 아침이 되면
다운타운에 가서 저녁까지 의자에 앉아 꼼짝없이 일을 한다.
일을 하면서 판에 박힌 일상을 뚜벅뚜벅
걸어가는 것을 통해서만 꿈을 이룰 수 있다."

: 윌리엄 개닛

1880년대 윌리엄 개닛이 쓴 베스트셀러 소설《허드렛일에 축복이 있으라》에 나오는 한 구절인데요. 사실 수많은 직장인의 꿈은 문화생활을 누리고 여가를 즐기는 것입니다. 하지만 직장이라는 공간은 좋아서만 다니는 곳은 아니죠. 생계를 꾸리기 위해 원치 않아도 다녀야 하는 곳입니다. 소설《허드렛일에 축복이 있으라》는 역설적으로 모든 문화생활의 원천은 사무실에서 나온다는 메시지를 던집니다.

사무실은 휴양지처럼 가슴이 두근거리는 공간은 결코 아닙니다. 하지만 오늘날 실리콘밸리에 있는 빅테크 기업은 어떻게 하면 직원들의 가슴을 두근거리게 할까 하고 고민하는 모습이 역력해요. 빅테크 기업은 2022년 들어 속속 원격근무를 끝내고, 출퇴근과 원격근무를 병행하는 '하이브리드 워크'로 전환했습니다. 그래서 사무실 모습마저 크게 달라지고 있는데요.

대표적인 곳을 꼽으려면 바로 구글입니다.

구글의 베이뷰. ⓒ구글

엔비디아의 보이저. ⓒ엔비디아

구글은 장장 9년에 걸친 프로젝트 끝에 '베이뷰'를 완공했어요. 때마침 2022년 6월에 이상덕 특파원이 이곳을 방문할 기회가 있었습니다. 사실 구글 본사라고 하면, "우리는 공룡과 같은 화석이 되지 말자"는 메시지를 담은 공룡 모형이 우뚝 서 있는 구글 플렉스가 연상되는데요. 구글 플렉스는 실리콘그래픽스라는 회사의 건물들을 매입한 것이기 때문에, 구글의 철학이 100% 녹아 있는 건물은 아니라고 합니다. 반면 베이뷰 캠퍼스는 구글이 디자인부터 설계까지 모든 것을 홀로 한 첫 사옥입니다.

드래건스케일 사무실이 뜬다

실리콘밸리를 지나다니다 보면 장충체육관 같은 거대한 돔 구장 형태의 건물들을 볼 수 있는데요. 사실 이곳은 엔비디아와 구글의 사옥이에요. 엔비디아는 2채, 구글은 2채를 이런 식으로 지었어요. 공통점을 꼽으라면 무엇보다 벽이 없다 보니 확장 가능성이 크다는 점입니다. 또 자연 채광과 태양에너지를 써서 친환경적이고요. 아울러 직원 수천 명을 한곳에 모이게 할 수 있어 자연스럽게 커뮤니티 기능이 대폭 강화됐습니다.

구글 담당자는 이 건물 스타일이 용의 비늘

넓은 2층 공간. ©구글

자동으로 열리는 채광창. ©구글

을 닮았다 해서 드래건스케일(dragonscale)이라고 불렀어요. 지붕 전체를 태양광 패널 9만장으로 도배하다 보니 마치 거북이나 용의 등처럼 보입니다. 그만큼 친환경을 고려했다는 것인데요. 천장에는 무수히 많은 창문이 있어, 자동으로 채광과 환기를 조절해요. 그래서 100% 외부에서 들어오는 공기로 환기할 수 있다고 하네요. 일반적인 건물은 20~30% 수준입니다. 또 태양광 패널과 외부 풍력발전으로 필요한 전기 90%를 충당합니다. 내부에서 발생한 오수는 밖으로 보내 정화해서 다시 식물에 분사! 또 열에너지는 땅속에 파이프를 박아 지열에너지를 활용하고요.

높이는 최소 6층이었습니다. 1층은 쉼터로, 2층은 사무실로 구성돼 있는데요. 1층에는 카페테리아, 식당, 피트니스센터, 회의실이 들어서 있고, 2층에는 10~50명으로 구성된 팀원 약 2000명(최대 4500명 수용)이 근무할 수 있는 공간이 자리하고 있어요. 팀에 따라 자유롭게 좌석을 배치할 수 있는 것이 특징.

하지만 너무 사무실이 넓다 보니 헷갈리기 일쑤인데요. 구글도 이를 인지하고, 곳곳에 지도를 배치했어요. 특히 1층에는 회의실과 카페테리아 사이에 소파와 예술작품들을 두었는데요. 바로 그 공간이 랜드마크! 이름도 캠프파이어 코너, 카멜 코트, 터키 테라스, 플랑크톤 왕국 등등 이색적입니다. 또 헛갈리지 않게 하고자 사무실 파티션과 책상을 빨강·노랑·초록·파랑 등 네 가지 색으로 구분하고 지도에도 색상으로 구분해 놓았습니다.

회의실 이름도 프로덕트를 잘 만들라고 해서인지 스프린트라고 지었는데요. 책상이 전부 모듈식이고 책상 위는 마커 펜으로 메모를 할 수 있도록 했습니다. 책상이 모듈식이라 원탁 책상과 달리 회의 방식에 따라 자유롭게 구성이 가능! 아울러 한쪽 벽면 전체는 영상회의를 위한 솔루션이 탑재돼 있어요. 사무 공간 전체도 가변형 워킹스테이션입니다. 전화 부스, 회의실, 책장 등은 주말 동안 위치를 조절할 수 있도록 했습니다.

구글의 드래건스케일은 크게 세 가지 특징이 있었습니다. 팀의 요구에 따라 좌석을 자유롭게 조절할 수 있는 탄력성, 2000명에서 4500명까지 수용할 수 있는 확장성, 여러 가지 팀의 요구를 충족시킬 수 있는 다양성이었어요. 2030년이 되면 이러한 사무실이 자리매김할 것이라고 예상하고 지었다는 구글의 베이뷰 캠퍼스였는데요. 전체 공간이 110만평방피트(약 3만913평)에 달할 정도로 넓게 지은 이유가 바로 여기에 있다고 합니다. 구글은 2013년 신사옥 건설 구상을

미셸 코프먼 구글 이사. ⓒ구글

처음 밝혔는데, 2017년 착공에 돌입해 2022년 완공했습니다.

"생동감은 사무실의 생명!"

구글의 새로운 캠퍼스 건설에 크게 기여한 담당자는 부동산연구개발 이사인 미셸 코프먼인데요. 구글에 합류하기 전에 미셸 코프먼 스튜디오라는 회사를 설립해 모듈식 건물로 환경에 기여했다고 합니다. 특히 PBS의 '미국을 바꾼 10개의 집'에도 소개될 정도! 특파원들이 코프먼 님과 1시간 정도 이야기를 나눌 기회가 있었는데요. 질의응답 형식으로 재구성을 해볼게요.

☺ 안녕하세요! 가장 역점을 둔 것은 무엇일까요.

😀 처음에 요구 사항을 듣다 보니 팀마다 요구하는 것이 제각각이었던 것이 매우 흥미로웠어요. 구글에는 매우 많은 프로덕트를 담당하는 팀들이 있는데요. 더욱이 일부 팀은 매우 빠른 속도로 성장해 팀원을 엄청 빨리 채용하는 곳도 있었어요. 그래서 이들의 요구를 어떻게 하면 담을 수 있을까 하고 고민을 많이 했어요.

☺ 건물이 마치 스타디움 같은데 이유라도 있나요.

😀 그렇게 보이죠? 밖에서 보면 2층 건물이라고 상상하기 어렵지만, 실제로 2층 건물이에요. 1층은 시장처럼 꾸몄어요. 회의실과 피트니스센터 그리고 각종 식당이나 카페테리아가 있어요. 이곳에는 업무를 위한 사무실이 없는 것이 특징이에요.

☺ 음? 그럼 일은 어디에서 하나요.

😀 무조건 2층이죠. 매우 넓어서 산만한 것 아니냐고 할 수 있는데 결코 그렇지 않아요. 파티션과 가변형 회의실로 여러 팀을 충분히 분리할 수 있어요. 또 근무 공간과 쉬는 공간을 구분하는 것은 건축 디자이너로서 매우 중요한 포인트예요.

☺ 스타디움처럼 사무실을 만들면 뭐가 좋나요.

😀 사무실 같지 않고 마치 하나의 거대한

실제 길거리 같지 않나요? 자연 채광으로 햇살이 직접 비치잖아요. 이 건물은 2030년이 되면 실제로 사람들이 어떻게 근무를 할까 고민에 고민을 거듭해 지었어요. 직원들이 바라는 것은 웰빙인데요. 그중 하나가 하이브리드 워크예요. 하지만 이를 도입하면 언제, 어디에서, 어떤 방식으로 일을 할지가 매우 중요한데 이를 섣불리 결정하기는 어렵죠. 그래서 건물도 유연해야 한다고 생각을 했어요.

☺ 건물이 어떻게 유연할 수 있나요.

😀 (2층으로 다 함께 올라가) 정확하지는 않지만 아마도 최대 4500명 정도가 근무를 할 수 있을 것 같은데요. 팀이 원하는 대로 자리에 가구들을 배치할 수 있어요. (큰 기둥이 단 6개라 공간 활용이 매우 좋아 보였습니다.) 공유 오피스로도 꾸밀 수 있고, 아니면 고정 좌석으로 할 수도 있고 자리가 부족하면 회의실을 치워 없애고 더 좌석을 놓을 수 있죠.

☺ 다들 조금씩 떠들어도 소음이….

😀 전혀 그렇지 않아요. 바닥에는 충격 흡수재가 있고요. 건물 전체가 소음을 밖으로 배출할 수 있는 모양으로 설계가 됐어요. 오페라 하우스처럼 위쪽에 넓은 공간이 있도록 설계했는데요. 가운데로 굽어 있어 큰 소음을 흡수해요.

☺ 미래 오피스에 가장 중요한 것은 무엇일

까요.

👩 생동감이 아닐까 싶어요. 다양성을 존중하면서도 창조적인 프로덕트를 만들려면 매우 많은 요소를 고려해야 하는데요. 이 때문에 획일적인 공간을 만들면 안 될 것 같았어요. 그래서 최소한의 공통분모만 남기고 확장 가능하고 탄력 가능한 공간으로 전체를 꾸민 것이죠.

사무실은
휴양림·커피숍·거실

실리콘밸리에는 다양한 기업이 미리 사무실을 준비하고 있습니다. 예를 들어볼게요.

사무실은 커피숍: 샌프란시스코에 본사를 둔 클라우드 통신 플랫폼 트윌리오는 지역 사무실들을 마치 커피숍처럼 꾸몄습니다. 그리고 제프 로슨 CEO는 이런 말을 남겼네요. "직원들이 커피숍에서 일하는 이유를 아시나요? 분위기를 바꿔보려고 하는 것이죠. 사실 약간의 소음은 집중하는 데 도움이 되기도 하고요."

사무실 휴양림: 세일즈포스는 스콧밸리에 있는 레드우드 숲 75에이커(약 9만1813평)에 마치 휴양지에 있는 별장과 같은 사옥을 짓고 있어요. 건강에 대한 염려가 크고 하이브리드 워크에 대한 직원들 요구도 높은 것을 반영했습니다.

사무실은 거실: 클라우드 컴퓨팅 업체인 페이저듀티는 하이브리드 워크를 채택하면서 사

세일즈포스 산속 사무실. ©세일즈포스

트윌리오 커피숍 사무실. ©트윌리오

무실에 있는 책상 3분의 2를 빼버렸대요. 그 대신 남은 공간을 멋진 거실처럼 꾸몄어요. 곳곳에 카페 등을 배치해 이벤트, 고객 면담, 협업 공간으로 쓴다고 합니다.

사무실은 트랜스포머: IBM은 토론토 사무실을 마치 트랜스포머처럼 자유롭게 변형 가능하도록 만들었어요. 밀면 이동하는 벽, 자유롭게 조정 가능한 워크스테이션 등을 설치!

생각해 보기

오늘날 사무실들은 코로나19 이전과 비교할 때 그 역할이 달라졌기 때문에 변신하는 것이 그렇게 놀라운 일은 아닌 것 같아요. 그동안 코로나19가 유행하면서 많은 것이 바뀌었는데, 사무실이 이런 요구를 반영하고 있습니다. 사무실의 변화는 사실 19세기 이후 꾸준히 지속돼 왔어요. 니킬 서발이 지은 《큐브, 칸막이 사무실의 은밀한 역사》를 살펴보면, 사무실은 20세기에 접어들면서 더욱 오늘날과 비슷한 모습으로 탈바꿈했습니다. 압력을 활용해 층간에 문서를 전달해주는 기송관, 임원의 구두 지시를 문서 형태로 전달할 수 있는 딕터폰은 놀라운 발명이었습니다.

또 전화기가 사무실 곳곳에 배치되면서 곧 바로 보고서를 올리라는 지시가 함께 늘자, 이를 수행하기 위해 타자기 역시 도입이 빨라졌습니다. 마치 오늘날 각종 협업 툴이 발전하고 도입된 것처럼 말입니다. 역사를 살펴보면 시대가 바뀌고 용어가 달라졌을지는 몰라도 업무의 본질은 단 하나입니다. 효율적인 생산이죠. 다만 시대가 바뀌며 직장에서 업무의 보상인 문화생활을 일정 부분 제공하려고 하는 분위기입니다. 그것이 바로 사무실이고요.

오늘 중점적으로 살펴본 구글도 그렇고, 다른 실리콘밸리의 스타트업들도 이러한 물결을 만들어내는 모양새인데요. 이러한 미래형 사무실이 10년 뒤나 20년 뒤, 보편적인 사무실로 정착할지 궁금해집니다.

디스코드의 부상,
커뮤니티의 재림

"커뮤니티와 우리 주변의 세계를 발전시키기 위해
한발 앞서 행동하는 것이 중요하다."

: 제이슨 시트론 디스코드 창업자

오늘은 미국에서 가장 큰 관심을 받는 상장 예정 기업을 하나 소개해 드릴까 해요. 이미 너무 많은 사람이 사용하고 있고 수익도 많이 내고 있음에도 아직 상장하고 있지 않은 '대어'가 하나 있습니다. 바로 디스코드(Discord)입니다. 게임용 음성 채팅 서비스에서 시작한 이 회사가 어떻게 20조원짜리 기업이 됐는지를 살펴보려고 합니다.

이미 한국인
400만명이 쓴다

2022년 7월 모바일인덱스가 발표한 '한국인이 가장 많이 사용하는 앱'. 소셜네트워크 부문에서 낯선 이름이 하나 보입니다. 카카오톡 4325만 아래에 디스코드가 400만이라고 표시돼 있습니다. 결코 작지 않은 어마어마한 숫자인데요. 혹시 미라클러님은 디스코드를 사용하시나요? 저는 이 레터를 준비하기 전까지만 해도 사용하지 않았습니다.

한국 사람이 많이 사용하는 앱

단위=명

소셜네트워크 4,496만명		
메신저 · 전화	**SNS · 커뮤니티**	**소개팅 · 채팅**
카카오톡 4,325만	밴드 1,890만	틴더 19만
T전화 1,500만	인스타그램 1,889만	글램 17만
디스코드 400만	페이스북 1,118만	위피 16만
페이스북 메신저 357만	카카오스토리 972만	에이닷 15만
텔레그램 256만	네이버카페 732만	톡친구만들기 12만

자료=모바일인덱스

즉, 디스코드는 한국에서는 젊은 세대가 주로 사용하는 앱입니다.

디스코드는 많은 점에서 트위치와 비슷합니다. 게임 이용자에게서 시작돼 지금은 비게이머에게까지 널리 퍼지고 있습니다. 실제로 디스코드를 만든 회사는 원래는 게임 회사였어요. 메신저 회사가 아니고요.

1984년생인 제이슨 시트론은 모바일용 소셜 게임 오픈페인트를 2009년 창업해 일본 게임회사 '그리(GREE)'에 2011년 1억달러에 매각했는데요. 그는 이 1억달러로 '해머앤드치즐(망치와 끌)'이라는 게임회사를 만듭니다. 2014년 페이트 포에버라는 MOBA 게임(히오스와 도타2 같은 게임입니다)을 내놓았는데 보기 좋게 망했습니다. 뭐, 게임 업계에서 망하는 것이야 흔한 일이니까요. 초기 해머앤드치즐에 투자한 기업으로는 그 유명한 벤치마크캐피털과 텐센트가 있습니다.

제이슨 시트론 디스코드 창업자. ⓒ엑셀파트너스

게임이 망해서
음성 채팅으로 피벗

게임으로 '폭망'한 시트론은 페이트 포에버에 포함했던 음성 채팅 기능이 꽤 평가가 좋았던 것을 깨닫게 됩니다. 그래서 이미 게임 내에서 많이 사용되는 스카이프 같은 음성 채팅 서비스가 있지만 자신들이 새로운 걸 만들어 보기로 합니다. '피버팅'을 한 거죠. 본인들도 게임을 만든 바 있고, 좋아하기도 했으니까 게임에서 음성 채팅이 얼마나 필요한지, 또 지금의 음성 채팅 서비스가 얼마나 불편한지 잘 알았어요.

이 앱으로 게임 커뮤니티 내에서 '불협화음(Discord)'을 줄여보자는 취지로 디스코드라는 이름이 결정됐고, 뚝딱뚝딱 2015년 서비스 출시! 특별한 홍보도 없었는데 게임과 관련된 인터넷 커뮤니티에서 좋은 평가를 받으며 디스코드는 게이머 사이에서 순식간에 번졌습니다.

이용자가 늘어나자 투자자가 몰려들었습니다.

2016년: 워너미디어 2000만달러 투자
2018년: 20억달러 가치로 1억5000만달러 투자(그린오크스, 텐센트, 인덱스벤처스)
2021년: 150억달러 가치로 투자 유치(드래

디스코드는 이렇게 크게 세 가지 화면으로 구분됩니다.

고니어)

이 와중에 MS에서 120억달러 인수 제안을 받은 것은 안 비밀!

지금의 디스코드를
키운 건 서버다

디스코드는 어떻게 이렇게 높은 가치를 인정받을 수 있었을까요? 사람들이 디스코드를 어떻게 쓰는지를 보면 알 수 있습니다. 디스코드가 처음 등장했을 때는 게임을 위한 음성통화와 채팅이 핵심 기능이었어요. 그러다가 영상회의 기능과 화면 공유까지 추가됐습니다.
하지만 지금의 디스코드를 만든 것. 그건 누가 뭐라고 해도 서버(Server)입니다. 디스코

드는 시작부터 1대1 커뮤니케이션이 아니라 여러 명이 함께 소통하는 서비스를 지향했습니다. 서버는 카카오톡에 비교하자면 단톡방 같은 건데요. 보통 게임은 친구들끼리 팀을 이루면서 하기 때문에 디스코드는 당연히 여러 명이 들어오는 방을 만드는 사례가 많습니다.

커뮤니케이션 툴에서 커뮤니티로

근데 사실 게임은 친구들이 아니라 모르는 사람들과 할 때 더 재밌습니다. 디스코드 이용자가 늘어날수록 누구나 들어올 수 있는 퍼블릭 서버가 디스코드에 많이 생겨났습니다. 처음에는 게이머들이 모여 게임을 하려는 목적으로 만들어졌던 서버가 점차 확장되면서 공통의 관심사를 갖춘 익명의 사람들이 모이는 '커뮤니티'로 발전했습니다.

익명의 사람들이 모여 활동하는 커뮤니티. 카카오톡 오픈채팅방을 떠올리게 하는데요. 서버는 서브 채팅방 여러 개를 만들 수 있다는 점에서 오픈채팅방과 다릅니다. 어떤 방은 공지용으로, 어떤 방은 잡담용으로, 어떤 방은 보관용으로 다양하게 쓸 수 있는 거죠. 실제로 디스코드 서버에 들어가보면

네이버 카페와 비슷한 느낌을 받을 수 있는데요. 네이버 카페가 게시판이라면, 디스코드는 채팅방이라고 볼 수 있습니다.

지금의 디스코드는 '네이버 카페+카카오톡+줌(영상회의)+스카이프'라고 할 수 있습니다. 커뮤니티를 위한 모든 커뮤니케이션 툴을 제공합니다. 현재 디스코드 안에 존재하는 서버의 숫자만 1900만개! 사용자는 1억 5000만명 정도라고 합니다.

게임, 크립토, 오타쿠

디스코드에서 가장 큰 서버(커뮤니티)는 게임입니다. 하지만 디스코드가 게임을 넘어 대중적인 커뮤니티 서비스로 확장된 것에는 '크립토'와 '서브컬처(오타쿠)' 커뮤니티의 도움이 컸습니다. 즉, 가상화폐 소유자들의 커뮤니티와 애니메이션, 영화, 스포츠 등 취미 기반의 커뮤니티가 디스코드의 대중화에 큰 도움이 됐다는 뜻입니다. 2020년 팬데믹(전염병의 세계적 유행)으로 인터넷 커뮤니티 활동이 폭발적으로 성장한 것, 이때 가상화폐 가격이 급등한 것이 디스코드의 고속 성장을 이끌었죠. 각 서버의 멤버 숫자와 부스트 숫자(커뮤니티의 유료 후원

게임 서버

1위	원신 오피셜	가입자 99만명	부스트 1093번	중국산 서브컬처 게임
2위	발로란트 오피셜	가입자 94만명	부스트 682번	라이엇게임즈에서 만든 FPS
3위	마인크래프트	가입자 80만명	부스트 228번	MS가 소유한 샌드박스 게임
4위	로블록스	가입자 77만명	부스트 726번	가장 유명한 메타버스 게임
…	로스트아크 한국 오피셜	가입자 42만명	부스트 317번	한국 게임 중 최대 디스코드 서버

비게임 서버

로파이걸	가입자 72만명	부스트 447번	디스코드 최대 음악 서버
아니메소울	가입자 61만명	부스트 473번	디스코드 최대 서브컬처 서버
메메올로지	가입자 49만명	부스트 669번	디스코드 최대 밈 서버
지루한 원숭이의 요트 클럽(BAYC)	가입자 16만명	부스트 164번	디스코드 최대 NFT 서버
블랙핑크 팬클럽	가입자 13만명	부스트 247번	디스코드 최대 K팝 팬 서버

*2022년 8월 기준

횟수)를 보면 어떤 커뮤니티가 인기인지를 알 수 있죠.

디스코드는
어떻게 돈을 벌까

디스코드의 수익 모델은 크게 두 가지. 하나는 '부스트'라는 이름으로 월 5달러를 내서 서버를 1회 부스트 할 수 있어요. 부스트를 받으면 서버 레벨이 올라가면서 오디오 품질이 좋아지거나 업로드 파일 크기가 커집니다. 최고 3단계까지 올릴 수 있습니다. 서버마다 얼마나 많은 사람이 이 서버를 부스트 하고 있는지 알 수 있는데요. 이 부스트가 많을수록 활발한 커뮤니티라는 것을 알 수 있죠. 부스트를 해주는 멤버에게는 서버에서 여러 가지 특전을 제공하기도 합니다.

두 번째로 멤버십을 이용해 사용자 개인이

레벨업을 할 수 있습니다. 니트로라고 하는 구독 서비스는 월 10달러, 연 100달러를 내야 하는데 가장 핵심 서비스는 서버별로 다른 프로필을 설정하는 것과 서버 전용 이모티콘을 사용하는 것입니다. 기본적으로 부스트 2개를 주기 때문에 내가 좋아하는 커뮤니티를 부스트 할 수도 있습니다.

커뮤니티를 위해 과연 사람들이 돈을 낼까요? 그렇습니다. 2020년 기준 디스코드의 매출은 1억3000만달러. 단순 계산하면 100만명이 연간 100달러를 내고 있다고 볼 수 있는데요. 디스코드의 월간활성이용자수(MAU)가 1억5000만명 정도인 것을 감안하면 1~2%에 해당하는 핵심 이용자가 디스코드를 먹여 살린다고 볼 수 있습니다. 이 중에는 기업 고객도 많겠지만 커뮤니티를 위해 돈을 내는 사람도 많다는 것으로 볼 수 있어요. 이들의 커뮤니티를 향한 애정이 디스코드를 유지하는 힘이라고 볼 수 있습니다.

저무는 소셜미디어의 시대

디스코드가 주목받는 이유. 그것은 인터넷의 미래가 '커뮤니티'일 수도 있다는 전망 때문인 것 같아요. 지금까지 인터넷은 플랫폼 기업의 것이었습니다. 구글, 유튜브, 페이스북, 인스타그램처럼요. 사람들은 플랫폼 안에서 활동하고 플랫폼이 만들어주는 알고리즘에 따라 움직였습니다.

반면 디스코드는 다릅니다. 알고리즘도 없고 광고도 없습니다. 커뮤니티의 주인은 커뮤니티의 구성원들이죠(물론 서버마다 오너가 있습니다만 양도가 가능합니다). 디스코드를 보면 사람들은 이제 현실의 내가 이미 알고 있는 사람과 인터넷에서 관계(소셜미디어)를 맺는 것보다, 내가 좋아하고 관심 있는 것을 좋아하는 사람들과 인터넷에서 관계를 맺는 것을 더 좋아하는 것처럼 보여요. 특히 커뮤니티가 'A to Z'라고 할 수 있는 가상화폐와 웹3에서는 더욱 그 중요성이 높죠.

혹시 2022년 여름 수도권에 대규모 물난리가 났을 때 소식을 어디에서 들으셨나요? 많은 분이 단체카톡방이나 커뮤니티에서 실시간 상황과 물에 잠긴 사진을 받아보셨을 것 같은데요. 커뮤니티는 단지 해당 관심사에 대한 정보만을 주고받는 것이 아니라 그와 무관한 정보도 공유합니다. 우리는 커뮤니티의 다른 멤버가 제공하는 정보를 신뢰합니다. 그리고 커뮤니티에서 정서적인 안정감을 찾습니다. 이건 어떻게 보면 인간의 본능일 수도 있습니다.

최근 우리나라에서 카카오가 디스코드와 유사한 부분이 많은 오픈채팅을 강화하고, 네이버가 대표적인 커뮤니티 서비스인 카페와 밴드를 강화하는 움직임을 보이고 있는데요. 두 회사도 커뮤니티가 앞으로 인터넷의 미래일 수 있다고 생각하는 것은 아닐까요?

'하이텔' '나우누리'를 아십니까?

디스코드의 부상을 보면서 저는 'PC통신'이 떠올랐어요! PC통신은 1980년대 중반부터 2000년대 초반까지 존재했던 서비스입니다. 인터넷이 존재하기 전, 전화선을 이용해 온라인에 접속하는 텍스트 기반 서비스였습니다. 하이텔(현재 KT), 천리안(현재 LG유플러스), 나우누리(현재 아프리카TV), 유니텔(현재 삼성SDS) 등이 대표적이었습니다. 그런데 PC통신의 가장 킬러 서비스는 지금 생각해보면 '동호회'였던 것 같습니다. PC통신 사용자가 다른 경쟁 서비스로 가지 못하게 막은 것은 동호회였던 거죠.

동호회에서 '취미'와 '관심사'라는 주제로 모인 사람들이 채팅방에서 끝도 없이 대화를 하고, 정보를 공유하고, 오프라인에서 만나기도 했습니다. '정모' 혹은 '번개'라는 표현이 여기에서 나왔죠. 어떤 동호회는 회원끼리 돈을 모아 큰 행사를 열기도 했습니다.

PC통신의 시대가 끝나고 프리챌, 다음 카페, 네이버 카페 등 온라인 커뮤니티 기반 서비스는 여전히 이어졌지만 소셜미디어 시대에는 빛을 보지 못했던 것 같습니다. 모바일 시대가 열리면서 1대1 모바일 채팅도 보편화됐지만 커뮤니티의 가치는 저평가된 상태였습니다. 하지만 2020년대 들어서부터 플랫폼에 대한 반감이 커지며 커뮤니티의 가치가 높아진 게 아닐까 합니다.

이렇게 보면 적어도 국내에서는 인터넷이 돌고 돌아 '익명 기반의 관심사 중심 커뮤니티'로 돌아온 것 같다는 생각도 듭니다. 디스코드를 들여다보면 볼수록 네이버 · 다음 카페가 떠오르는 것은 도대체??

사람이 모이면 항상 문제가 생긴다

PC통신 시대부터 있었던 모든 온라인 커뮤니티의 문제점! 바로 각종 분란과 범죄! 익명 기반이고 플랫폼 형태인 디스코드는 이런 부분에 더 취약할 수밖에 없어요. 디스코드는 서비스 이후 많은 범죄와 극단주의자들의 행동에 연루돼 인력의 15%를 이런 커뮤니티를 걸러내는 일에 투입하고 있다고 해요. 실제로 디스코드는 수많은 NFT 프로젝트에서 발생하는 사기의 원인이기도 했습니다. NFT를 무책임하게 발행해놓고 도주해 버리거나, NFT 프로젝트 디스코드를 해킹해 멤버들에게 사기를 치는 사례가 빈번했습니다.

디스코드에 따르면 2021년 상반기에 신고 40만건을 받았고 이 때문에 계정 47만개와 서버 4만3000개를 폐쇄했다고 합니다. 이러다 보니 디스코드는 13세 미만은 사용 불가이고 심지어 아이폰에서는 18세 미만도 접속 불가입니다.

사실, 오프라인 미팅은 여러 가지로 힘들어요. 사람을 만나는 일에는 많은 에너지를 소비하기도 하고 무엇보다 실질적으로 물리적인 위험을 경험할 수도 있습니다. 하지만 온라인 커뮤니티는 그런 에너지 소비와 위험 없이도 낯선 사람을 만나고 그들과 소통할 수 있습니다. 그뿐만 아니라 즉각적인 피드백과 커뮤니티 안에서 인정도 받을 수 있습니다. 이런 점에서 인간은 온라인 커뮤니티 활동에서 오프라인과는 다른 의미의 매력을 느낄 수밖에 없는 것 같습니다.

생각해 보기   🔍

우리는 왜 온라인 커뮤니티에 빠져드는 걸까요? 저도 PC통신에 빠져들었던 가장 큰 이유는 '동호회'라는 커뮤니티였습니다. 오프라인에서는 소심하고 붙임성이 없던 저는 PC통신 동호회에서는 '핵인싸'였답니다(온라인 인싸라는 것이 INFP의 특징이기도 하죠).

AI 시대 필수품
아날로그 컴퓨터

"사람들은 항상 변화를 두려워한다. 처음에 전기를 발명했을 때 두려워했다.
석탄을 두려워했고 휘발유 엔진도 두려워했다.
사람들은 자신이 모르는 것에 두려움을 느낀다.
그래서 시간이 흐르고 나면 이 반도체 기계들도 받아들이게 될 것이다."

: 빌 게이츠

오늘날 AI는 바야흐로 초거대 시대를 맞고 있는데요. 대규모 데이터를 학습시켜 보다 종합적으로, 자율적으로 생각하고 판단하는 AI를 만들려 하고 있습니다. 예를 들어 올해 3월 엔비디아가 1초에 1840경번에 달하는 연산이 가능한, 세상에서 가장 빠른 슈퍼컴퓨터인 에오스를 개발하겠다고 선언한 것이 대표적이고요. 문장만 넣으면 그림을 척척 그려내는 오픈AI의 달리2 역시 좋은 사례입니다.

하지만 이런 초거대 AI에는 엄청난 문제점이 있어요. 컴퓨터는 0과 1로 계산을 하는데요. 이 때문에 10진수를 2진수로 일일이 바꾸는 작업이 필요해요. 컴퓨터로 두 개의 8비트 숫자를 더하려면, 약 50개에 달하는 트랜지스터가 필요합니다. 곱셈을 위해선 트랜지스터 1000개가 필요하고요. 또 메모리에 입력했다 불러왔다 하려면 엄청난 에너지가 소비됩니다. 이를 폰 노이만 병목현상이라고 불러요.

현대적 컴퓨터가 태어나기 이전에는 컴퓨터가 매우 복잡했어요. 컴퓨터에 스위치가 달려 있고 전선을 연결해 데이터를 주고받아 처리했어요. 하지만 폰 노이만이 저장된 프로그램(stored-program)이라는 개념을 제시한 뒤 급변했습니다. 오늘날과 같은 디지털 컴퓨터 형태가 탄생한 것이죠. 명령어들을 메모리에 순차적으로 배열하고 필요할 때에 명령어를 불러와 중앙처리장치(CPU)로 처리하는 방식입니다. 하지만 메모리 값을 읽고 써야 하기 때문에 데이터가 많으면 많을수록 엄청난 병목현상이 나타납니다. 그래서 이를 폰 노이만 병목현상이라고 불러요.

물론 오늘날 컴퓨터는 구조가 다소 바뀌었지만 그래도 기본 구조는 비슷해요. 즉 슈퍼컴퓨터처럼 엄청난 연산이 가능한 컴퓨터는 무지막지한 트랜지스터와 에너지가 필요하다는 뜻이죠. 당연히 발열이 엄청납니다. 그래서 이를 해결하기 위한 연구가 활발해요.

실리콘밸리 레드우드 시티에 있는 미식(Mythic)이라는 스타트업이 대표적입니다. 미식은 아날로그 컴퓨터를 활용해 전력 소비가 낮으면서도 AI를 효율적으로 활용하는 칩을 선보여 주목을 받았어요. 현재 컴퓨터는 한계에 부딪혔다는 지적이 일고 있어요. 반도체 크기가 매우 작아지다 보니 마이크로 칩의 밀도가 24개월마다 2배씩 늘어난다는 경험적 법칙인 무어의 법칙이 무너지고 있기 때문인데요.

그런데 미식이 고작 3와트 전력을 쓰면서도 초당 25조회에 달하는 수학 연산이 가능한 칩을 내놓았어요. 동일한 칩이 50~100와트 전기를 쓰는 것과 비교하면 엄청난 일이죠.

아날로그 방식으로 해결하자

미식은 2012년 데이브 픽과 마이크 헨리가 창업한 기업인데요. 미시간대와 버지니아공대를 다니던 청년들이 의기투합해 만든 스타트업입니다. 이들은 대학원 시절 이런 경

미식의 공동창업자 마이크 헨리. ©링크트인

험을 했대요.

"AI를 훈련시키려고 그래픽처리장치(GPU) 칩을 썼더니 캠퍼스 전기를 너무 많이 쓴다고 뭐라고 하네요. 그래서 이런 생각을 했죠. 싸면서도 전기를 덜 먹는 반도체는 없는 거야?"

헨리 공동창업자는 한 외신 인터뷰에서 이런 말을 했어요. "수많은 기업이 칩에다 10달러 이상 지출하는 것을 원하지 않아요. 이들이 원하는 것은 이래요. 전력 소비는 몇 와트 미만이어야 하고, 소프트웨어는 쉽게 연결되기를 바라죠.(그런 게 있음?)"

그래서 이들은 컴퓨터 역사를 다시 뒤져보기 시작했어요. 그리고 소자인 트랜지스터에 전류가 흐르는 방식을 면밀히 관찰했죠. 우리가 말하는 비트라는 것은 0과 1인데요. 트랜지스터가 0과 1을 표기하는 방식은 이래요. 전류가 흐르면 1입니다. 반대로 전압을 제거해 플로팅 게이트에 전류가 저장되면 0입니다. 저장된 값을 읽어들여 0인지 1인지를 구별해요. 즉 엄청나게 많은 트랜지스터가 있어야 AI를 훈련시킬 수 있다는 뜻이죠. 현재는 플로팅 게이트 방식을 잘 쓰지는 않습니다.

미식의 창업자들은 이런 생각을 했대요.

"응? 그냥 전자를 더 많이 넣어주면 될 것 같은데." 이들은 저항값을 임의로 바꿀 수 있도록 해주는 가변저항을 쓰기로 했어요. 플로팅 게이트에 전자를 넣어 직접 계산을 시도한 것이죠. 전자 수가 늘어나면 저항이 높아지는데요. 옴의 법칙인 'V(전압)=I(전류)×R(저항)'를 활용했어요. 입력값인 전압과 저항이 있으니 전류를 구할 수 있었는데요. 이를 활용해 AI에 필요한 행렬 곱셈을 할 수 있도록 설계했고요.

미식은 고작 3와트를 소모해 초당 25조회 연산이 가능한 칩을 만들 수 있었대요. 일반적인 디지털 시스템에서도 초당 25조~100조회 연산이 가능하지만 반도체 값이 비싼 데다 50~100와트를 소모한다는 점에서 매우 친환경적이고 가격 경쟁력이 있죠.

이런 노력에 미식은 인메모리 컴퓨팅을 극한으로 끌어올렸다는 평가를 받았어요. 또 앞으로 보안 카메라, 자율주행 시스템, 검사 장비에 사용될 수 있도록 하겠다는 포부를 밝혔고요. 물론 0과 1로 구성된 디지털 방식이 아니다보니 문제가 있기는 해요. 항상 일정한 전자를 넣을 순 없으니 계산에 오류가 생기기도 하죠. 하지만 오늘날 심층신경망(DNN)은 사실 100% 정확한 계산이 필요 없다고 해요.

3분 만에 읽는
인공지능 역사

인공신경망에 대한 아이디어는 인간의 뉴런 동작 원리에서 따왔어요. 사람은 어떻게 생각할까요. 어떻게 해서 사과를 보면 사과로 인식하고, 배를 보면 배로 받아들일까요. 초기 과학자들은 철저히 사람 두뇌에 있는 뉴런을 모방했어요. 사람 두뇌에 있는 뉴런은 무엇인가를 보았을 때 활성화되는데요. 어떤 뉴런은 활성화되고 어떤 뉴런은 비활성화 상태예요. 그리고 이런 뉴런들이 모여서 다른 뉴런에 출력값을 보내요. "이건 사과야" 하고요. 중요한 것은 어떤 신호가 들어왔을 때, 뉴런은 신호의 세기를 감지해 활성화 또는 비활성화된다는 점 그리고 이를 디지털 컴퓨터상에서 1과 0으로 표현할 수 있다는 점이에요.

뉴런을 모방하겠다는 아이디어가 나온 지는 무려 60년이 넘었어요. 1958년 코넬 항공 연구소의 프랭크 로젠블랫은 인간의 뇌 신경을 모방한 인공신경 뉴런인 퍼셉트론(Perceptron)을 제시했어요. 강아지 사진을 보여주면 강아지인지, 사람 사진을 보여주면 남자인지 여자인지를 분간하는 컴퓨터였는데요. 로젠블랫은 IBM이 개발한 디지털 컴퓨터를 사용하다 너무 느려 포기하고, 아날로그 컴퓨터를 사용한 것으로 유명해요. 당시 수많은 사람이 곧 컴퓨터가 사람처럼 일을 할 것이라는 공포감에 질리기도 했고요.

하지만 기대가 크다 보니 실망도 컸어요. 오류가 많아 순식간에 관심이 푹 꺼졌죠. 이를 두고 '인공지능 겨울'이라고 부릅니다. 이후 AI 학계에서는 수많은 알고리즘 개선책이 쏟아졌어요. 그리고 수많은 시도가 이어졌죠. 1989년 AT&T에서는 손으로 작성한 우편물의 우편번호를 자동으로 분류하는 프로그램이 나왔고, 1980년대에는 시속 2~3km지만 천천히 움직이는 자율주행 차도 나왔습니다. 모두 알고리즘을 개선한 덕분이고요.

그러던 중 어느 날 스탠퍼드대 연구원이었던 페이페이 리는 이런 생각을 했어요. "어?

AI 퍼셉트론(왼쪽)과 이를 소개한 뉴욕타임스 기사. ⓒ뉴욕타임스

이건 알고리즘 문제가 아니라 데이터의 양이 부족해서인 것 같은데…." 그렇게 프로젝트를 시작했어요. 이름하여 이미지넷입니다. 2010년 시작한 이미지넷은 1000개 꼬리표에 100만개 이미지를 인식해 그 정확도를 겨루는 컴퓨터 비전 대회로 커졌어요.

2012년 드디어 큰 분기점을 지나요. 알렉스넷이 우승을 차지했는데요. 컴퓨터 비전 오류 수준을 3.5%로 줄인 거예요. 사진을 보고 판별해 맞히지 못할 확률이 3.5%밖에 안 된다는 뜻입니다. 사람의 인식보다 더 정확하다는 뜻이고요. 물론 문제는 있었어요. 알렉스넷은 신경망을 8개 층으로 구성했는데요. 이 때문에 엄청난 연산이 필요했어요. CPU만으로 감당이 안 돼 병렬 연산에 유리한 GPU를 대거 투입했죠. 참고로, 이세돌 9단을 이긴 알파고는 13개 층으로 구성돼 있어요.

신경망은 뉴런을 닮았기 때문에 계산이 100% 정확할 필요는 없어요. 예를 들어 신호가 98%를 넘으면 활성화되고 3%면 비활성화되는 구조입니다. 마치 딸기 냄새가 강하면 딸기라는 생각이 들고, 냄새가 거의 안 나면 인식을 못하는 것과 같아요. 입력값은 입력층·은닉층에서 가중치와 함께 연산되고, 출력층으로 향하는데요. 수학적으로 이는 행렬곱으로 구할 수 있어요. 하지만 한 번 곱할 때마다 트랜지스터 1000개가 작동합니다. 아날로그 컴퓨터 업체인 미식은 전자 수를 주입해 계산을 직접 하다보면, 0과 1로 구성된 디지털 방식처럼 100% 정확하지는 않다고 솔직히 말했어요. 그럼에도 행렬곱을 충분히 구할 수 있어 AI 훈련을 하는 데 적합하다고 강조해요. 물론 오류가 난 숫자를 계속 곱하다보면 더 큰 오류를 초래할 수 있기는 해요. 현재는 프로세스 중간에 디지털 칩을 배치해 해결하고 있대요.

생각해 보기 🔍

오늘날은 AI를 계절에 비유하면 여름 같아요. 더 자연스럽고 더 빠른 AI를 만들고자 하는 경쟁이 갈수록 치열해지고 있어요. 그래서 엄청난 연산을 할 수 있는 초거대 AI를 만드는 경쟁이 후끈거립니다. 구글, 메타, 엔비디아, LG, 카카오, 네이버 등등 모두가 다요. 하지만 이런 초거대 AI는 엄청난 에너지가 필요해요. 그래서 오늘날 블록체인이 전력을 덜 쓰는 방식으로 바뀌고 있듯이, AI 역시 언젠가 그렇게 변할 것 같다는 생각이 듭니다. 디지털 시대에 역으로 아날로그 컴퓨터가 주목받는 이유입니다.

테슬라 봇, 휴머노이드와 인간의 미래

"대부분 동기가 분명한 사람은 로봇을 능가한다.
하지만 높은 수준의 성과는 누가 매일 밤낮으로 일한다고
생기는 것도 아니고, 또 그래서도 안 된다."

: 테리 풀너

2022년 10월 테슬라가 발표한 휴머노이드 옵티머스에 대한 유튜브를 한번쯤 보셨나요? 실리콘밸리 안 팰로앨토에 있는 테슬라 사옥에 가고 싶었지만, 미디어들은 초대를 못 받았어요. 아쉽게도 유튜브로 실시간 시청을 했네요. '인공지능의 날'이라는 이름으로 개최한 행사에서 테슬라가 처음으로 선보인 테슬라 로봇이 나왔는데요. 개인적으로 기대가 컸는지, 실망도 컸어요. 하지만 테슬라의 로봇은 대량생산을 염두에 두고 만들었다는 점에서 향후 발전하고 나면 시장에 큰 영향을 줄 것 같아요.

대량생산되면, 2만 달러!

테슬라가 선보인 것은 줄을 천장에 매단 휴머노이드 로봇이었어요. 사실 천장에 묶지 않아도 되는데, 안전을 위해 단 것 같아요. CNN은 "로봇이 넘어지거나 다치지 않도록 하고자 밧줄을 사용했다"면서 "옵티머스의

테슬라가 만든 휴머노이드. ⓒ테슬라

능력은 현대자동차가 인수한 보스턴 다이내믹스의 로봇보다 훨씬 뒤처지는 것으로 보인다"고 말했어요. 일론 머스크 최고경영자(CEO) 역시 "여전히 할 일이 많다"고 인정은 했네요. 하지만 첫발을 뗀 것으로만 놓고 보면 훌륭하다는 평가였습니다.

영상으로 본 테슬라 봇은 저벅저벅 걸어오더니 꽃에 물을 주고요. 이어 상자를 들어올려 책상에 내려놓고, 상자에서 부품을 꺼내 작업대에 올려두는 모습을 연출했어요. 머스크 CEO는 "테슬라의 목표는 유용한 휴머노이드 로봇을 가능한 한 빨리 만드는 것"이라면서 "대량생산이 되면 차보다 훨씬 저렴할 것으로 예상된다"고 말했습니다. 머스

크 CEO가 밝힌 예상 가격은 2만달러! 우리 돈으로 약 2800만원 미만입니다.

테슬라 로봇 개발은 3단계로 진행되고 있다고 해요. 2021년에 처음으로 테슬라 봇에 대한 개념을 제시했고 2022년 2월 프로토타입 개발을 끝냈대요. 현재는 고도화하는 단계라고 하네요. 영상으로 선보인 고도화 단계의 로봇은 손으로 온갖 작업을 했어요. 아직 걸음마 수준이지만 로봇 시장의 판을 바꿀 수 있다는 평가도 있었어요. 이날 현장에 참석한 김주형 일리노이대 교수는 "빠른 속도보다 무거운 물체를 움직이는 데 초점을 맞췄다"며 "완성도에 대해 보는 시각이

다룰 수 있겠지만, 테슬라가 합류하면서 로봇 시장의 판이 커진 것은 틀림없다"고 강조했어요. 자율주행차를 고스란히 옮겨 대량생산에 적합하도록 설계한 것이 특징인데요.

심장: 가슴에 2.3kWh 배터리팩을 달았고 저전력 고효율을 강조했어요.
두뇌: 자율주행차용으로 개발한 시스템온칩(SoC)을 탑재해 와이파이(WiFi) 또는 LTE로 통신이 가능하도록 했어요.
근육: 사람의 관절에 해당하는 액추에이터는 몸 전체에 28개에 달해요. 손에는 별도로 11개를 내장했대요. 움직임이 인간을 닮은 것이죠.

테슬라 로봇은 보스턴 다이내믹스의 2족 로봇인 아틀라스와 비교할 때, 빠른 움직임보다 노동에 무게를 실었다는 평가를 받았어요. 아틀라스는 공중제비를 도는 등 파쿠르 정도는 '껌'으로 하는 인상 깊은 동작을 시연했는데요. 테슬라는 노동 로봇이라고 합니다. 특히 차량에 탑승한 테슬라 봇의 충격 실험 영상을 공개했는데, 넘어지거나 쓰러져도 안전하다고 강조했네요. 또 액추에이터는 1개당 그랜드 피아노 1대를 들어올릴 수 있는 힘을 갖췄다고 해요. 얼마나 자유롭게 움직일 수 있는지를 가리키는 자유도는 인간 손이 27인 데 비해 테슬라 봇은 11 수준이래요. 이를 통해 손으로 약 9kg까지 들어올릴 수 있고요. 머스크 CEO는 "옵티머스는 자율주행의 컴퓨터 비전 능력을 갖추고 있다"면서 "향후 더 광범위한 기능을 수행해 잠재적으로 노동력 부족을 낮출 수 있다"고 강조했습니다.

물론 머스크 CEO의 말을 100% 있는 그대로 받아들이기는 어려워요. 사이버 트럭을 공개하면서 유리창이 절대 안 깨진다고 했는데 깨졌다거나, 2만5000달러 전기차를 내놓겠다고 했는데 안 내놓고, 비트코인 안 판다고 했는데 팔았죠. 하지만 머스크 CEO가 그리는 큰 꿈만은 새겨들을 만해요. 머스크 CEO는 "휴머노이드 로봇이 사람 수백만 명을 도울 수 있다"면서 "로봇은 우리가 알고 있는 문명을 근본적으로 변화시킬 것"이라고 강조했어요. 휴머노이드로 인류의 미래를 바꾸겠다는 생각이죠.

축구를
할 수 있는 로봇

한국에서는 잘 알려지지 않았지만 2022년 9월 구글 딥마인드는 축구하는 디지털 휴머노이드를 만들었어요. 진짜 로봇이 아니고요. 컴퓨터 세계에 로봇 작동 방법과 똑

딥마인드의 디지털 로봇. ©딥마인드

같은 방식으로 로봇이 축구를 할 수 있도록 한 것입니다. 논문은 '사이언스 로보틱스(Science Robotics)' 저널에 실렸고요. 근데 왜 축구냐고요? 로봇이 잘 달리는 것도 중요하지만 궁극에는 협업을 해야 하는데, 축구만 한 것이 없다는 판단이었어요. 딥마인드의 목표는 인간과 완벽히 닮은 로봇의 신체를 제어하고, 정밀 조종이 힘든 기능을 알고리즘으로 테스트하고, 모터 제어 등을 사전에 훈련시켜 보는 것이래요.

처음에 딥마인드는 관절 56개가 있고 인간처럼 동작 범위가 제한된 실제 인간을 모델링했다고 해요. 팔다리가 길어지거나 갑자기 다리가 더 생기거나 하지 않도록 말이죠. 하지만 강화 학습을 하면 할수록 인간과 다른 모습이 나타났다고 합니다(보고 있노라면 웃음이). 효과가 없다고 판단한 딥마인드는 NPMP(Neural Probabilistic Motor Primitives) 모델을 적용했다고 합니다. 모션 캡처한 학습 데이터를 함께 주입해 인간처럼 움직일 수 있도록 유도한 것이죠.

AI가 판단하는 것을 돕고자 축구 학습 데이터를 넣은 것인데요. 달리기, 드리블, 공차기 등 갈수록 AI가 배우는 커리큘럼은 복잡해졌습니다. 또 득점 같은 축구 행위에는 보상을 줬어요. 마지막으로 2대2로 편을 갈라

골을 넣는 테스트를 했는데요. 패스 자리를 예측하고 달려가 볼을 받는 훈련이었습니다. 인간 세계로 치면 20~30년간 시뮬레이션을 하는 경기, 즉 2~3주간 훈련을 받았대요. 그 결과가 놀랍네요.

딥마인드는 가상 월드컵에서 AI를 우승시키려고 하는 것이 아니라고 해요. 딥마인드가 꿈꾸는 것은 가상에 있는 AI가 언젠가는 물리적 세계로 나갈 것인데, 이를 위해 사전에 알고리즘을 개발해 보겠다는 더 큰 포부입니다. 즉 휴머노이드 로봇을 만들었을 때, 로봇의 두뇌가 딥마인드의 알고리즘을 탑재하고 있다면 매우 엄청난 일이 벌어지지 않을까 해요.

모두가 뛰어든 휴머노이드

BCC 리서치에 따르면 휴머노이드 로봇 시장은 2020년 21억달러에서 2025년 79억달러로 커진다고 합니다. 아직 시장이 크지는 않지만 주로 교육, 엔터테인먼트, 의료, 홍보용으로 팔리고 있다고 해요. 개인적으로 알고 있는 핫한 로봇을 소개해 볼게요.

현대차가 인수한 보스턴 다이내믹스는 마크 레이버트 매사추세츠공대(MIT) 교수가 창업한 기업인데요. 휴머노이드 로봇인 아틀라스를 2013년에 출시했어요. 이후 달리고, 점프하고, 춤을 추고, 공중제비를 도는 등 인상적인 모습을 보여 줬는데요. 이 같은 영상 때문에 로보 사피엔스 시대를 열었다는 평가도 받았습니다. 현재 보스턴 다이내믹스는 현대차뿐만 아니라 미국 항공우주국(NASA), 미 육군, 소니 등과도 협업을 하고 있고요. 현대차는 4억달러 이상을 로봇 연구소에 투자했어요.

로봇 부품 가운데 가장 만들기 어렵다고 평가받는 것이 손인데요. 인간의 손은 섬세하지만 로봇의 손은 투박하죠. 잘못 잡으면 물건이 깨지기도 하고요. 1987년 설립된 섀도 로봇 컴퍼니는 손을 주로 연구하는 회사입니다. 특히 택타일 텔레로봇은 세계 첫 햅틱 원격 로봇으로 불려요. 멀리 로봇을 보내더라도 지구에서 장갑을 끼고 로봇 팔을 제어하고 촉감을 느낄 수 있다고 합니다. 특히 그 섬세함은 외과적 정밀도에 가깝다는 평가를 받았어요. 아마존의 창업자 제프 베이조스가 감탄한 기업이기도 합니다.

어질러티 로보틱스는 2021년 CES에서 가장 주목을 끈 로봇 기업입니다. 2017년 처음 이족 로봇을 만들었고, 2020년에 걷고

뛰고 계단을 오르는 로봇 디짓을 선보였어요. 야외에서도 사용이 가능하고요. 2019년에는 포드와 협업! 포드의 자율주행차를 타고 다니는 디짓이 상품을 직접 집 앞으로 배송하는 아이디어를 내놓았는데요. 이후 소식이 없다가 2022년 9월 100m를 넘어지지 않고 24초 만에 주파할 정도로 높은 능력을 자랑하는 로봇을 개발했어요.

도요타 역시 도요타 리서치 인스티튜트를 통해 AI와 로봇에 집중하고 있어요. 도요타는 그 이전에도 로봇을 선보인 적이 있어요. 특히 2004년에는 트럼펫을 연주하는 로봇을 공개해 주목을 끌었고, 2005년 엑스포에서 실제로 드럼과 트럼펫을 활용해 음악을 연주하기도 했습니다. 2017년에는 이족 로봇인 T-HR3를 출시했는데 10km 거리에서 원격으로 제어를 할 수 있었어요.

휴머노이드 로봇을 만드는 곳은 많지 않지만 갈수록 자동차 회사나 빅테크 역시 관심이 많은 추세예요. 얼마 전엔 샤오미가 사이버원을 선보이기도 했고요. 일본의 소프트뱅크나 중국의 유비테크, 치한테크 등도 유명한 기업입니다. 또 유럽에선 마코로봇, 팔로봇 등이 이름을 떨치고 있어요. 휴머노이드는 아니지만 삼성, LG, 아마존은 가정용 로봇에 관심이 많습니다.

미래에 올 법한 기본소득제

머스크 CEO는 앞서 "로봇이 경제에 심각한 영향을 미칠 것"이라며 "앞으로 육체노동은 선택이며 보편적 기본소득이 필요할 것"이라고 말해 주목을 끌었는데요. 기본소득제는 국가에서 최소 생활비를 지급하는 제도입니다. 그래서 논란이 많죠. 로봇이 노동을 모두 대신해 버리면 몇 가지 일이 벌어지는데요. 기본소득제를 뒷받침하는 논리입니다.

- 로봇이 생산을 전담한다.
- 생산성이 향상된다.
- 하지만 일자리는 사라진다.
- 소비 여력마저 줄어든다.
- 따라서 돈을 풀어야 한다.
- 그 대안이 기본소득이다.

마틴 포드의 《로봇의 부상》이라는 책에 따르면 기본소득이 필요한 것은 '평민의 비극' 때문이라고 합니다. 소비 시장을 물고기로 가득 찬 호수라고 가정해 볼게요. 기업이 시장에 파는 것은 물고기를 잡는 행위겠죠? 또 기업은 근로자에게 임금을 지급하는 방식으로 물고기를 다시 채워 넣고요. 그래서 호수에 물고기가 일정 부분 있고요. 하지만 자동화가 진행되면 일자리가 사라지고, 호수에 물고기는 점점 적어질 것입니다. 부유층이 스마트폰을 1000개씩 사지는 않으니까요. 그래서 로봇이 늘어나면 물고기의 씨가 마르는 평민의 비극이 초래될 것이라고 해요.

기본소득은 경제학자 상당수가 동의했어요. 특히 자유주의의 아이콘인 프리드리히 하이에크마저 《법, 입법, 그리고 자유(Law, Legislation and Liberty)》라는 책에서 경제가 어려움에 빠지면 소득보장제도가 적절하다고 했다고 합니다. 물론 오늘날에는 논란이 크죠. 돈을 준다고 해서 그 돈이 다시 소비 시장으로 고스란히 올지 아닐지 알 수 없기 때문입니다.

그래서 현재는 방법론으로 논쟁이 있어요. 우선 일반적으로 무조건 기본소득을 주는 방법이 있고요. 아니면 마이너스 소득세 등을 도입해 최하위 계층에만 최소 소득을 보장해주는 방법이 있습니다. 또 경제학자 노아 스미스는 현금이 아닌 자본 제공을 주장하기도 했습니다. 18세가 되면 정부가 국민에게 다양한 주식을 지급하는데, 일정 기간 매도를 금지하자는 아이디어입니다.

기본소득제는 스위스, 핀란드 등이 계획을 세워봤거나 시행한 뒤 폐지한 상태인데요. 아직 전 지구적으로 도입하기에는 이른 감이 있습니다. 하지만 휴머노이드가 언젠가 노동에서 사람을 완전히 밀어내는 날이 온다면, 논의하지 않을 수 없을 것 같아요.

로봇이라는 단어는 1920년 체코의 작가 카렐 차페크가 처음으로 사용한 단어인데요. 당시 로봇은 소외된 노동자를 상징했어요. 하지만 로봇에 대한 아이디어는 차츰 발전했죠. 그리고 로봇을 만들어 보겠다는 아이디어는 이후 널리널리 확산됐어요. 드디어 1928년 WH 리처드라는 분이 처음으로 에릭이라는 로봇을 선보였는데요. 모터가 하나밖에 없고 머리와 손만 끄덕일 정도였습니다. 또 음성은 원격으로 멀리서 사람이 말하는 방식이었대요. 하지만 당시에는 신세계였다고 합니다.

그리고 오늘날 인류는 휴머노이드가 본격적으로 성큼성큼 다가오고 있는 시대에 살고 있습니다. 로봇은 앞으로 단순히 기술과 생산만을 바꾸지는 않을 것 같아요. 누군가는 로봇과 공생해 더 큰 창조를 해내고, 누군가는 실직에 직면할 것 같아요. 로봇의 발전만큼 인류 역시 홍익인간처럼 더 행복해졌으면 하는 바람입니다.

모바일 | 반도체

애플, 엔비디아, 인텔

반도체를 둘러싼
패권전쟁

"올해 실패했다고 해서 내년에도 실패하라는 법은 없다.
올해의 실패가 내년에는 성공의 씨앗이 되기도 한다."

: 고든 무어

실리콘밸리에서는 반도체 열기가 후끈합니다. 조 바이든 미국 대통령이 2022년 8월 반도체 산업육성법인 CHIPS에 서명하면서 미국 전역에 반도체 공장이 올라가는 소리가 들리고 있어요. 법안 내용은 이렇습니다. 미국에 반도체 공장을 짓는 기업을 상대로 총 520억달러를 지급하는 동시에 25%의 세액 공제를 해주는 것. 반도체 기업들이 투자를 안 할 수 없는 것이죠. 그만큼 미국이 반도체의 블랙홀이 되고 있는 느낌입니다. 특히 반도체 명가인 삼성전자는 이런 분

위기 속에서 2022년 10월 캘리포니아주 새너제이에서 파운드리 포럼, SAFE 포럼, 테크데이 2022를 잇달아 열었습니다.

삼성의 선언,
"감산은 없어"

현재 반도체 시장에는 공급과잉 염려감이 있습니다. 리서치 업체인 IC인사이츠에 따르면 웨이퍼를 기준으로 글로벌 메모리 반

최시영 삼성전자 파운드리사업부장. ©삼성전자

도체 생산능력이 크게 늘어난 것으로 나타났는데요. 반도체 기업들이 라인을 확장하면서 올해 D램 생산능력이 지난해보다 11.6% 늘어난 1988만장, 낸드 플래시 생산능력이 5.5% 늘어난 2057만장에 달했습니다. 합계 생산능력이 4000만장을 돌파한 것은 이번이 처음이라고 해요. 이에 트렌드포스는 2022년 3분기 소비자용 D램 가격이 13~18% 하락할 것으로 내다봤어요. 아무래도 코로나19 때 재택근무나 원격수업용으로 태블릿과 PC를 많이 산 데다, 재고를 쌓아뒀던 재판매업자들이 물량을 푼 것이 원인입니다. 향후 반도체 업계에 겨울이 찾아올 수 있다는 염려가 생길 수밖에 없죠.

해법은 감산이냐, 정면 돌파냐 둘 중 하나일 텐데요. 삼성전자는 정면 돌파를 택했습니다. 한진만 삼성전자 메모리사업부 부사장은 간담회에서 '감산 계획'을 묻는 질문에 "당장 상황이 좋지 않더라도, 예정된 경로를 손쉽게 바꾸지는 않는다"고 강조했어요. 아마도 인위적으로 생산 라인 가동을 멈추면 손실이 커질뿐더러 담합 논란이 벌어질 수 있기 때문일 텐데요. 업계에서 대안으로 떠오르는 것이 바로 라인 조절입니다. 더 높은 공정을 개발하면 자연스레 공정 수가 늘어나는데요. 이를 통해 완제품이 나오기까지 시간이 걸려 생산 속도를 비교적 탄력적으로 줄일 수 있습니다.

삼성전자·TSMC의 나노 공정 기술 경쟁

삼성전자	양산 시점	TSMC
	2018년	7나노
7나노	2019년	
	2020년 상반기	5나노
5나노	하반기	
3나노	2022년 상반기	
	하반기	3나노
2나노	2025년	2나노
1.4나노	2027년	
	미정	1.4나노

세계 파운드리 시장 점유율

자료=트렌드포스

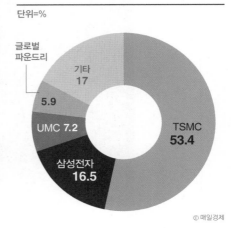

단위=%

글로벌 파운드리 5.9
기타 17
UMC 7.2
삼성전자 16.5
TSMC 53.4

© 매일경제

삼성전자 메모리사업부는 1000단 V낸드를 2030년까지 만든다고 선언해 주변을 놀라게 했습니다. 메모리는 크게 전원을 끄면 저장 내용이 사라지는 D램, 전원을 끄더라도 사라지지 않는 낸드로 나눌 수 있습니다. 예를 들어 삼성 갤럭시 S22 울트라는 RAM이 최대 16GB, 저장 공간이 최대 512GB인데요. RAM을 D램으로, 저장 공간을 낸드로 보면 됩니다. 낸드는 그동안 작게 만드는 것이 중요했는데요. 2013년 삼성이 이제는 위로 쌓겠다며 V(Vertical)낸드를 처음 만들었어요. 이후는 탑 쌓기 전쟁! 올 들어 중국 양쯔메모리테크놀로지가 192단을 쌓았고 이어 미국 마이크론이 232단을 쌓았으며, 일주일 만에 SK하이닉스가 238단을 쌓았습니다. 한데 삼성은 "난 1000단!" 하고 외쳤습니다.

또 반도체는 크게 설계인 팹리스와 위탁 제조인 파운드리로 나눕니다. 엔비디아, 퀄컴, AMD, 애플은 팹리스 업체이고 TSMC는 파운드리 업체입니다. 모든 것을 추구하는 삼성은 다 하죠. 이런 삼성 파운드리사업부가 반도체 생산능력을 2027년까지 현재보다 3배 키운다고 밝혔습니다. 사실 파운드리의 비즈니스는 식당과 매우 닮았어요. "김밥 10줄 주세요"라고 해야 식당에서 김밥을 마는데요, 이걸 반대로 한다고 합니다. 김밥 10줄 달라고 하기 전에 미리 만들어두자! 여기에 더해 삼성전자 파운드리사업부가

2027년 회로 선폭을 1.4나노까지 축소하기로 했어요. 나노는 머리카락 굵기의 10만분의 1인데요. 그만큼 미세한 공정을 하겠다는 선언입니다. 현 수준은 3나노인데 2025년에는 2나노, 2027년 1.4나노로 가겠다는 구상이에요. 삼성은 D램에서는 1등으로 43% 시장을 장악하고 있는데요. 파운드리에서는 16.5% 점유율로 대만의 TSMC에 밀려 있죠. 추격의 의지입니다.

미국 역사상
가장 큰 투자

하지만 달리는 공룡은 삼성뿐만이 아닙니다. 메모리 3위 업체인 마이크론이 1000억달러를 투자해 미국 본토에 반도체 공장을 직접 건설한다고 밝혔어요. 홈페이지에서 이렇게 설명했어요. "미국 역사상 가장 큰 반도체 공장을 건설하겠습니다. 20년간 최대 1000억달러를 투자할 예정입니다." 사실 마이크론의 주요 공장은 일본과 대만에 있는데요. 반도체 산업육성법에 힘입어 미국 생산을 늘리겠다는 방침인 것이죠.

마이크론은 이를 위해 뉴욕주 북부에 있는 클레이에 대형 신규 공장을 건설하는데요. 우선 200억달러를 투입해 2020년대 말까지

공장을 완공하고 이를 단계적으로 확장한다고 해요. 신규 공장은 축구장 40개를 합한 규모인 240만제곱피트에 달하고요. 마이크론은 이를 토대로 미국산 D램 비중을 40%로 늘린대요. 산자이 메로트라 마이크론 최고경영자(CEO)는 "반도체 산업육성법이 없었다면 당연히 이 같은 결정을 내리지 못했을 것"이라며 "생큐, 바이든"을 외쳤습니다.

반도체 산업육성법을 계기로 미국에 공장을 짓겠다는 곳은 엄청 많습니다. 현재까지 알려진 곳만 7곳에 달합니다. 살짝 살펴볼게요.

삼성전자: 1910억달러 투자해 텍사스에 총 11개 공장 건설 계획. 테일러 공장에 170억달러 투자

TSMC: 1000억달러 투자해 애리조나에 10~15년간 6개 공장 건설 계획

마이크론: 1000억달러 투자해 뉴욕주에 공장 건설 계획. 아이다호에 150억달러 투자

인텔: 200억달러 투자해 오하이오 공장 건설 계획, 애리조나주 2개 공장에 200억달러 투자

텍사스인스트루먼트: 300억달러 투자해 텍사스 셔먼에 4개 반도체 공장

글로벌파운드리: 10억달러 투자해 뉴욕주 공장 확장 및 신규 공장 건설 계획

울프스피드: 50억달러 투자해 노스캐롤라이나에 공장 건설 계획

마이크론은 메모리에서 두각을 나타내는 기업이에요. D램에서는 점유율 25%로 3위, 낸드에서는 12.6%로 5위! 하지만 자동차 낸드에서는 업계 1위로 알려졌어요. 이런 마이크론이 통 큰 투자를 밝힌 것인데요. 반도체 업계에서도 미국에 투자하는 것은 무리라는 의견도 없지 않아요. 특히 파운드리 1위인 대만 TSMC의 마크 류 회장은 "미국의 생산 비용은 대만보다 50% 높다"고 불만을 토로하면서도 투자를 했습니다. 남들이 뛰니까 안 뛸 수 없는 것이죠.

손정의 소프트뱅크 회장. ⓒ 매일경제

생태계 끝 ARM의 주인은 누구?

혹시 ARM이라는 회사를 들어 보셨나요? ARM은 영국 케임브리지에 있는 반도체 설계 기업인데요. 반도체 라이선싱과 소프트웨어 개발 도구 판매로 매우 유명한 회사입니다. 1990년 아콘 컴퓨터스, 애플, VLSI의 조인트 벤처였는데요. 2016년 소프트뱅크가 냉큼 인수를 합니다. 무려 35조원에 말이죠. 이후 그래픽처리장치(GPU)로 유명한 엔비디아가 2020년부터 인수를 추진했다가 온갖 곳에서 반대 의견을 받고 포기했습니다. 왜냐하면 ARM은 아키텍처 판매로 유명한데요. 애플, 삼성, 퀄컴 역시 ARM의 아키

텍처를 돈 주고 사서 재설계하는 방식으로 쉽게 반도체를 설계하죠. 당연히 ARM을 장악한 사람이 반도체 생태계를 거머쥡니다.

이런 상황에서 손정의 소프트뱅크 회장으로서는 ARM을 팔거나 기업공개(IPO)를 해야 합니다. 2022년 2분기에만 30조원이 넘는 손실을 입었거든요. ARM만 잘 파면 50조~70조원을 마련할 수 있을 것이라는 기대감이 있어요. 손정의 회장이 2022년 10월 한국에 들어와 당시 이재용 삼성전자 부회장을 만난 이유입니다. 자세한 것은 알 수 없어요. "ARM 매각 이야기가 나오지 않았을까" 하는 추측이 있는데요. 하지만 ARM을 삼성 혼자 인수하면, 곧 엔비디아처럼 '반대'에 직면하기 때문에 컨소시엄을 구성할 것이라는 소문도 있습니다.

하지만 반도체 업계에서는 ARM의 가치가 갈수록 떨어질 것이라는 주장이 나오고 있어요. 왜냐고요? 공개형 반도체 설계인 '리스크파이브'가 서서히 뜨고 있어서입니다. 컴퓨터에 리눅스가 있다면, 반도체에는 리스크파이브가 있어요. 누구나 무료로 쉽게 사용·수정을 할 수 있도록 하는 오픈소스형 반도체 설계 기술입니다. PC는 인텔, 모바일은 ARM이라는 반도체 설계 공식이 있는데, 앞으로 깨질 수 있어요. 특히 중국의 화웨이는 ARM과 거래가 막히자, 리스크파이브 개발팀을 별도로 꾸린 상태입니다.

치킨게임 오려나

반도체 판이 커지고 있지만 PC, 스마트폰 수요는 줄고 있습니다. 그래서 이러다 어느 한쪽이 이길 때까지 피해를 무릅쓰며 벌이는 경쟁인 이른바 '치킨게임'이 벌어지는 것 아니냐는 염려가 있어요. 반도체 업계에서 치킨게임은 종종 벌어집니다.

D램은 사실 1970년대 인텔이 처음 생산한 메모리입니다. 당연히 당시 D램 1위는 인텔이었죠. 하지만 NEC, 도시바, 히타치 등 일본 기업이 저가 정책으로 인텔을 압박하기 시작했어요. 1980년대 4달러 정도였던 64K D램 가격이 30센트까지 떨어졌어요. 원가는 1달러70센트인데 말이죠. 결국 인텔이 백기를 들고 생산을 포기했고요.

이후 일본은 한때 D램 시장의 80%를 점유한 적도 있었어요. 하지만 패권이 한국과 대만으로 서서히 넘어오죠. 한데 2007년 대만이 패권전쟁을 벌였어요. 이 때문에 대만 업체들의 주력 제품인 512메가비트 DDR2 D램 가격은 6.8달러에서 0.5달러로 곤두박질칩니다. 그 결과가 어땠냐고요? 한때 2위였던 독일의 키몬다가 파산했습니다. 2008년 4분기 누적 적자만 무려 3조4000억원에 달했죠. 일부 시설을 마이크론에 팔고 결국 2011년 역사 속으로 사라집니다.

2008년 12월 26일 매일경제 기사를 보면, 대만이 미국과 동맹을 맺어 한국을 압박하려고 한다는 내용이 실렸어요. 스옌양 대만 경제부 차관은 "파워칩-엘피다, 난야-마이크론이 삼성전자와 경합하고 있다"며 "대만, 일본, 미국이 협력한다면 한국에 대항할 수 있다"고 말해 모두를 깜짝 놀라게 했죠. 이어진 치킨게임은 2010년대 들어 벌어졌어요. 대만과 일본이 증설을 선언하면서 치킨게임이 치러졌는데, 1기가비트 DDR3 D램 가격이 2010년 10월에 1달러로 하락합니다.

이에 일본의 엘피다가 정부와 은행의 막대한 공적 자금을 투입했는데도 파산했어요. D램 업계는 오늘날 잘 아는 삼성전자, SK하이닉스, 마이크론의 빅3 체제로 재편이 됐습니다.

만약 또 다른 치킨게임이 벌어진다면, 아마 낸드 쪽에서 치킨게임이 생길 가능성이 높다는 시선이 있습니다. 낸드 플래시는 삼성전자가 33%, SK하이닉스가 19.9%를 점유하고 있지만 일본 키옥시아, 미국 웨스턴디지털과 마이크론이 각각 12%, 15% 시장을 차지해 팽팽한 긴장 관계를 형성하고 있거든요. 더욱이 중국의 양쯔메모리테크놀로지가 정부를 등에 업고 시장에서 파이를 키우려는 모양새고요. 트렌드포스는 올해 3분기 낸드 가격 하락 폭이 8~13%에 달할 것으로 전망하고 있는데요. 가능성은 크지 않지만 자칫 낸드 업계도 정리될 수 있어요.

생각해 보기 🔍

미국에서 불어오는 반도체 트렌드를 살펴봤는데요. 반도체 변화는 향후 시장의 판도를 뒤바꿀 것 같다는 생각이 들게 합니다. 실리콘밸리의 출발은 사실 반도체(실리콘) 단지죠. 1957년 페어차일드반도체, 1968년

인텔, 1969년 AMD, 1981년 실리콘그래픽스, 1993년 엔비디아 등 무수히 많은 기업이 실리콘밸리에 세워졌어요. 세계를 지배했던 수많은 반도체 기업의 창업 이면에는 사실 승자의 정신이 숨어 있어요. 작은 변화가 큰 세상을 만든 것이죠. 미국의 컨설턴트인 데니스 웨이틀리는 승자에 대해 이런 명언을 남겼습니다.

"승자가 우세한 이유가 타고난 재능, 높은 지력, 재능에 숨어 있지는 않습니다. 승자의 길은 소질이 아닌 태도에 달렸습니다. 성공의 기준은 곧 태도입니다(The winner's edge is not in a gifted birth, a high IQ, or in talent. The winner's edge is all in the attitude, not aptitude. Attitude is the criterion for success)."

하루하루를 대하는 자세가 모여, 세상을 바꿀 수 있다는 메시지입니다. 세상을 바꿀 독자님들의 유익하고 즐거운 아침을 응원합니다.

애플이 110만원대
워치를 출시한 이유

"나는 우리가 이뤄온 것만큼,
우리가 아직 이루지 못한 것이 자랑스럽습니다.
혁신이란 현존하는 수천 가지 것에 대해
'아니'라고 말하는 것입니다."

: 스티브 잡스

2022년 9월 이상덕 특파원이 애플의 신제품 발표회인 '애플 키노트 이벤트'에 다녀왔어요. 미국 캘리포니아주 쿠퍼티노에 있는 애플파크에서 열렸어요. 애플은 크게 상반기에 개발자 대회, 하반기에 신제품 행사를 여는데요. 맞아요. 애플 키노트 이벤트는 아이폰14 시리즈와 애플워치, 그리고 3년 만에 처음 선보이는 에어팟을 공개하는 자리였습니다.

특히 애플은 기존의 애플워치 시리즈를 넘어서 110만원대 고가의 스마트워치인 애플 워치 울트라를 선보였는데요. 스마트워치가 갈수록 첨단화되고 비싸지는 것을 목격할 수 있었습니다. 앞으로 스마트워치 분야에서는 어떤 향연이 펼쳐질까요. 한번 들여다 볼게요.

애플워치 울트라. ©애플

스포츠 전문가용 워치

애플은 고성능 기능을 탑재한 110만원대 '애플워치 울트라'를 새롭게 공개했는데요. 그동안 애플은 시리즈별로 스마트워치를 출시했는데, 이번에는 애플워치 시리즈8와 별도로 고성능 모델을 내놓았어요. 제프 윌리엄스 애플 최고운영책임자(COO)는 "애플워치는 세계 1위 스마트워치"라면서 "가장 진보한 워치를 선보인다"고 '셀프 엄지 척'을 했네요.

특히 애플워치 울트라는 마라토너, 스킨스쿠버 등을 위한 스포츠 전문가용 워치인데요. 그래서인지 많은 주목을 끌었어요. 49mm 티타늄 케이스로 내구성을 강화했고요. 특히 측면에 주황색 맞춤형 동작 버튼을 달아 극한의 환경에서도 손쉽게 작동이 가능하도록 했습니다. 또 배터리는 36시간 지속되며 저전력 모드 시 60시간까지 연장할 수 있대요.

직접 해본 것은 아니지만, 40m 깊이까지 다이빙을 해도 워치에 이상이 없다고 하네요. 기능도 이에 맞게 구성했고요. 스킨스쿠버를 하면서 이동거리를 측정할 수 있고 심해 잠수 시 색상별로 알림을 줍니다. 시곗줄인 밴드 역시 트레일 루프, 알파인 루프, 오션 밴드 등 기능별로 달리했습니다.

아울러 애플워치 시리즈8는 건강 애플리케이션(앱)인 피트니스와 연동이 가능하고 넘어짐 방지, 생리 주기 체크 기능 등을 반영했어요. 또 심전도·혈중산소 측정이 가능하고요. 특히 여성을 위한 기능이 곳곳에 반영됐는데요. 2개의 온도 센서를 달아 수면 시 5초마다 온도를 측정해 오차를 0.1도까지 줄였다고 해요.

이를 통해 체온 상승 등을 측정하고 배란 지표를 확인할 수 있습니다. 애플은 "생리 이상은 자궁근종 등 악영향을 줄 수 있어 사전에 감지하는 것이 중요하다"면서 "이중인증을 통해 개인정보보호를 강화했다"고 설명했습니다. 애플워치 울트라의 가격은 114만9000원으로, 웬만한 스마트폰 가격이네요.

시장조사 업체인 카운터포인트리서치에 따르면 2021년 스마트워치 출하량은 1억2750만대에 달했어요. 처음으로 1억대를 넘어선 것이죠. 점유율은 애플이 30.1%로 가장 높고 삼성전자 10.2%, 화웨이 7.7%, 아이무 5.2%, 어메이즈핏 5.1%, 가민 4.6%, 핏빗 3.8%, 샤오미 3.6% 등이 뒤를 잇고 있어요. 애플은 2015년 처음으로 스마트워치를 선보였는데, 그해 단숨에 점유율이 70%대를 넘은 바 있어요. 하지만 시장이 커지면서 갈수록 경쟁자가 늘어나자, 고가 시장으로 깊숙이 위치를 자리매김하려는 것 같아요.

영화 감상 중에
전화 와도 괜찮아

아이폰은 총 네 가지 모델이 나왔어요. 아이폰14(6.1인치), 아이폰14 플러스(6.7인치), 아이폰14 프로(6.1인치), 아이폰14 프로맥스(6.7인치)인데요. 팀 쿡 애플 CEO는 이날 스티브잡스시어터에서 미디어 초청 행사를 열고 "애플은 오늘날 삶의 필수품이 된 세 가지 제품을 공개하고자 한다"면서 "이들은 유기적으로 연결돼 마법 같은 일을 벌일 것"이라고 강조했습니다.

애플 아이폰14 시리즈. ⓒ애플

특히 고가인 프로 모델에는 스마트폰 상단 부분을 위젯처럼 사용할 수 있는 '다이내믹 아일랜드'라는 특수 기능을 도입했어요. 매우 이색적이었어요. 앨런 다이 애플 수석부사장은 "음악을 듣거나 영화를 볼 때 전화가 걸려오면 전화 알림을 상단부에 있는 별도의 창에서 뜨게 했다"면서 "무슨 일을 하더라도 집중해서 활동을 할 수 있다"고 말했어요. 음악, 타이머, 스포츠 중계 등 백그라운드에서 작동 중인 활동을 표시해 사용자와 끊임없이 소통하도록 했다는 설명이에요. 특히 앱 하나를 중단시키면 전면 카메라가 옆으로 숨어 들어가고, 누르면 튀어나오게 돼 있어 매우 부드러운 느낌이에요.

카메라는 대폭 업데이트 됐어요. 프로 모델은 4800만화소에 달하는 메인 카메라를 장착했는데요. 또 화소인 픽셀을 4개씩 묶는 센서를 탑재해 더 많은 빛을 포착하도록 했죠. 어두운 상태인 저조도에서도 손쉽게 촬영할 수 있어요. 또 1200만화소의 광각 카메라, 3배 줌 망원 카메라를 장착했고요. 전면 카메라는 크기를 30% 줄이고 처음으로 오토포커스를 도입했습니다. 그만큼 셀카 찍기가 쉬워질 것으로 보여요.

반도체 칩 역시 달라졌어요. 애플은 처음으로 A16 바이오닉 칩을 장착했다고 밝혔는데요. 해당 칩은 연산의 핵심 요소인 코어가 중앙처리장치(CPU) 6개, GPU 5개에 달해요. 이를 통해 초당 17조회에 가까운 연산을 처리할 수 있어요. 또 16 코어 뉴럴 엔진을 장착해 인공지능(AI) 기능이 개선됐고요. 이날 애플은 경쟁사 대비 우수하다는 점을 수차례 강조했어요.

아이폰14 전 모델에 걸쳐 안전 기능도 강화됐어요. 듀얼 코어 가속도계 등을 장착했는데, 이를 통해 심각한 자동차 충돌 사고를 감지해 준대요. 특히 사용자가 의식이 없다고 판단하면 자동으로 응급 서비스에 전화를 걸어요. 애플은 100만시간 이상의 실제 운전과 충돌 기록 데이터를 학습시켰다고 했네요.

특히 통화대역을 벗어난 지역에서 응급상황을 맞았을 때 구조신호(SOS)를 보낼 수 있는 기능을 새롭게 선보였는데요. 다만 위성과 연결을 위해 스마트폰 안내에 따라 스마트폰 방향을 위성 쪽으로 향하게 하고, 준비된 메시지를 발송하는 방식입니다. 문자가 접수되면 애플 전문가가 이를 확인하고 고객을 대신해 도움을 청하는 전화를 걸어줍니다. 위성을 통한 긴급 구조 요청 서비스는 미국과 캐나다에서 2022년 11월부터 사용 가능하며 2년간 무료로 제공됩니다.

사실 위성통신 서비스는 스페이스X의 일론 머스크 CEO가 티모바일과 손잡고 먼저 시동을 걸었는데, 애플이 어떻게든 주도권을 놓치지 않으려는 모습이에요. 애플과 테슬라는 그렇게 사이가 좋지는 않아요. 아울러 2022년 가을부터 애플워치 없이도 애플 피트니스+를 구독할 수 있도록 했고요. 다양한 운동·명상 프로그램을 트레이너 안내에 따라 사용하고 목표량을 확인할 수 있습니다.

경제 위기에도 상대적으로 저가 모델인 미니를 출시하지 않았어요. 단종인지 아니면 한번 쉬었다 가는지는 확인해주지 않았어요. 앞서 JP모건과 크레디트스위스는 애플이 699달러짜리 아이폰 미니 후속을 없애고 더 크고 비싼 아이폰14 프로맥스를 내놓을 것이라고 예상한 바 있어요. 아이폰의 평균 판매가격은 더 높아질 것 같아요. 2022년 2분기 회계연도에서 아이폰의 매출액은 1620억달러로, 애플 전체 사업 중 57% 이상을 차지해요. 물류 대란과 수요 감소 등으로 올해 스마트폰 출하량이 전년보다 6.5% 감소할 것으로 보여, 낮은 가격의 스마트폰은 한번 쉬고 평균 판매가격은 올리는 전략 같아요.

이제는 맞춤형 공간 음향

또 애플은 3년 만에 이어폰 신제품 '에어팟 프로2'를 선보였어요. 무선 음향기기용으로 새롭게 개발해 H2 칩을 장착해 액티브 노이즈 캔슬링 기능을 강화했고요. 아울러 배터리는 전작보다 30% 늘어난 6시간까지 사용이 가능합니다. 이번에 주목받은 기술은 '개인 맞춤형 공간 음향'인데요. 아이폰 전면 카메라를 활용해 머리·귀의 크기와 모양에 맞춰 최적의 음향을 선사하는 것이죠. 아울러 주변 소리와 대화 등을 들을 수 있는 '주변음 허용 모드' 역시 적응형으로 업데이트 됐어요. 예를 들어 갑작스레 자동차 소리 등이 들리면 초당 최대 4만8000번을 감지해 거슬리지 않는 수준으로 낮추는 방식입니다.

음량 조절은 터치 제어로 변경했고요. 이어버드 하단 센서를 눌러 소리 크기 조절, 선곡, 전화 받기 등을 할 수 있습니다. 또 이어 팁은 L, M, S에 이어 가장 작은 크기인 XS까지 4개네요. 배터리 지속 시간은 6시간이며 충전 케이스를 활용하면 30시간 지속이 가능하대요.

일곱 가지 모델 중 가장 주목받은 것은 애플 울트라 워치 아니었나 싶어요. 애플워치 시리즈 외에 110만원대 고가의 스마트워치를 별도로 내놓은 것은 그만큼 워치 시장이 커지면서 좀 더 프리미엄으로 차별화된 제품의 자리매김이 필요했던 것 아니냐는 생각이 들어요. 특히 구글이 처음으로 픽셀워치를 출시했는데요. 이러한 움직임에 애플이 프리미엄으로 도전을 차단하는 것 같다는 느낌이 들었습니다.

스마트폰은 프로 모델의 가격을 동결했지만, 저가 제품군인 미니 시리즈를 출시하지 않아 평균 판매가격을 높였고요. 또 소프트웨어 기술을 활용해 비용을 절감했다고 해요. 아이폰14는 2021년 나온 A15 바이오닉 칩을 썼는데, 동일한 칩이지만 디자인을 달리해 발열은 오히려 줄였다고 해요. 지금까지 애플파크였어요.

'칩4'는 뭐고,
펠로시는 왜 대만에 갔나요?

> "제2차 세계대전은 철강 생산량으로 승패가 결정됐고,
> 냉전은 핵무기가 중요했다. 미국과 중국의 경쟁은
> (반도체를 바탕으로 하는) 컴퓨팅 파워로 승자와 패자가 결정될 것이다."

: **크리스 밀러** 터프대 교수, 《반도체 전쟁(Chip War)》 저자

미라클러님, 뜨거운 여름을 잘 보내고 계신가요? 혹시 '칩4'에 대한 기사를 발견하신적이 있으신가요? 칩4는 반도체를 만드는과정에서 가장 중요한 역할을 하는 미국, 일본, 대만, 한국 등 4개국이 일종의 '반도체 반중(反中) 동맹'을 맺어야 한다는 내용인데요. 이 칩4에 한국이 공식적으로 참여하는가를 두고 많은 기사가 나오고 있습니다. 여기에 낸시 펠로시 미 하원의장이 대만을 방문한 것에 중국이 크게 반발하면서 반도체를 중심으로 하는 국제정치는 더욱 복잡하게 돌아가고 있습니다.

그래서 오늘은 이 부분을 길게 설명해 보려고 합니다. 반도체와 국제정치라는 것은 쉽지 않은 주제이고, 이미 많은 언론에서 반복적으로 다뤘지만 미라클레터에서 한번쯤 살펴봐야 할 중요한 내용이라고 생각했거든요. 참고로 오늘 레터는 권석준 성균관대 화학공학과 교수님의 글에서 많은 부분을 가져왔음을 미리 알려드립니다.

'팹'이라고 불리는
이유

위 사진은 경기 화성에 있는 삼성전자의 파
운드리 공장 전경입니다. 실리콘으로 만들
어진 웨이퍼에 반도체 회로를 집어넣는 가
공작업을 패브리케이션(Fabrication)이라고
하는데요. 반도체 공장은 그래서 약자로 '팹
(Fab)'이라고 불립니다. 반도체를 설계하지
않고 제조(Fabricate)만 하는 회사를 파운드
리(Foundry), 설계만 하는 회사는 팹이 없
어서 팹리스(Fabless)라고 해요. 이런 위탁
생산 시설인 파운드리가 가장 많이 밀집해
있는 곳은 아마도 세계 1위 파운드리 회사
인 대만 TSMC의 신주(新竹) 캠퍼스일 것
같고요. 다음이 아마 화성·기흥의 삼성전
자 공장일 것 같습니다. 이 두 장소야말로
전 세계 반도체 제조 산업의 중심이라고 할
만합니다.

코로나19가 기승을 부리는 가운데 발생한
전 세계 반도체 부족 사태는 이 파운드리
에서 벌어진 공급망 문제 때문이었습니다.
파운드리 업체에는 후순위에 있던 자동차
용 반도체가 가장 큰 타격을 받았고 덕분에
자동차 산업이 영향을 받았습니다. 반도체
가 없으면 스마트폰, PC만 영향을 받는 것
이 아니라 우리의 모든 생활이 마비된다는

경기 화성 삼성전자 파운드리 공장. ⓒ삼성전자

것을 전 세계 사람이 깨닫게 된 순간이었습
니다. 특히 가장 큰 충격을 받은 것은 미국
이었는데요. 아무리 반도체 핵심 기술을 갖
고 있어도 이것을 직접 생산할 수 있는 팹
이 미국 내부에 없으면 말짱 도루묵이라는
것을 깨달았어요. 중국산(Made in China)
공산품과 달리 반도체는 미국산(Made in
USA)이 없으면 국가 안보에 심각한 위험이
될 수 있다고 생각한 것이죠.

반도체
밸류체인 보고서

여기 현재 반도체 산업을 보여주는 그래픽
이 하나 있습니다. 미국 반도체 협회와 BCG
가 2021년 내놓은 보고서에 담긴 내용인데

요. 전체 반도체 산업 밸류체인(가치사슬)에서 각 국가들이 차지하는 비중을 보여주고 있습니다. 전체 반도체 산업에서 어떤 국가에 본사를 둔 기업이 많은지를 확인할 수 있습니다.

그래프에서 파란색으로 나타난 미국이 전체의 38%를 차지해 압도적인 1위이고, 동아시아 4개국이 각각 한국 16%, 일본 14%, 대만 9%, 중국 9%로 도합 48%의 비중을 나타내고 있습니다. 반도체 산업은 미국과 동아시아 4개국이 가장 영향력이 크다고 할 수 있습니다.

하지만 소비 시장을 보면 조금 다른데요. 미국과 중국이 거의 비슷한 25%와 24%이고, 유럽이 20%를 차지한다는 것을 알 수 있습니다. 시장규모는 인구나 경제규모에 비례

하는 것이겠죠? 두드러지는 점은 반도체 밸류체인에서는 9%에 불과한 중국이 소비 시장은 24%나 차지하고 있는 것입니다. 중국이 전 세계의 제조 공장으로 반도체가 들어가는 많은 전자제품을 생산하고 있고, 그 전자제품을 수출만 하는 것이 아니라 국내에서 소비도 많이 하고 있기 때문이죠.

그런데 이 밸류체인을 요소별로 나눠보면 국가별로 전문 영역을 다르게 해서 '분업화'가 이뤄져 있다는 것을 알 수 있습니다(위 그래프).

반도체 지식재산권(IP)과 전자설계자동화(EDA) 기술은 미국이 독점하고 일부 유럽이 차지하고 있습니다. 소프트뱅크가 소유한 영국 회사 ARM이나 미국 회사 시놉시스(Synopsys)가 대표적입니다. 다음으로 우

지역별로 반도체 산업에서 차지하는 비중(2019년 기준)

자료=미국 반도체 협회·BCG

■ 미국　■ 중국　 대만　■ 한국　 일본　■ 유럽　 기타

전체 밸류체인을
100%로 봤을 때 | 38% | 9% | 9% | 16% | 14% | 10% | 4%

반도체 소비를
100%로 봤을 때 | 25% | 24% | 6% | 20% | 22%

각 반도체 밸류체인에서 국가별 비중(2019년 기준)

자료=미국 반도체 협회·BCG

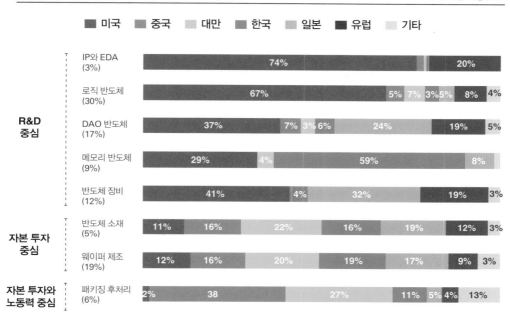

리에게는 CPU, GPU, 애플리케이션프로세서(AP) 등으로 알려져 있는 로직(Logic) 반도체도 미국이 압도적인 것을 알 수 있습니다. 로직 반도체는 인텔, 삼성전자처럼 직접 팹을 운영하는 회사도 있지만 대부분이 팹리스 업체로 파운드리에 제조를 맡기고 있습니다. D램, 낸드 메모리 같은 메모리(Memory) 반도체는 한국이 60% 가까이 시장을 차지하고 있는데 로직 반도체처럼 설계와 제조가 분리돼 있지는 않고 반도체 제조에 사용되는 장비는 미국, 일본, 유럽이

분점하고 있습니다. 위에 DAO라고 표시된 반도체는 정밀도가 중요하지 않은 반도체(Discrete, Analog and others)를 의미하는데 일본(24%)과 유럽(19%)이 여전히 높은 비중을 차지하고 있습니다.

반면 파운드리로 알려져 있는 웨이퍼 가공(Wafer Fabrication)과 후공정을 뜻하는 조립, 패키징, 테스트는 대만과 중국의 영향력이 큽니다. 위 그래프에서 웨이퍼 가공과 후공정은 다른 그래프와 달리 '공장의 물리적

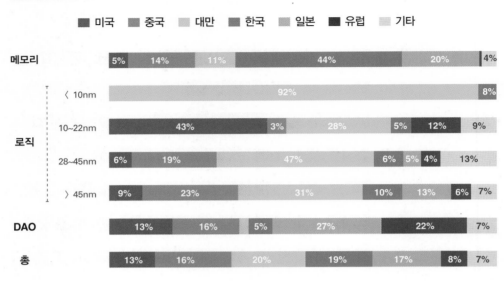

■ 미국　■ 중국　■ 대만　■ 한국　■ 일본　■ 유럽　■ 기타

	미국	중국	대만	한국	일본	유럽	기타
메모리	5%	14%	11%	44%		20%	4%
〈 10nm			92%				8%
10~22nm	43%		3%	28%	5%	12%	9%
28~45nm	6%	19%	47%	6%	5%	4%	13%
〉 45nm	9%	23%	31%	10%	13%	6%	7%
DAO	13%	16%	5%	27%	22%		7%
총	13%	16%	20%	19%	17%	8%	7%

자료=미국 반도체 협회·BCG

인 위치'를 중심으로 나타내고 있는데요. 중국이 이 분야에서 비중이 높은 것은 중국에 있는 대만 기업의 것도 중국으로 표시되기 때문입니다.

이 웨이퍼 가공을 기술 수준으로 보면 또 다른 숫자가 보이게 되는데요. 위 그래픽은 부가가치가 아니라 생산능력을 기준으로 다시 정리한 것입니다. 메모리 반도체와 DAO 반도체는 생산능력이 많은 국가가 부가가치도 많이 가져가고 있습니다. 하지만 로직 반도체는 기술 수준에 따라 국가별 비중이 다릅니다. 나노미터(nm)가 낮을수록 높은 수준의 생산 기술을 가진 것인데요(위 자료는 2019년 기준이라 3nm의 반도체가 양산되는 지금과는 큰 차이가 있습니다). 제일 우수한 선단공정은 대만 기업(TSMC)과 삼성 파운드리가 가장 앞서 있다는 것을 알 수 있습니다. 그런데 이 제일 뛰어난 기술의 파운드리에서 만들어지는 반도체가 애플, AMD에서 만드는 CPU나, 플래그십 스마트폰에 들어가는 AP, AI에 쓰이는 GPU 같은 것이다 보니 전략적 중요성이 매우 큽니다. 대만의 최첨단 공정 파운드리가 테크 기업뿐 아니라 미국이라는 국가에도 중요한 이유죠.

반도체 산업 밸류체인을 요약해 보자면 지금의 반도체 산업은 미국과 동아시아 4개국이 이끌고 있습니다.

- 미국은 원천 IP와 로직 반도체의 설계
- 한국은 메모리 반도체의 설계와 생산
- 대만은 로직 반도체 위탁생산과 후공정
- 일본은 반도체 장비와 소재
- 반도체 장비는 미국, 일본, 유럽이 분점
- 중국은 전체 밸류체인에서 차지하는 비중은 상대적으로 작지만 가장 큰 반도체 소비 시장

중국은 가장 반도체가 많이 필요한 나라이지만 핵심 기술을 가지고 있지 않고, 이를 생산하는 중국 내 공장 다수도 한국과 대만 기업의 것입니다. 그래서 중국은 반도체 자급자족을 국가적인 목표로 설정하고 공격적으로 투자하고 있습니다.

반면 미국은 가장 알짜 기술을 가지고 반도체 산업을 이끌고 있지만 정작 본토 내에서 생산 경쟁력은 떨어져 기술적 리더십을 잃어버릴 위기에 있다고 할 수 있습니다. 그래서 미국 정부가 추진하는 'CHIPS and Science Act'라는 반도체지원법안은 미국 본토에서

텍사스 오스틴의 삼성전자 반도체 공장. ⓒ삼성전자

반도체 제조(Fab)를 하려는 기업들에 보조금을 주는 법안인데요. 인텔, 마이크론 등 미국 기업은 물론이고 미국에 반도체 팹을 건설하려는 삼성전자, SK하이닉스, TSMC도 지원받을 것으로 기대되고 있습니다.

중국의 손발을 묶으려는 미국

미국은 반도체 생산공장을 국내에 짓는 것뿐 아니라 중국이 반도체 자급자족을 하지 못하게 하려는 계획을 가지고 있습니다. 두 가지 측면인데요. 하나는 중국 반도체 기업이 연구개발(R&D)을 바탕으로 첨단 기술력을 갖추지 못하게 하는 것. 두 번째는 중국 내 웨이퍼 가공 능력에 한계를

두는 것입니다. 웨이퍼 가공은 노광 기술(Lithography)을 이용한 대규모 반도체 장비 투자가 필요한데 네덜란드 ASML이 이런 장비를 만드는 대표적인 회사입니다. 미국은 ASML과 같은 반도체 장비 기업이 이것을 중국 기업에 판매하지 못하도록 하고 있습니다.

칩4는 전체 반도체 산업 밸류체인에서 가장 중요한 국가인 일본, 대만, 한국을 끌어들여 중국이 반도체 산업을 키우지 못하게 하려는 계획으로 업계에서는 보고 있습니다. 칩4 연합이라는 거창한 이름은 사실은 언론에서 만들어진 것이라고 합니다. 하지만 반도체 공급망과 관련해 미국이 주도하는 협의체가 생겼고 그 출발점에 중국이 빠져 있다는 점은 확실한 것 같습니다. 명시적으로 밝히지는 않고 있지만 미국의 큰 그림이 어떤 것인지는 짐작해볼 수 있습니다.

반도체의
전략적 가치

왜 미국은 중국의 반도체 굴기를 막으려는 걸까요? 중국은 이미 우수한 전자제품 제조기업(화웨이, TCL, 하이얼)과 국내 제조 인프라스트럭처를 보유하고 있습니다. 또, AI와 데이터로 무장한 강력한 테크기업(알리바바, 텐센트, 바이두)도 보유하고 있습니다. 이런 첨단 기술력은 첨단 무기 개발, 사이버 안보 등 다양한 분야에서 미국에 위협적입니다. 반도체는 중국이 기술강국으로 자리 잡기 위한 마지막 퍼즐이라고 할 수 있습니다.

이런 상황에서 반도체는 미국이 중국의 기술 발전을 늦출 수 있는 중요한 무기입니다. 실제로 2020년 화웨이의 자회사인 팹리스 하이실리콘은 미국의 규제로 대만 TSMC에 위탁생산을 맡기지 못하게 되면서 큰 어려움을 겪었습니다. 위탁생산이 막힌 중국이 직접 파운드리를 국내에 늘리려고 하자 미국은 파운드리에 필요한 제조 장비의 수출을 막고 있는 것입니다.

낸시 펠로시 미 하원의장이 중국의 비난에도 대만을 방문한 것, 조 바이든 미 대통령이 한국을 방문하며 삼성전자 평택공장을 찾은 것(평택에도 반도체 파운드리가 있습니다)은 미국의 이런 반도체 전략 아래에서 이뤄진 행보라고 봐야 합니다. 앞서 만들어진 반도체지원법은 이 법을 통해 지원받은 기업이 중국 내에 생산규모를 늘리는 데 제한을 받도록 만들어졌습니다.

중국도
가만히 있지 않는다

이렇게 미국이 중국의 반도체 독립을 가로막고자 하면 어떤 일이 벌어질까요?

권석준 교수님에 따르면 중국은 최첨단 장비보다 다소 이전 세대의 장비와 기술 IP를 가지고 자립형 연구를 시작해 완전히 별도의 반도체 생태계를 만드는 전략을 갖고 있는 것으로 보인다고 합니다. 중국은 반도체 관련 다양한 학문 분야에서 경쟁력 있는 R&D 성과를 보이고 있고, 내수 시장도 크기 때문에 그 수요만으로도 반도체 생태계를 독자적으로 만드는 것이 가능하다고 합니다. 우리는 이렇게 세계 표준에서 분리된 시장을 '갈라파고스'라고 표현하기도 하는데요. 전 세계 시장의 25%를 차지하는 중국은 '섬'이라고 보기는 어려울 것 같습니다.

중국은 일본, 대만, 한국, 유럽 기업이 소재 · 부품 · 장비를 수출하지 않아도 국내에서 직접 생산할 수 있도록 스스로의 힘으로 개발하게 될 것으로 보입니다. 국제 시장에서 경쟁하지 않는 국내에서 사용하는 용도라면 꼭 고성능 반도체가 필요하지 않기 때문입니다. 중국 컴퓨터와 중국 스마트폰에는 중국에서 만든 반도체만 쓰이는 시대가

올 수도 있는 것입니다. 물론 중국이 독자적 생태계를 만들면 외국 기업은 이에 대응하기 위해 컴퓨터나 스마트폰 같은 최종 제품의 조립기지를 중국에서 베트남, 인도 등으로 더 빠르게 옮길 수도 있습니다.

이처럼 반도체 생태계가 둘로 나뉘는 것은 중국뿐만 아니라 미국, 일본, 대만, 한국 반도체 기업에도 큰 고통이 됩니다. 대만과 한국은 중국에 반도체 생산공장까지 운영하고 있어서 더욱 영향이 큽니다. 한국과 대만 기업은 칩4에 참여하면 중국 시장을 잃게 될까 두려워하고 있습니다. 최근에 우리나라의 대중 적자가 커지고 있다는 점도 불안 요소입니다.

'신냉전'의 시대가
정말 올까?

최근 '신냉전'이라는 단어가 많이 언급됩니다. 러시아 · 우크라이나 전쟁을 계기로 러시아와 중국이 한편이 돼 미국, 유럽, 일본으로 연결되는 서방과 새로운 냉전을 시작한다는 건데요. 스플린터넷(인터넷의 분할)이나 반도체를 중심을 이뤄지는 미 · 중 간 기술전쟁도 어떻게 보면 신냉전이라는 큰 흐름의 일부라고 볼 수 있을 것 같습니다.

권석준 교수님은 다음과 같이 주장했습니다.

"중국은 1당 독재, 나아가 1인 독재를 할 준비가 돼 있는 권위주의 국가다. 즉, 중국은 앞선 세 나라(독일, 소련, 일본)와 달리 미국과의 경쟁을 미국의 예상보다 더 오래 지속할 준비가 돼 있고, 그럴 만한 체력이 있으며, 그럴 만한 동기가 부여된 나라다."

신냉전이 생각보다 오래 지속될 수도 있다는 뜻입니다.
레이 달리오는 2021년 나온 그의 책《변화하는 세계 질서》에서 현재 세계 패권국가인 미국이 국가 발전 사이클상 정점을 지나 하락 국면에 들어섰고, 중국이 패권국가 자리를 차지할 유력한 후보라고 설명하고 있습니다. 도널드 트럼프가 대통령으로 뽑힐 정도로 정치적으로 양극화되고, 경제적 불평등과 과도한 부채가 심각해지는 미국의 현상황을 경고하기도 했습니다.

🔍 생각해 보기

과연 신냉전은 더욱 심해지고 미국의 힘은 약해질까요? 아니면 반대로 먼저 약해지는 것은 중국일까요?

예전에 한 인터넷 커뮤니티에서 중국 원나라 말 명나라 초에 살았던 시인 고계의 "꽃을 보니 죽은 딸 '서'가 생각나서(見花憶亡女書)"라는 한시를 본 적이 있습니다. 전쟁 통에 둘째 딸을 잃은 시인이 딸을 그리워하면서 쓴 내용인데요. 길지만 전체를 옮겨 보겠습니다.

둘째 딸 서가 하도 귀여워서
여섯 살이 되었어도 안아주었다.
품에 안고 과자 먹는 것을 바라보았고
무릎에 앉혀놓고 시 낭송을 가르쳤다.
아침에 일어나선 언니의 화장을 흉내내느라
떼를 쓰며 경대 앞으로 가 들여다보았다.
예쁜 비단옷 좋아하는 줄 알면서도
집안이 가난하여 지어주지 못했었지.
안타깝게도 나는 실의한 지 오래라
눈과 비를 맞으며 갈림을 헤매고 있었지.
저녁에 귀가하여 반갑게 맞는 둘째를 보면
그때마다 내 근심 걱정은 기쁨으로 바뀌었다.

모질게도 둘째가 몹쓸 병에 걸렸는데
때마침 다시금 사변이 일어났던 때였으니
난리 통에 놀라 갑자기 숨을 거두어
약과 음식을 제대로 써보지도 못하였다.
황급히 보잘것없는 관이나마 마련해서
통곡 속에 멀리 산비탈에 묻고 말았을 뿐.
망망한 천지에서 그 애의 영혼 찾을 수 없고

생각할수록 가엾어 계속 가슴이 쓰라리다.

그런데 지난해 봄을 생각해보면
정든 뜰과 연못에 꽃이 만발했고
둘째는 내 손을 잡고 나무 밑을 거닐며
나에게 예쁜 꽃가지를 따달라고 했었다.
금년에도 꽃은 다시 아름답게 피었지만
나는 멀리 떨어진 강변에 거처하고 있다.
온 가족 중에 너 혼자 없어
꽃을 보아도 공연히 눈물만 흐르네.
한잔 술을 들어도 위로가 되지 않는데
황혼 녘 장막에 바람 불어
그저 처량하기만 할 뿐.

오늘 레터는 역대급으로 어두운 내용인데
이렇게 슬픈 내용의 시를 소개한 것이 좀
뜬금없다고 생각하실 수 있을 것 같은데요.
역사적으로 국가 간 갈등, 전쟁, 혼란의 시
기에 가장 큰 고통을 받는 것은 평범한 사
람들 그리고 여성과 아이들이었습니다. 그
건 최종적인 승리자와 패배자를 가리지 않
았습니다.

변화와 혼돈의 시기일수록 무기력함에 빠
지는 것이 아니라 정신을 똑바로 차리고 올
바른 선택을 하는 것이 필요하다는 생각이
듭니다. 꼭 나를 위해서가 아니라 우리 다음
세대의 미래를 위해서라도 정말 중요한 일

입니다. 저는 다음주에는 좀 더 밝은 내용으
로 찾아오겠습니다.

클라우드 | IT 인프라

AWS, 세일즈포스, 어도비

어도비가 보여준
인공지능의 미래

**"할 수 있다고 생각하는 사람은 할 수 있고,
할 수 없다고 생각하는 사람은 할 수 없다. 이는 불변의 진리다."**

: 파블로 피카소

2022년 10월 이상덕 특파원이 로스앤젤레스에 다녀왔어요. 그래픽 툴의 사실상 독점 기업인 어도비가 매년 개최하는 '어도비 맥스 2022'에 참석하기 위해서인데요. 어도비 하면 떠오르는 것은? 네, 맞습니다. '포토샵' 하는 회사라는 생각인데요. 사실 어도비는 그래픽 업계의 매우 큰 공룡입니다. 시가총액이 1360억달러로 약 194조원에 달해요. 삼성전자 시총의 60%에 달하는 금액입니다.

그만큼 그래픽 생태계에서 입김이 막강한 기업입니다. 그런 어도비가 생성형 인공지능(Generative AI)인 '센세이'를 업데이트했어요. 그동안 저희가 보내드린 생성형 인공지능 관련 편지가 많았는데요. 마침내 공룡이 뛰기 시작한 장면입니다. 어도비가 그리는 인공지능의 미래는 무엇인지, 왜 어도비마저 생성형 인공지능에 뛰어들었는지 현장의 목소리를 들려드릴게요.

불필요한 인물
한 번에 지운다!

어도비가 업데이트 한 센세이는 문장을 입력하면 그림을 그리고, 절반만 그린 그림의 나머지 부분을 그려주는 컴퓨터 비전 인공지능입니다. 사실 오픈AI의 달리나 LG의 엑사원 등도 이미 할 수 있는 능력이라 크게 놀라지는 않았어요. 개인적으로 좋아하는 스콧 벨스키 어도비 최고제품책임자(CPO)는 "샌프란시스코 만에 떠 있는 해적선을 입력하면 몇 초 후에 금문교 아래를 지나가는 해골과 십자형 돛이 달린 갤리언선의 이미지가 나타난다"면서 "상상을 컴퓨터 화면으로 변환하는 것과 같다"고 설명했어요. 생성형 인공지능은 이용자의 요구에 따라 서로 다른 결과물을 생산하는 인공지능인데요. 크게 라벨이 붙어 있는 지도적 생성과 없는 비지도적 생성이 있어요.

제 시선을 사로잡은 것은 필요한 배경은 살리고 불필요한 피사체는 삭제하는 기술이었어요. 예를 들어 파도가 치는 바닷가를 배경으로 '셀카'를 찍었는데 주변에 수많은 인파가 같이 나오면 속으로 '어쩔 수 없지' 하셨을 겁니다. 하지만 센세이의 이 기술을 사용한다면 불필요한 인물을 지울 수 있습니다. 이런 기능은 영화에서도 사용이 가능합

원본 사진.

목줄 피사체를 지운 사진. ⓒ어도비

니다. 도로 위 추격 신을 촬영하고 있는데 난데없이 다른 차량이 합류하면 불필요한 차량의 영상만 오려낼 수 있어요.

지금까지의 인공지능은 개체를 인식해서 대상은 살려두고 배경은 제거하는 기술이 전부였는데요. 이제는 불필요한 개체는 제거해 버리고 인공지능이 상상해서 삭제된 공간의 배경을 그려주게 된 것입니다. 아울러 어도비는 '사진 회복 신경 필터(Photo

Restoration Neural Filter)'를 도입해 오래된 사진의 긁힘이나 손상된 부분을 복원할 수 있도록 했습니다. 어도비의 디지털이미징 담당인 마리아 야프 부사장님을 만나 이런저런 이야기를 할 기회가 있었는데요. 내용을 요약해 정리해 드릴게요.

😊 인공지능을 왜 개발했나요.

👩 포토샵을 보다 수월하게 사용할 수 있도록 하고 싶었습니다. 아티스트는 이를 통해 보다 본질적이고 창조적인 일에 집중할 수 있습니다. 인공지능은 모든 개체를 보다 빠르게 식별하도록 도와주고 클릭과 드래그만으로 조작이 가능합니다. 대부분의 사용자는 실제로 일부 개체를 삭제하기를 원하기 때문에 인공지능이 이를 지원합니다.

😊 예를 들어주세요.

👩 개체를 삭제할 수 있고, 반대로 개체가 없는 것처럼 빈 공간을 채울 수 있습니다. 예를 들어 제가 셀카를 촬영했는데 여러분이 같이 나왔다고 해볼게요. 저는 제 사진만 필요하죠. 그러면 여러분의 모습을 지우고 배경을 살려야 합니다. 이럴 때 필요합니다.

😊 어떤 기술이 쓰였나요.

👩 두 가지가 필요합니다. 개체를 인식해 제거하는 것이 중요합니다. 그러면 빈 공간이 생기겠죠. 다시 이를 채울 수 있어야 합니다. 인공지능은 그림 전체의 이미지를 판별

해 다양한 기법을 동원해 그 빈 공간을 자연스럽게 메웁니다. 인공지능이 이를 분석하는 것이죠.

😊 생성형 인공지능인가요.

👩 생성형 인공지능이 새로운 픽셀을 생성합니다. 전체 화면을 시뮬레이션해서 누락된 배경을 다시 구성해 그리는 것이죠. 현재 흰색 배경이나 평범한 색상은 쉽게 할 수 있습니다.

😊 한계는 없나요.

👩 인공지능은 훈련이 중요하기 때문에 현재 인공지능 머신러닝을 활용해 다양한 이미지를 훈련시키고 있습니다. 이것은 저희 홀로 할 수 없습니다. 다양한 사용자가 이미지를 훈련시키고 저희 역시 노력하고 있습니다.

😊 언제 처음 연구했나요.

👩 정확하게 기억이 나지는 않습니다. 2013년 정도일까요. 알고리즘을 처음 도입했고 소프트웨어는 복잡한 수학을 활용해 마술 같은 작업을 수행할 수 있게 됐습니다. 이제 알고리즘은 이웃 픽셀이라고 불리는 픽셀을 분석하고 그다음에 이어질 픽셀이 무엇인지 분석해 그릴 수 있습니다. 모두 기계학습의 힘입니다.

😊 인공지능이 어떻게 발전할까요.

👩 단순히 빈 공간을 채우는 것만은 아닙니다. 인공지능은 확실히 더 넓은 영역을 분

석합니다. 특정 건물에 머물렀을 때 그 건물 내부의 모습은 기억이 나지만 정확히 어떤 모습일지 어렴풋하게 기억이 난다면 인공지능이 그릴 수 있습니다. 예를 들어 산에 찾아갔을 때 산 앞으로 강이 흐른다고 생각하고 문장을 입력하면 실제로 강이 흐르는 것처럼 그릴 수 있습니다.

🙂 고객이 가장 원하는 것은 무엇인가요.

👤 가장 많이 들었던 것은 엄청나게 빠른 퍼포먼스였습니다. 안정적으로 그릴 수 있도록 해달라, 더 빨리 그릴 수 있도록 해달라는 요청이 많았습니다. 전 25년간 일했는데요. 항상 고객의 요청은 일관됐습니다.

🙂 포토샵의 미래는요.

👤 3년 전에 우리는 포토샵이 아이패드에서 작동할 수 있도록 했습니다. 처음에는 데스크톱에서 했는데 이제는 점점 더 많은 장치에서 쓸 수 있게 됐습니다. 더 많은 사람이 포토샵에 접근할 수 있도록 하는 것이 저희의 일입니다.

🙂 실직을 초래할까요.

👤 인공지능은 예술가가 자신을 표현할 수 있는 또 다른 도구일 뿐입니다. 어도비는 매우 오랫동안 예술가들과 함께 작업을 했습니다. 창의성은 인간의 마음에 있고, 인공지능은 결코 이를 대체할 수 없습니다.

실제로 센세이의 인공지능을 제가 직접 사용해보니 한계가 있기는 했어요. 강아지 목줄이라든지, 작은 간판 같은 것은 삭제했을 때 인공지능이 빈 공간을 제대로 척척 그렸는데요. 반면에 옆에 있는 친구처럼 큰 개체를 지울 때는 인공지능이 버벅거렸어요. 하지만 주목해야 할 점은 어도비는 공룡이라는 점입니다. 디자이너들이 1년간 어도비의 인공지능을 사용한 횟수는 13억회에 달합니다. 디자이너들이 잘못된 부분을 지우고 다시 그리는 것을 반복할 때마다 엄청난 기계 학습이 이뤄질 수 있는 대목입니다.

메타버스에서 PDF 작업을 한다!

어도비는 메타버스 공간에서 PDF를 공동 작업할 수 있는 새로운 기능도 선보였어요. "메타버스 PDF는 어디에서나 비즈니스를 수행할 수 있는 완전히 새로운 방법의 시작"이라고 강조! 메타버스 애플리케이션(앱)인 메타 퀘스트 스토어 내에서 '어도비 애크러뱃'을 내려받으면, 메타 퀘스트 또는 퀘스트 프로 가상현실(VR) 장치에서 곧 바로 애크러뱃에 접속할 수 있어요. 애크러뱃은 PDF를 편집할 수 있는 툴인데요. 어도비는 "이제 모든 장치에서 몰입형으로 애크러뱃 문서를 작성할 수 있다"면서 "작성과 공

메타버스에서 수행하는 PDF 작업. ⓒ어도비

유 그리고 전자 서명의 또 다른 문이 열리고 있다"고 자평했네요.

사실 외신들을 중심으로 일반 물리적 세계에서 PDF를 작성하는 것과 무슨 차이가 있느냐는 지적도 나오긴 했어요. 하지만 어도비는 "메타버스를 통해 수많은 사람이 같은 실제 공간에서 문서를 작업하는 것과 같은 몰입형 경험을 얻을 수 있다"고 설명했어요. 가상현실(VR) 헤드셋을 쓰고 애크러뱃을 열어 정면으로 파일을 보면, 메타버스 내에서 문서 작업을 할 수 있다고 해요. 일반 PDF 문서 작업처럼 문서를 열고 글자를 확대하고 페이지를 넘기고 주석을 달고 링크를 공유할 있는 행위가 가상공간에서 가능

해지는 것이죠.

또 어도비는 3차원(3D), 몰입형 콘텐츠 제작을 위한 제품군인 '어도비 서브스턴스 3D(Substance 3D)'를 메타의 퀘스트 플랫폼에 제공한다고 밝혔어요. 메타 이용자가 어도비의 3D 제작 도구를 활용해 새로운 메타버스를 창조할 수 있게 한다는 것이죠. 어도비의 3D · 메타버스 책임자인 서배스천 디가이 부사장은 "수많은 기업이 3D와 몰입형 콘텐츠에 대한 투자를 늘리고 있다"면서 "몰입형 콘텐츠로 전환하려는 크리에이터와 브랜드를 꾸준히 지원하겠다"고 강조했습니다. 어도비의 서브스턴스 3D가 메타 퀘스트에 제공되면서 데스크톱 PC상에서 3D를 제작한 기술로 손쉽게 VR 헤드셋

으로 옮길 수 있게 됐다는 것이 어도비의 설명이고요.

그렇다고 해서 어도비가 메타버스에 깊숙이 발을 내디디는 것 같지는 않은 느낌이었어요. 발을 걸쳐본다? 사실 메타버스 생태계 확장에 발 벗고 나선 것은 메타플랫폼이니, 아마도 메타의 제안으로 이런 서비스를 해보려는 것 아니냐는 생각이 드네요.

피그마 창업가 딜런 필드. ⓒ어도비

28조 대박 낸
30세 창업가!

지난달 디자이너 협업 툴인 '피그마'를 창업해 30세에 200억달러(약 28조5000억원)에 매각해 초대박을 터뜨린 피그마의 공동창업자인 딜런 필드가 마침내 모습을 드러냈어요. 어도비의 피그마 인수가액인 200억달러가 어느 정도냐고요? 시가총액으로 네이버, 기아, 카카오, 포스코홀딩스보다 높습니다. 피그마를 공동창업한 인물은 30세 청년인 딜런 필드로, 피그마 지분 약 10%를 보유하고 있는 것으로 알려졌죠. 단번에 28조5000억원을 거머쥔 셈인데요. 딜런 필드는 브라운대에서 컴퓨터공학을 전공하다 그만두고 창업한 지 4년이 넘은 2016년이 돼서야 피그마를 처음 공개했어요.

😃 어떻게 시작했나요.

😎 우리의 제품이 효율적일 뿐만 아니라 개방성이 좋고 더 나은 협업이 가능하다는 믿음이 있었어요. 우리는 세상이 가는 방향으로 정확히 가고 있다고 생각했죠. 물리적 경제에서 디지털 경제로 전환이 가속화되고 있었고요. 수많은 디자이너와 이야기를 나눴습니다. 디자인 웹사이트를 보면 정말 폭발적으로 성장했거든요.

☹ 디자인을 정의하면요.

😎 사실 디자인은 더 이상 제품을 만드는 행위가 아닙니다. 모든 사람이 이미 디자인에 참여하고 있어요. 브레인스토밍 단계에서부터 참여를 합니다. 연구 단계도 절대 아니죠. 그래서 작년에는 브레인스토밍을 하는 데 필요한 화이트보드 도구를 선보였고요. 우리는 피그마를 엔드 투 엔드 경험으로

만들기 위해 정말 노력하고 있어요.

😊 어도비에 합류했는데요.

🐵 네, 할 일이 무척 많아요. 어도비와 함께 피그마 플랫폼에 더 많은 기능을 빨리 구축할 수 있을 것이라고 믿어요. 앞에서 보셨겠지만, 어도비에는 이미 엄청나게 많은 기능이 있잖아요. 전 상상과 현실 사이 간극을 좁히고 싶어요. 사람들에게 필요한 마음의 캔버스를 제공하고 필요한 도구를 내주는 것이 곧 디자인을 위한 길이라고 봅니다.

이날 어도비는 어도비 익스프레스라는 무료 버전을 선보였어요. 매우 간단하게 디자인을 할 수 있는 툴로 배경을 지우고 글자를 붙이고 하는 정도의 도구입니다. 놀라운 점은 작업한 것을 인스타그램, 페이스북과 같은 사회관계망서비스(SNS)에 예약 전송을 할 수 있어요. 디자이너가 없는 마케터라면, 매우 요긴할 것 같아요.

지만 어도비라는 큰 공룡이 생태계에 진입했으니 앞으로 어떤 일이 벌어질까요. 어도비는 앞으로 구독 요금을 더욱 높여 받을 수 있을 테고, 그렇지 않다면 더 많은 고객을 끌어모을 수 있을 것 같아요. 생성형 인공지능 시장은 어도비의 등장으로 본격적인 비즈니스 모델이 태동할 조짐입니다.

그동안은 코로나19 때문에 B2C(기업과 소비자 간 거래)의 시대였는데요. 온택트가 부상하며 이커머스(전자상거래), 배달 앱, 온라인 강의 등이 떴습니다. 하지만 오늘날처럼 모든 소비자가 지갑을 닫으려 하고 기업이 움츠러들려고 할 때는 B2B(기업과 기업 간 거래)가 유리해지는 것 같습니다. 기업들이 더 비용을 절감할 수 있도록 생산성을 높여주는 그런 것 말이죠. 생성형 인공지능도 앞으로 그런 모습으로 다가올 것 같아요.

생각해 보기 🔍

어도비가 생성형 인공지능에 뛰어들면서 판이 매우 커졌다는 느낌을 받았습니다. 수많은 딥테크 스타트업이 생성형 인공지능을 내놓고 할 수 있는 사업이 응용프로그램인터페이스(API)를 판매하는 정도였죠. 하

피그마가
대체 뭐길래

"디자인은 그동안 개인 작업이었다.
이걸 다른 사람에게 공개하고 뒤섞는 것은
스스로의 일부를 공개하는 것과 비슷한 느낌을 준다.
그것이 이런 변화(디자인 협업)가 중요한 이유다."

: **딜런 필드** 피그마 창업자 겸 CEO

2022년 9월 실리콘밸리와 테크 업계는 어도비의 피그마 인수로 시끄러웠습니다. 우리에게 포토샵으로 잘 알려져 있는 어도비가 스타트업 피그마를 200억달러라는 비상장 기업 인수 역사상 가장 큰돈을 써서 인수했거든요. 200억달러라고 하면 실감이 잘 안 나실 것 같은데요. 우리나라 돈으로 27조원. 현재 카카오 시가총액이 29조원, 셀트리온이 25조원입니다.

피그마의 지분 10%씩을 가지고 있는 것으로 추정되는 창업자들의 지분가치는 20억

달러. 하룻밤 사이에 조 단위의 부자가 된 건데요.

대체 피그마는 어떤 회사기에 실리콘밸리의 역대급 인수 · 합병(M&A)이 이뤄진 걸까요?

피그마는
어떤 회사?

여기 갓 20대 초반의 청년이 있습니다. 그는

몇 년 전 스타트업을 창업했습니다.

브라운대라는 미국 아이비리그 대학교에서 컴퓨터공학을 전공하던 이 청년은 '틸 펠로십'이라는 장학금을 받게 되는데요. 대학을 다니는 학생에게 학교를 중퇴하고 창업하는 조건으로 10만달러(약 1억4000만원)를 주는 프로그램.

그는 부모님의 반대에도 호기롭게 대학을 관두고 자신이 떠올린 비전을 실현하기 위한 소프트웨어를 개발하기 시작합니다. 2년이 지나고, 3년이 지나도 그가 목표로 했던 서비스는 나오지 못했습니다. 그가 채용한 팀원들은 그의 기대를 맞추지 못했습니다. 그는 계속 팀원들을 압박하기만 했고 사람들은 그를 최악의 대표라고 욕하면서 떠났습니다. 그의 사회생활 경험이라고는 6개월 인턴이 전부. 그는 어떻게 사람을 대하는지 몰랐습니다. 그는 생각했습니다.

'내가 이러려고 대학교를 관뒀나?'

그는 어렸을 때 아역 배우로 활동한 적이 있습니다. 천성이 밝고 긍정적인 그는 누구에게나 사랑을 받는 사람이었습니다. 그는 자신이 동료들에게 이렇게 불편한 존재가 됐다는 것을 견딜 수가 없었습니다. 자신이 가장 믿고 따르던 아버지가 말기 암에 걸렸다는 사실을 알았을 때는 하늘이 무너지는 듯했죠. 모든 것을 그만두고 싶었습니다. 이 청년의 이름은 딜런 필드. 바로 피그마의 창업자입니다.

딜런 필드. ⓒ딜런 필드 트위터

웹에서 쓰는
포토샵

딜런 필드가 그토록 만들고 싶었던 서비스. 그것은 '웹브라우저에서 사용하는 포토샵'이었습니다.
그래픽 작업을 데스크톱 소프트웨어가 아니라 웹브라우저에서 쓸 수 있게 하자! 그리고 여기에서 협업도 이뤄지게 하자!

하지만 피그마가 제품으로 나오는 데는 시간이 꽤 걸렸습니다. 2012년 창업을 했지만 베타서비스를 거쳐 처음으로 대중에게 공개된 것은 2016년.

2016년 당시 피그마와 같은 제품이 그때 없었을까요? 사실 이미 있었습니다!

피그마는 간단한 그래픽 작업도 가능하지만 핵심은 앱과 웹 페이지를 만드는 벡터 기반의 디자인 소프트웨어.
피그마의 제품이 나왔을 당시, 그래픽 디자이너가 많이 사용하는 맥 운영체제(OS)에는 '스케치'라고 하는 강자가 존재했습니다.
어도비 역시 사용자경험(UX)·사용자인터페이스(UI)의 협업 툴을 위한 소프트웨어인 어도비XD를 2016년 내놨습니다.

두 개의 대기업 사이 틈바구니에 낀 스타트업. 누구나 생각할 수 있는 아이디어. 과연 살아남을 수 있을까요?

딜런 필드는 단 한 가지에 집중했습니다. 바로 사용자(User)입니다.

피그마와 같은 그래픽 툴의 사용자는 누구일까요? 당연히 디자이너입니다.

피그마가 제품을 구상할 때, 디자이너에게 가장 큰 페인 포인트라고 생각한 것은 무엇이었을까요?

느린 속도? 버전 관리의 어려움?

아닙니다. 바로 피드백을 받는 과정에 따르는 불편함이었습니다. 디자이너에게는 항상 최종적으로 디자인을 컨펌해주는 사람이 있습니다. 이 사람을 프로젝트매니저(PM)라고 해보겠습니다.

회사 내부에서 일하는 디자이너라면 PM은 어떤 프로젝트의 책임자이고, 프리랜서 디자이너라면 디자인을 맡긴 고객일 겁니다. 디자인이라는 작업은 초안이 나오면 이를 PM에게 보내고 피드백을 받아 수정하는 작업이 계속 이뤄집니다.

피그마가 등장하기 전에는 이런 작업이 파일을 서로 주고받으며 글로 수정사항을 요청하는 방식으로 이뤄졌습니다.

협업 툴을 통한 피드백의 혁신

하지만 피그마가 등장하며 피그마에서 편집하고 있는 프로젝트 링크를 보내주는 것만으로도 협업이 가능해졌습니다. 기존에 파일을 주고받으면서 반복해야 했던 소모적인 피드백 과정이 사라진 거죠!

피그마를 이용해 PM이 직접 디자인에 참여해 실시간으로 디자이너와 소통하게 됐습니다. 이런 업무 방식의 변화는 디자이너에게도, 비디자이너에게도 엄청난 변화였습니다.

UI와 UX가 서비스의 성공에 가장 중요한 요소가 되고 있기 때문에 PM도 디자인에 관여하는 것이 점점 중요해졌습니다. 이런 상황에서 피그마는 좋은 협업 툴이었죠. 반대로 디자이너도 피그마를 기반으로 중요한 의사결정에 직접 참여할 수 있게 됐습니다.

피그마의 주요 투자사였던 벤처캐피털(VC) 그레이록의 케빈 퀵은 이같이 PM이 디자인 작업에 참여하도록 만든 것이 피그마가 빠르게 전파된 중요한 이유였다고 설명하고 있습니다. 디자이너뿐만 아니라 PM과 개발자까지 협업에 참여한 것이 업무의 효율성을 엄청나게 높였다는 거죠. 특히, 의사결정자인 최고경영자(CEO)나 임원이 만족했기 때문에 도입은 더욱 빨라졌습니다.

어도비는 피그마를 살 수밖에 없었다

대기업은 제품에 이런 협업 기능을 넣지 않았을까요? 물론 어도비XD도, 스케치도 같은 서비스를 제공했지만 피그마와 대적할 수 없었습니다.

피그마는 기본적으로 무료 서비스입니다. 전문가에게는 월 구독료 12달러를 부과하지만 시작부터 유료인 스케치나 어도비와 비교해서는 디자이너가 훨씬 접근하기 쉽습니다. 이건 사용하는 디자이너 기반을 넓힐 수 있고, 이런 커뮤니티의 힘은 네트워크 효과를 구축했습니다.

피그마와 다른 제품을 사용해본 디자이너는 압도적으로 피그마를 선호했습니다. 스케치는 맥 OS 전용이기 때문에 한계가 있습니다. 어도비XD는 포토샵과 일러스트레이터라는 파일 기반의 소프트웨어에서 시작했기 때문인지 제품 완성도가 피그마보다 떨어졌다고 합니다. 반면 피그마는 맥과 윈도는 물론이고 iOS와 안드로이드에서 모두 사용할 수 있는 범용 제품이었습니다. 그뿐만 아니라 피그마는 다양한 플러그 인 서비스를 도입해 디자이너에게 필요한 기능을 계속 추가해 줬습니다.

샨타누 나라옌 어도비 CEO. ⓒ어도비

이 회사 사고 싶다…
미친 듯이

피그마 인수 계획을 밝힌 뒤 어도비 주가는 17%나 폭락했습니다. 그 이후로도 나흘 연속 하락해 기업 가치의 5분의 1이 사라졌습니다. 그도 그럴 것이 2021년 피그마가 벤처 투자를 받았을 때의 기업 가치가 100억 달러였는데 거기에 두 배를 주고 샀거든요. 요즘처럼 비상장 기업의 가치가 폭락하고 있는데도 말입니다. 너무 비싸게 주고 샀다고 투자자들이 생각하는 거죠.

피그마는 어도비의 직접적인 경쟁자로 UI·UX 툴에서 어도비를 압도하고 있었습니다. 하지만 포토샵이나 일러스트레이터, 프리미어 등 어도비의 주력 비즈니스에서는 경쟁하고 있지 않았습니다.

그럼에도 피그마를 200억달러라는 거금을 주고 산 것은 피그마가 어도비의 미래에 심각한 위협이 될 수 있다는 인식 때문이었을 것이라는 분석이 많습니다. 디자이너가 사용하는 소프트웨어는 점점 클라우드로, 웹 기반으로 옮겨가고 있습니다. 어도비도 크리에이티브 클라우드라는 클라우드 기반 서비스를 제공하고 있습니다. 하지만 서비스는 클라우드로 제공해도 협업은 피그마처럼 원활하게 이뤄지지 못하고 있다고 합니다.

샨타누 나라옌 어도비 CEO는 미래에 위험

이 될 가능성이 높은 어도비를 사버린 거죠. 이번 거래가 메타의 인스타그램 인수와 계속 비교되는 이유.

빠른 태세 전환의 중요성

재미있는 점은 최근의 테크 밸류에이션 하락이 없었다면 이번 인수는 성사되지 못했을 수도 있다는 것입니다. 2021년만 해도 피그마는 어도비에 인수되기보다는 독립적인 기업으로 기업공개(IPO)를 검토하고 있었던 것 같습니다.

하지만 벤처 펀딩이 어려워지고 상장한다고 해도 높은 밸류에이션(가치평가)을 얻기 어려운 상황이 되면서 피그마는 어도비의 인수 제안을 받아들인 것 같습니다.

당연히 여기에 투자했던 VC도 어마어마한 수익을 거두게 됐는데요. 투자한 회사들의 가치가 급락하는 상황인 실리콘밸리 VC 측에는 정말 행복한 딜이 아닐 수 없습니다.

생각해 보기 🔍

어도비의 피그마 인수에서 어떤 교훈을 얻을 수 있을까요? 저는 이렇게 정리해 봤습니다.

- 스타트업이 성공하기 위해서는 이용자의 페인 포인트를 번쩍번쩍하게 해결해주는 제품을 만들어야 합니다.
- 이용자는 그 제품을 가장 많이 사용하는 사람일 수도 있지만 기존에 쓰지 않던 사람이 될 수도 있습니다.
- 스타트업이 엑시트를 하려면 대기업이 도저히 인수하지 않고는 못 배기는 상황을 만들어야 합니다. 내가 인수하지 않으면 나의 미래가 불안하다고 여겨질 정도로요.
- 대기업이 위협적인 스타트업을 인수하려면 도저히 거절할 수 없는 큰 규모의 금액을 제시해야 합니다.

어도비의 피그마 인수에 실리콘밸리가 열광하는 것은 단순히 금액을 떠나 딜런 필드의 스토리가 전형적인 실리콘밸리식 성공 스토리이기 때문인 것 같아요. 자신이 해결하고자 했던 한 가지 문제에 집중했던 젊은 이가 10년의 고생 끝에 그 문제를 해결해냈습니다. 그가 해결해낸 가치는 어도비라는 기업이 200억달러를 지불한 것으로 증명됐고 그를 10년간 믿고 지지해줬던 투자자들은 엄청난 보상을 받았습니다.

그 과정에서 그는 창업가란 무엇인가, 리더가 된다는 것은 무엇인가, 매니저가 된다는 것은 무엇인가를 배웠습니다.
최악의 리더로 평가받았던 딜런 필드는 2015년 쇼 구와모토라는 어도비 출신의 베테랑을 영입하는데요. 그에게 어떻게 좋은 CEO가 될 수 있을지에 대한 많은 조언을 받습니다. 사람들에게 한 발짝 떨어져 그들이 원하는 것을 하도록 해주면서 회사를 자신이 생각하는 방향으로 움직이는 것이 CEO의 역할임을 배운 것이죠. 비전을 제시하고 문화를 만드는 것이 창업가가 하는 일이라는 것을 깨달았습니다.
2020년 3월 30일 딜런 필드는 위 사진을 자신의 트위터에 올리는데요. 5000만달러의 시리즈D 투자를 유치하는 것이 거의 마무리 단계인 시점이었을 것 같습니다. 그는 이렇게 적습니다.

오늘은 살아계셨다면 아빠의 65번째 생일이었을 것이다. 그는 넓은 가슴을 가진 강하고 멋진 남자였다. 매일매일 아빠를 그리워하지만 함께했던 시간을 생각하면 너무 슬픔이 크다. 그는 내가 가질 수 있는 최고의 아빠였다. 사랑해요 아빠!

피그마가 어도비에 팔린 것에 대해 디자이너 커뮤니티에서는 우려가 크다고 합니다. 기존의 무료 기능이 줄어들고 본격적으로 수익에 집중하는 것이 아닌가 하는 걱정이죠.

이런 우려에도 저는 어도비의 피그마 인수에 박수를 쳐주고 싶습니다. 대학을 중퇴한 천재 창업가의 성장 스토리가 너무 실리콘밸리스럽게 멋지고 감동적이기 때문이죠.

지금도 어딘가에서 힘든 시간을 보내고 계실 미라클러님! 미라클레터는 여러분을 응원합니다. 모두가 피그마 창업자처럼 큰 성공을 거두는 것은 아니지만, 여러분의 피와 땀, 노력은 틀림없이 멋진 보상으로 돌아올 겁니다. 너무 걱정하지 마세요.

클라우드,
경쟁과 협력의 경계가 무너진다

"이제 세상은 아톰(물질)이 지배하던 시대에서,
비트(정보)의 세계로 변화하고 있다."

: 니컬러스 네그로폰테

팀 미라클레터는 구글닥스, 스티비 등을 사용해 미라클레터를 쓰는데요. 이처럼 여러 도구를 활용해 편리하게 작성할 수 있는 것은 클라우드의 힘 때문입니다. 클라우드는 이미 일상이 됐어요. 예를 들어 크롬북을 열면 크롬 브라우저 하나가 턱 나옵니다. 접속하면 새로운 세계가 펼쳐집니다. 크롬북에 아무것도 저장하지 않아도, 멀리 떨어져 있는 스토리지에 저장한 정보를 불러와 문서 작업, 게임, 영화 감상 등 온갖 것을 할 수 있습니다.

사실 클라우드는 멀리 떨어져 있는 서버 정도로 인식되고 있는데요. 편리하긴 하지만 아무도 이 보이지 않는 산업을 이해하고 살지는 않습니다. 이상덕 특파원이 2022년 9월 샌프란시스코에서 열린 클라우드 전시전인 VM웨어 익스플로러 2022에 참석했는데, 변화의 물결을 실감했습니다. 경쟁이 협력이 되고, 협력이 경쟁이 되는 새로운 변화인 '협쟁(Coopetition)'의 물결이었어요. 클라우드 산업의 트렌드와 경영계의 협쟁에 대해 말씀을 드려볼게요.

클라우드,
그 너머 펼쳐져 있는 산업들

아마존이 2006년 아마존웹서비스(AWS)라는 클라우드 서비스를 선보이기 전에는 대다수 기업이 전산실을 두고 서버를 운영했어요. 또 자체적으로 프로그램을 개발해 사용했죠. 즉 모든 것을 직접 다 해야 했던 시대입니다. 시스템통합(SI · System Integration)의 시대라고도 하고요. 기업이 모든 것을 다 할 수 없으니, 대신 위탁해 해결해주는 업체가 있었죠. 시스템을 기획하고 개발하고 유지 · 보수하고 운영하는 산업이에요. 최강자는 IBM이었고요.

사실 1980년대에도 클라우드라는 명쾌한 개념이 없었을 뿐이지, 컴퓨터를 네트워크로 묶어 사용한다는 개념은 있었습니다. 컴퓨터 뒤에서 벌어지는 통신장비와 네트워크를 우리가 이해하기는 어려운데요. 그래서 그것을 구름처럼 두루뭉술하게 불렀어요. "아, 뒤에 있는 그것까지 이해할 필요 있나. 그냥 클라우드라고 하자." 네, 맞아요. 클라우드라는 용어는 바로 여기에서 유래했습니다. 네트워크? 복잡하니 클라우드!

"너무 복잡하니 알 필요 없어. 내가 굳이 통신망이나 네트워크 서버까지 알아야 하나." 그렇게 구름 속에 있는 것 같다고 해서 붙여진 이름 클라우드. 클라우드에 눈을 뜬 것은 아마존이었어요. 아마존의 중흥기를 이끈 버너 보겔스 최고기술책임자(CTO)는 2000년대 초반에 주문형 컴퓨팅 사업을 준

제프 베이조스 아마존 창업자가 보관한 비즈니스위크. AWS를 위험한 도박으로 묘사했다. ⓒ베이조스 트위터

비했어요. 아마존이 쓰고 남는 서버의 용량을 빌려주는 사업! 당시 스타트업은 서버 용량의 10~20%만 사용했고, 아마존은 서버 용량을 70%로만 맞춘다면 충분한 사업성이 있을 것이라고 판단했습니다. AWS는 2006년 처음 서비스를 출시했고, 2008년 구글, 2010년 마이크로소프트(MS)가 뒤를 이었습니다. 우리가 아는 클라우드는 AWS, 애저, 구글 정도지만, 그 뒤에는 엄청난 세부 산업이 자리를 잡고 있습니다.

반도체 "칩 없이 하려고?": 인텔, 엔비디아, AMD, 삼성전자, SK하이닉스와 같은 기업은 반도체를 파는데요. 이들은 반도체를 만들어 스토리지 기업에 제공합니다. 일명 데이터센터용 칩! 리서치앤드마켓에 따르면 전 세계 데이터센터 칩 시장은 지난해 95억 6000만달러에서 2027년 141억달러로 성장할 전망이에요. 또 서버 전체로 영역을 확장해보면 더 넓어요. 삼성전자 서버용 D램 매출은 112억달러에 달했어요.

스토리지 "반도체를 엮는다": 데이터센터에 들어가는 서버는 사실 AWS, 구글, MS가 직접 짓지 않아요. 서비스만 하죠. 서버 스토리지는 주로 HP, 델, 레노버와 같은 기업이 만들어요. 하지만 이런 기업들이 만드는 서버는 매우 큰데요. 그래서 규모는 작지만 성능이 좋은 업체가 함께 존재합니다. 퓨어스토리지와 넷앱이 대표적이죠.

CSP "서비스는 나야 나": CSP는 클라우드 서비스제공자(Cloud Service Provider)의 줄임말인데요. 클라우드 서비스 공급업체입니다. 네, 맞아요. AWS, MS 애저, 구글 클라우드 플랫폼이 대표적입니다. 점유율은 AWS 33%, 애저 21%, 구글 10% 정도입니다. 물론 알리바바, IBM, 세일즈포스, 텐센트, 오라클도 합니다. 한국에선 네이버, 카카오도요. 데이터센터를 짓고 서비스를 제공합니다.

OS "SW가 핵심": 클라우드의 핵심은 가상화인데요. 물리적인 컴퓨터 1대를 가상으로 2대 이상으로 쪼개는 기술로 보면 쉽습니다. 일반 컴퓨터는 중앙처리장치(CPU), 메모리 등과 같은 물리적 장치 위에 운영체제(OS)가 있고 그 위에 각종 응용 프로그램이 구동되는데요. 가상화를 하면 한 컴퓨터를 마치 두 대 이상처럼 쓸 수 있어요. 기술의 핵심은 하이퍼바이저(Hyper-visor)입니다. 가상화를 지원하고 하드웨어와 유기적으로 연결하는 소프트웨어. 이런 소프트웨어를 개발하는 곳은 VM웨어, 레드햇, MS, 시트릭스 등이 있습니다.

MSP "어떻게 다 관리할래?": 클라우드는 다시 두 종류로 나눌 수 있어요. AWS처럼 널리 공개된 퍼블릭 클라우드가 있고, 아니면 금융기관이나 군대에서 쓰는 나만을 위한 프라이빗 클라우드가 있어요. 어떤 고객은 AWS와 애저 등 퍼블릭 클라우드를 두 개 이상 쓰는 멀티 클라우드를 선호할 수 있고, 또 다른 고객은 퍼블릭과 프라이빗을 혼합해 쓰는 하이브리드 클라우드를 선호할 수도 있어요. 까다로운 고객이에요. 그래서 매니지드서비스프로바이더(MSP · Managed Service Provider)라는 서비스 기업이 있어요. 조언해주고 계획도 짜주고 옮겨주기도 합니다. 액센추어, 딜로이트(네, 그 회계법인 입니다), LG CNS, 삼성SDS 등이 속합니다. 너무나 넓은 클라우드 세상인데요. 수출입은행에 따르면 전체 클라우드 시장은 2021년 기준 무려 7066억달러에 달해요. 2025년에는 1조3000억달러까지 성장할 전망입니다. 매년 16.9%씩 커지는 시장인 것이죠. 실리콘밸리에서 만난 라구 라구람 VM웨어 CEO는 이렇게 전망하기도 했습니다. "전체 정보기술(IT) 산업이 4조4000억달러에 달하는데요. 이들은 결국 클라우드 산업으로 들어올 것이기 때문에 성장 가능성은 훨씬 더 큽니다."

삼성과 LG가 손을 잡는다면?

클라우드 산업이 폭발적으로 성장한 것은 그만큼 고객 수요가 많다는 뜻입니다. 클라우드가 아닌 것이 없죠. 고객은 더 다양한 목소리를 내기 시작했어요. 인공지능 훈련을 위해 클라우드를 사용하겠다는 고객이 있고, 아주 소량의 데이터 스토리지를 원하는 고객이 있고, 서버 관리가 귀찮아서 클라우드를 찾는 고객이 있고, 남들이 하니까 하는 고객도 있을 것 같아요. 그러다 보니 예전처럼 칼로 무를 베는 것처럼 딱 떨어지는 클라우드 산업이 없어지고 있어요. 햄버거 가게를 예로 들어볼게요.

🙂 **고객님** 햄버거에다 아보카도를 넣어 주시고요. 그리고 전 햄버거 먹으면서 아이스 아메리카노를 마시는데, 탄산음료 말고 다른 건 없나요? 아! 그리고 감자칩 대신 프렌치 프라이드 어니언으로 주세요.

🍔 **햄버거 가게** (아보카도도 사와야 하고, 커피머신도 없는데 이건 누구한테 빌리지… 양파 납품처도 찾아야겠네.) 네, 알겠습니다. 고객님! 조금만 기다려 주세요.

이러다 보니 지난 전시회에서 경쟁도, 협력도 아닌 협쟁이 꿈틀대는 것을 목격했어요.

클라우드 전시회 VM웨어 익스플로러. ⓒ이상덕 특파원

몇 가지 사례를 들어볼게요.

VM웨어와 레드햇은 앞서 살펴본 대로 서로 경쟁하는 클라우드 OS 업체인데요. 이곳에서 쿠버네티스를 지원하는 VM웨어의 탄주와 레드햇의 오픈시프트를 서로 호환시키기로 했어요. 비유가 적절하진 않겠지만, 구글 안드로이드와 애플 iOS가 서로 호환이 된다고 보시면 좋을 것 같아요. 물론 VM웨어와 레드햇이 협력만 하는 것은 아니에요. 이들은 엄연한 경쟁 관계죠. 오픈소스 시장에서만큼은 호환을 통한 기술 고도화 그리고 시장을 넓히는 것이 필요해 보였어요.

그래픽처리장치(GPU)로 유명한 엔비디아는 구글 클라우드 플랫폼과 손을 잡았어요.

엔비디아는 인공지능 칩을 만들고 있고, 구글 클라우드는 고객 요구에 맞춰 인공지능 훈련 서비스를 제공해야 하죠. 서로 윈윈입니다.

하지만 경쟁자끼리 모두 협업하는 것은 아니에요. 찰리 장칼로 퓨어스토리지 CEO는 경쟁사인 넷앱, HP, 델을 향해 "진정한 클라우드 스토리지 업체가 아니다"고 못을 박았어요. 진짜 클라우드 방식이 아닌 예전 서버 같은 방식에 구독 모델을 결합한 임대 서버라는 주장이었습니다. 적절한 비유는 아니겠지만, 삼성과 LG가 서로를 향해 "너희는 전자회사도 아니다"고 손가락질하는 것과 같아요.

반면 퓨어스토리지는 AWS나 스노플레이크와 같은 데이터 서비스 업체와는 손을 잡고 있어요. 고객이니까요. 스토리지 업체와는 경쟁! 서비스 업체와는 협력했고요.

협쟁의 이유, 실패의 두려움

협업(Cooperation)과 경쟁(Competition)을 합친 말인 협쟁이라는 표현을 처음 쓴 것으로 알려진 인물은 에릭 슈밋 전 구글 CEO입니다. 그는 삼성과 애플이 오랫동안 앙숙으로 지냈지만 결국 협력할 것은 협력하고 경쟁할 것은 경쟁하는 관계로 진화했듯이, 패권을 놓고 미국과 중국 역시 그렇게 가야 한다고 말한 바 있습니다. 그레이엄 앨리슨 하버드대 교수는 11세기 중국의 송나라와 요나라의 관계를 친구이자 적인 우적(Frenmity)으로 묘사하기도 했고요.

경쟁자끼리 협력하는 이유는 무엇일까요. 두 가지만 꼽는다면 경쟁 비용이 너무 많이 들고, 프로젝트를 한 회사에서 관리하기에는 너무 크기 때문입니다. 하버드비즈니스리뷰의 설명입니다.

예를 들어 IT 업계에는 스마트홈 표준 규격인 매터(Matter)를 도입하려는 움직임이 있는데요. 구글, 아마존, 삼성, LG, 애플, 필립스 등 수많은 기업이 참여를 선언했어요. 스마트홈 디바이스 표준이 제각각이라 고객은 늘 불만이죠. 삼성 갤럭시폰으로 LG 디오스냉장고를 조작하지 못하니까요. 한 회사가 스마트홈 시장 전체를 독점할 수 없으니 협쟁이 필요한 것입니다. 예를 더 들어 보겠습니다.

독일 물류업체인 DHL은 미국의 물류업체인 UPS에 이런 제안을 했어요.

🙆 **DHL** 미국 내에서 물류 배송을 UPS 네가 해주면 안 될까? 너희가 해주면 우리 회사는 약 10억달러를 아낄 수 있을 것 같아.

🙆 **UPS** (경쟁사 좋은 걸 내가 왜 해야 하지? 한데 내가 거절하면 페덱스에 달려가 제안하겠지?) 콜!

UPS가 DHL의 제안을 거절했다면, 아마 미국 내 배송이라는 추가 수익을 페덱스에 빼앗겼겠죠. 이는 단적인 사례입니다. 애플은 사실 삼성과 LG의 경쟁자인데요. 하지만 삼성과 애플은 디스플레이 패널, 적층세라믹콘덴서, 카메라 모듈 등을 판매합니다. 왜냐고요. 두 회사 부품이 우수하지만, 꼭 삼성과 LG만 파는 것은 아니거든요.

협쟁이 이뤄지려면 경쟁사 간에 두 가지가 필요합니다. 각각 자신의 분야에서 최고일 것, 기울어진 운동장이 아닐 것. 예를 들어 포드는 자사가 투자한 자율주행 업체인 아르고AI를 폭스바겐에 소개시켜 투자를 받도록 했어요. 이유는 뭐냐고요? 어차피 폭스바겐 역시 자율주행 업체를 찾고 있을 텐데, 그럴 바엔 포드가 투자한 자율주행 기술이 표준이 되도록 하는 것이 옳다고 생각한 것입니다. "GM, 넌 안 돼!" 중요한 점은 협쟁을 하려면 CEO의 사고방식이 매우 유연해야 합니다.

욕먹어도 괜찮다는 태세 전환이 필요합니다. 애플의 스티브 잡스는 1997년 MS가 더 이상 적이 아니라고 선언하고, 1억5000만 달러에 달하는 투자를 받습니다. 하지만 스티브 잡스나 빌 게이츠 모두 야유 세례를 받은 바 있습니다. 살면서 한번쯤은 누군가를 이기고 승리해야 하는 순간을 마주합니다.

대학에 입학하거나 취업을 하거나 또는 경진대회에서 우승해야 하는 시기가 바로 이런 순간입니다. 하지만 훌륭한 경쟁자를 둔다는 것은 어찌 보면 또 다른 훌륭한 스승을 두는 것과 같습니다. 모터레이서인 발렌티노 로시는 "가장 강력한 경쟁자와 싸우는 것이야말로 가장 큰 동기"라고 했습니다. 훌륭한 경쟁자의 존재야말로 나를 성장시켜 주니까요.

때론 경쟁자의 존재는 제 귀를 세상을 향해 열게 해줍니다. 이스라엘 정치가인 아모스 오즈는 이런 말을 남겼습니다. "나는 때때로 두려움과 떨림으로, 때로는 경외심으로, 때로는 공황 상태로, 항상 호기심으로 내 정치적 경쟁자의 말을 듣습니다." 경쟁자 없는 1등은 항상 자만에 도취해 있을 텐데, 경쟁자가 존재해 긴장하며 산다는 메시지입니다. 어쩌면 훌륭한 사람의 맞수가 되는 순간이 스스로 성장하는 순간일 수 있습니다. 협쟁의 시대는 고정관념이 아닌 보다 유연한 사고방식을 요구하고 있습니다.

실리콘밸리를 바꾼
한 사람의 여성

"기업가(entrepreneur)가 되기 위해 모두가 회사를 설립할 필요는 없어요.
당신에게 어떤 아이디어가 있고, 뭔가를 만들고 싶다면
그걸 실현하기 위해 가장 좋은 환경에 가세요.
가장 중요한 것은 당신 주변에 누가 있고, 당신이 무엇을 만들고 있는지랍니다."

: **다이앤 그린** VM웨어 창업자

미라클레터를 쓰기 시작하면서 항상 고민했던 것이 있어요. 실리콘밸리에 왜 여성 창업가가 별로 없을까? 물론 여성 창업가는 많아요. 하지만 실리콘밸리에 큰 족적을 남긴 사람은 별로 없다는 것이 제 생각이었죠. 수전 워치츠키 유튜브 CEO나, 리사 수 AMD CEO 같은 성공적인 CEO는 많지만 이들은 전형적인 스타트업 '창업자'는 아니거든요. 스티브 잡스나 마크 저커버그처럼 테크 회사를 창업하고 CEO를 맡으면서 성공적으로 엑시트까지 이끈 여성 창업자는 실리콘밸리에는 없는 것은 아닐까 생각했었죠.

그러다가 다이앤 그린이라는 여성이 있다는 것을 얼마 전에야 저는 알게 됐어요. 그는 IT 업계에는 널리 알려진 VM웨어라는 회사를 창업하긴 했지만, VM웨어를 떠난 지 15년도 넘었고, 이미 현역에서 물러난 지 오래된 사람이에요. 하지만 실리콘밸리를 바꾼 단 한 사람의 여성을 꼽는다면 저는 단연코 그를 꼽을 수 있을 것 같습니다.

그의 이야기가 궁금하시죠? 지금 바로 시작합니다!

두 아이의 엄마
25조 기업을 만들다

그린은 1955년 메릴랜드에서 태어났습니다. 남자 형제들 사이에서 태어난 그는 엄청나게 활동적이었다고 하죠. 여성 하키팀에서 뛰기도 하고 아버지의 영향으로 어렸을 때부터 요트를 몰았다고 합니다. 학부 때는 조선공학을 전공했지만 UC버클리 대학원에서 컴퓨터공학을 선택합니다. 여기서 7세 연하의 멘델 로즌블룸을 만났고 그와 결혼합니다. 대학원을 졸업하고 컴퓨터 회사에 들어갔지만 대기업의 정적인 문화를 견딜 수 없던 그는 회사를 관두고 1995년 V엑스트림이라는 스타트업에 공동창업자로 합류

다이앤 그린 전 구글 클라우드 CEO. ⓒ 구글 클라우드

합니다. 이 회사는 1997년 MS에 7500만달러에 매각되지만 사실 그린이 모든 것을 걸었던 곳은 아니었어요.

그러다 남편 로즌블룸이 대학원 학생들과 '가상화 기술(Virtualization)'이라는 것에 대한 논문을 쓰게 되는데요. 물리적인 컴퓨터를 가상화해 이를 쪼개 2개의 컴퓨터로 쓰거나, 여러 개의 컴퓨터를 하나의 가상 컴퓨터로 쓸 수 있는 기술이었습니다. 그린과 로즌블룸은 이 기술이 컴퓨터 산업 전반을 바꿀 수 있을 것이라고 확신했습니다. '컴퓨터 한 대=운영 시스템 한 개'라는 한계를 벗어나면 쓰지 않던 컴퓨터 자원을 효율적으

멘델 로즌블룸 스탠퍼드대 교수. ⓒ ACM

로 사용할 수 있을 것이라고 생각했거든요. 이 논문은 빌 게이츠도 보고 높은 점수를 줬다고 합니다.

일단 가상화 기술에 대한 특허를 낸 두 사람은 이 기술을 꼭 실용화하고 싶다고 생각합니다. 네 살 아이를 키우고 있었고 배 속에 태어날 아이가 있었지만 그런은 일단 창업하기로 합니다.

"일단 회사를 세우고 CEO는 나중에 영입하면 되겠지"라면서 말이죠. 그때가 1998년. 그의 나이 마흔셋. 닷컴 버블의 한가운데였습니다.

교수와
망한 기업만 쓰는 제품

그런데 막상 창업을 해놓고 보니 누구도 VM웨어의 가상화 기술을 쓰려고 하지 않았습니다. 값비싼 메인 프레임 컴퓨터를 돌리는 기업이 고객이었는데 그때는 닷컴 버블의 한가운데에 있어서 다들 서버를 늘리는 데에만 관심이 있었지 비용 절감에는 관심이 없었거든요. 또 컴퓨터를 가상화해 쓴다는 개념 자체가 모두에게 생소했습니다. 미라클러님 중 많은 분이 가상화라는 단어

를 처음 들어보셨을 수도 있을 것 같아요.

그래서 처음에 VM웨어는 교수님들이 주로 사용했습니다. 교수님들은 돈이 없었거든요. 값비싼 서버를 효율적으로 사용하기 위해 가상화 기술을 사용한 겁니다.

다음에 새로운 고객이 생겼습니다. 닷컴 버블이 꺼지자 망하는 회사들이 나왔고 이 회사들이 가상화 기술을 사용했습니다. 역시 돈이 없었거든요.

다음으로 VM웨어가 고객으로 공략했던 것은 리눅스 사용자였습니다. 당시는 윈도의 독점이 하늘을 찌르던 시기. 리눅스 사용자는 악의 제국 MS에 저항하던 스타워즈의 저항군 같은 존재였죠. 하나의 컴퓨터에서 리눅스와 윈도를 모두 사용할 수 있다는 점에서 이들은 VM웨어의 가상화 기술에 열광했습니다. 점차 시장에서 인정받으며 VM웨어는 매년 두 배씩 성장했다고 합니다.

구글,
페이스북과 동급

이렇게 그런과 VM웨어는 정말 바닥에서부터 고객을 하나하나 끌어모았고 점차 가

상화 기술을 사용하는 기업이 늘어났습니다. VM웨어는 특히 서버 컴퓨터(데이터센터)를 구매하는 기업에 컴퓨터를 만들어 공급하는 회사(벤더라고 하죠)를 공략했는데요. 이 중 한 곳이 VM웨어에 관심을 보입니다. 바로 EMC라는 회사인데요. VM웨어는 IPO 대신에 EMC에 6억3500만달러에 매각되는 것을 택합니다. 독립적인 자회사로 브랜드를 유지하는 것이 조건이었죠. 왜 회사를 그렇게 일찍 팔았느냐는 질문에 그린은 이렇게 대답했습니다.

"그때 내 나이가 거의 50이었어요. 회사에 오래 있을 거라고는 생각하지 못했거든요."

EMC에 인수된 VM웨어는 매년 폭풍 성장. 2007년 IPO를 거쳐 상장됩니다. 상장 첫날 기업 가치는 190억달러. 당시 IPO 직후만 보자면 VM웨어는 구글, 페이스북과 동급이었습니다. 한때는 소프트웨어 기업 중 MS, 오라클 다음으로 시가총액 순위가 높았습니다.

하지만 그 다음해 그린은 VM웨어 이사회에서 '경영 능력이 없다'는 이유로 쫓겨납니다. 공동창업자인 남편도 함께 물러났죠.

무슨 일이 벌어진 걸까요?

母회사 때문에
쫓겨나다

그린이 물러난 이유는 아직도 명확하지 않아요.

모회사인 EMC의 조 투치 회장과 사이가 안 좋았다는 얘기도 있었어요. VM웨어가 보기엔 모회사도 여러 벤더(IBM, HP 등) 중 하나. 하지만 경쟁사에 비해 EMC에 더 혜택을 주지 않았거든요.

주가가 폭락해서라는 얘기도 있었어요. 하지만 당시는 글로벌 금융위기의 한가운데라 VM웨어만 폭락한 것은 아니었어요.

MS의 도전 때문이라는 얘기도 있었어요.

조 투치 전 EMC 회장. © 델EMC

MS가 공격적으로 가상화 시장에 도전했거든요. 공격적인 영업이 필요한데 그린은 그러지 못했다는 평가도 있었죠. 그래서 VM웨어 이사회는 MS 출신을 경영자로 데려왔어요.

무엇이 문제였든 실리콘밸리의 가장 성공적인 여성 테크 창업가였던 그린은 불명예스럽게 회사에서 쫓겨났습니다.

구글 클라우드를
이끌다

그린은 2012년 구글 이사회에 합류했습니다. 구글과 VM웨어는 거의 비슷한 시기에 창업해 창업자끼리 잘 알고, 인재 영입을 위해 경쟁도 많이 한 회사였거든요.

2013년 그린은 마지막 스타트업인 비밥(Bebop)을 설립하게 되는데요. 이 회사가 알파벳(구글)에 3억8000만달러에 주식교환 방식으로 인수되면서 그린은 구글의 클라우드 사업 부문 CEO로 부임하게 됩니다. 이해상충 문제 때문인지 그린은 이 과정에서 자신이 얻게 된 이익 1억4800만달러어치 주식을 기부한 것으로 알려져 있습니다.

구글은 막강한 데이터센터 인프라스트럭처와 클라우드 기술은 보유하고 있었지만 퍼블릭클라우드 시장에서는 AWS나 MS의 애저에 한참 뒤처져 있었어요. 3년간 구글 클라우드 플랫폼(GCP · Google Cloud Platform)을 이끌다가 퇴임하게 되는데요. 이것이 성공적이었는지를 두고는 평가가 엇갈려요. 구글의 초기 팀 구축에 성공적이었다는 평가도 있고요. 만년 3등인 GCP에 큰 변화를 만들어내는 데에는 실패했다는 평가도 있습니다.

그린이
만들고 싶었던 문화

그린은 어떤 사람이었을까요? 스타트업에는 창업자와 창업팀의 가치관이 그대로 기업 문화로 나타나게 됩니다. 초기 VM웨어의 문화를 설명해주는 몇 가지를 소개해 볼게요.

"약속은 덜 하지만, 주는 건 더 하자(Under Promise, Over Deliver)."

B2B 기업 특성상 고객에게 많은 것을 약속하기 쉬운데요. VM웨어는 실행할 수 없는 약속을 하기보다는 성과로 보여주는 문화가 있었다고 합니다. 그린은 이런 방식이 지니는 두 가지 장점을 말했는데요. 하나는 고객

에게 신뢰를 얻을 수 있다는 것이고요. 다른 하나는 고객에게 끌려가기보다 회사의 주도하에 움직일 수 있다는 것입니다.

"개발자를 극한으로 밀어붙이지 마(Don't schedule them to the max)."

컴퓨터공학과 교수와 컴퓨터공학자가 창업한 VM웨어는 엔지니어링 중심의 회사. 하지만 개발 측면에서 엔지니어를 극한으로 밀어붙이지 않는 것이 그린의 방침이었다고 합니다. 개발자에게 항상 여유를 주고 숨통을 트이게 해줬다고 합니다. 이런 편안한 문화는 VM웨어의 특징이었는데요. 구글과 인재 유치 전쟁을 했을 때, 24/7 일하는 사람들은 구글에 갔고, 칼퇴를 선호하는 직원들은 VM웨어로 갔다고 합니다.

"일을 망친 사람을 부각시키지 말자(Never highlight someone who screwed it up)."

사업을 하다 보면 누군가 일을 망치는 사람이 나오기 마련이죠. 누가 그 사람인지 모두 알고 있지만 VM웨어는 절대 그 사람을 부각시키지 않았다고 해요. 모든 직장인이 가장 두려워하는 일이죠. 하지만 조직 내 안정감을 위해 반드시 필요한 것이라는 생각도 듭니다.

그렇다면 어떻게 조직원에게 동기를 부여할 수 있을까요? 그린은 직원 모두가 스스로에게 높은 기준을 부여하길 희망했습니다. 내가 스스로에게 정해둔 기준이 매우 높다면, 누가 뭐라고 하지 않아도 강한 동기가 부여될 수 있겠죠? 조직 내에 이런 문화가 만들어진다면 안내데스크에서 일하는 직원까지도 엄청난 열정을 갖고 일할 수 있다고 그는 생각했습니다.

MIT 법인 의장이 되다

구글에서 물러난 이후 그린은 여러 회사의 이사회(SAP, 스트라이프)와 매사추세츠공대(MIT) 코퍼레이션 의장으로 일하고 있습니다. MIT 코퍼레이션은 훌륭한 미국 공대 중 하나인 MIT를 소유한 법인입니다. 서열상으로는 총장보다 높은 위치죠. UC버클리 출신의 여성인 그가 MIT 코퍼레이션 의장으로 있다는 것은 여러 가지로 상징적인 일입니다. 그린은 더 많은 여성이 공학을 전공하고 테크 분야 창업자로 나서게 만드는 것을 자신의 가장 중요한 일이라고 얘기합니다.

어떤 업적의 위대함은 시간이 흐르면 흐를수록 드러나게 됩니다. 2007년 스티브 잡스가 애플 아이폰을 출시한 것은 당시에도 대단하다고 생각했지만 시간이 갈수록 그 위대함이 더해지고 있는데요. 그린이 사업화한 가상화 기술도 그런 가치가 있다는 생각이 듭니다. 서버 가상화는 클라우드 시대를 여는 중요한 기술이었고요. 가상화라는 아이디어에서 시작된 클라우드는 이후 컨테이너(도커), 쿠버네티스 같은 신기술의 등장으로 더욱더 규모가 커졌고 인공지능을 비롯해 우리가 누리는 테크 세계의 핵심적인 인프라가 됐습니다. 가상화 기술을 현실화하겠다는 그린의 결심이 없었다면 미래는 10년 정도 더 늦게 찾아왔을 수도 있습니다.

미라클러님, 실리콘밸리에 큰 업적을 남긴 여성 테크 창업자가 누가 있는지 혹시 궁금하신 적이 있으신가요? 있습니다. 아주 유명한 사람이요. 우리만 모르고 있었던 거죠. 바로 다이앤 그린 VM웨어 창업자입니다.

자(Chief Scientist)로 일했거든요. 두 사람의 부부 관계가 어땠을지는 모르겠지만 서로가 서로에게 환상의 콤비가 돼준 것은 사실일 것 같습니다.

저는 스타트업 창업자의 배우자에 대해 들을 기회가 있었는데요. 배우자도 창업자만큼이나 대단한 사람이라는 생각이 들었습니다. 그중에는 전업주부도 있고, 맞벌이도 있고, 아니면 같은 창업자인 사람도 있었는데요. 배우자는 창업이라는 힘든 길을 걸어가는 창업자를 응원하면서, 그들이 잘하지 못하는 다른 부분에서 의미 있는 것을 만들어가고 있었습니다.

그런 점에서 저는 가정주부로 지내다가 창업한 다이앤 그린뿐만 아니라 맞벌이 부부, 전업주부도 뜻깊은 일을 하고 있다고 생각해요. 아이를 키우는 것은 기업 하나를 키우는 것만큼이나 중요하고 의미 있는 일이니까요.

생각해 보기 🔍

다이앤 그린이 성공한 창업가가 되는 데 가장 큰 역할을 한 사람. 남편이자 가상화 기술을 개발해낸 멘델 로즌블룸일 겁니다. 그는 VM웨어의 공동창업자이면서 수석과학

우리는 데이터센터라는
숲속에 산다

"클라우드는 모든 크기의 기업에 동등하게 서비스가 된다.
클라우드는 민주주의다."

: **마크 베니오프** 세일즈포스 창업자 겸 CEO

미라클레터는 테크를 주로 다루지만, 테크와 상반되는 실물 세계를 잊지 않으려 하고 있어요. 작년 이맘때 제가 '세상의 물리적 기반이 무너질 때'라는 레터를 쓴 적이 있는데요. 그때 다뤘던 데이터센터에 대해 이번에 자세하게 살펴보려고 합니다.

저는 이번 레터를 쓰면서 우리의 생활에 데이터센터가 미치는 영향을 어떻게 비유할 것인가에 대해 많은 고민을 했어요. 고민 끝에 데이터센터는 '숲'과 같다는 표현을 써보기로 했습니다. 왜 숲인지 궁금하시죠? 지금부터 설명 들어갑니다.

데이터센터의
역사

데이터센터라는 말. 이제는 인플레이션이나 인공지능만큼이나 쉽게 쓰이는 단어가 됐는데요. 여기에서 한 가지 퀴즈를 내 보겠습니다.

최초의 컴퓨터 에니악은 데이터센터였습니다. ⓒ 위키피디아

다음 중 가장 먼저 발명된 것은 무엇일까요?

❶ 데이터센터
❷ PC(개인용 컴퓨터)
❸ 인터넷
❹ 클라우드

답은 1번. 1-2-3-4 순서대로 세상에 등장했습니다.

지금은 데이터센터를 정의하는 것이 조금 다를 수 있지만, 다양한 계산을 하기 위한 전자 장비와 데이터 저장장치가 있는 것을 컴퓨터라고 본다면, 지금의 데이터센터는 거대한 컴퓨터라고 볼 수 있습니다. 그러니까 제일 먼저 발명된 것은 데이터센터라고도 말할 수 있는 거죠!

서버(데이터센터) 수요의 폭발

PC와 인터넷이 생기기 전 '컴퓨터=데이터센터'였다고 할 수 있어요. 1980년대 이전 컴퓨터는 큰 기업이나 정부기관에서 대량의 계산을 수행하기 위한 것이었지요. 기업마다 전산실이라고 불리는 사옥에 마련된 넓은 공간에 이 컴퓨터가 존재했습니다. 메인 프레임으로도 불렸던 이런 컴퓨터 시장을 장악한 기업이 바로 IBM.

그러다가 1980년대 애플컴퓨터(HW), MS(SW)로 대표되는 PC의 시대가 열리면서 기업이 보유한 큰 컴퓨터에 PC를 연결해 사용하는 것이 시작됐습니다. PC가 클라이언트가 돼 기업 전산실의 커다란 컴퓨터(서버)에 접속하는 형태로 네트워크라는 것이 구축됐습니다. PC는 한정적인 컴퓨팅 파워와 저장공간을 갖춘 개인용 컴퓨터이고, 사옥에 있는 커다란 데이터센터가 이 PC에 여러 가지 데이터를 제공했습니다.

그러다 인터넷이라는 것이 등장하면서 폐쇄된 소규모 네트워크(이런 걸 '랜(LAN)'이라고 하죠)에서 벗어나 먼 곳에 있는 서버(데이터센터)의 데이터와 연결될 수 있는 시대가 열렸습니다. 우리에게 익숙한 서버·클라이언트 기반 월드와이드인터넷(WWW)이 열린 거죠. 서버에 대한 수요가 폭발적으로 늘어나는 시대였습니다.

VM웨어가 만들어낸 '가상화'

이제 전 세계를 대상으로 하는 서비스가 가능해지면서 거대한 규모의 데이터를 보관하고 이를 처리하는 속도가 중요해졌습니다. 그래서 2000년대 초반 인터넷과 IT에 아주 중요한 회사와 기술이 등장하게 됩니다. 하나가 바로 VM웨어라는 회사로 대표되는 가상화 기술이고 다른 하나가 AWS라는 회사로 대표되는 퍼블릭 클라우드입니다.

먼저 가상화 기술을 통해 수많은 서버를 효과적으로 관리할 수 있게 됐습니다. 수많은 서버를 가상의 컴퓨터 한 대처럼 만들거나 서버 한 대를 컴퓨터 여러 대처럼 나눠 쓸 수 있게 된 겁니다.

이 가상화 기술의 효용성은 PC에 비유해 생각해보면 쉬운데요. 제가 가지고 있는 컴퓨터를 두 대로 나눠 하나는 제가 일상적으로 사용하고, 다른 한 대는 블록체인 채굴이나 게임 자동 사냥 같은 데 쓰는 겁니다. 아니면 5대를 묶어서 2.5대만큼 각각 다른 일을 시키는 거죠. 정신 사납게 왜 그런 일을 하냐고요? 100만원짜리 랩톱이라면 모르겠지만 10억원짜리 서버 컴퓨터라면 '놀리는 시간=낭비되는 돈'이라고 볼 수 있습니다.

그러니까 최대한 풀 파워로 쓰는 거죠.

'서버=데이터센터'라고 생각해 본다면 물리적 시설인 데이터센터를 찰흙을 합치고 나누듯이 탄력적으로 사용할 수 있게 된 겁니다. 가상화 없이 물리적으로 쓰는 데 비해 수십 배로 효율이 늘어나게 됩니다.

AWS와 퍼블릭 클라우드

AWS는 잘 알려져 있듯이 이커머스 업체 아마존이 시작했는데요. 아마존은 사내에 가지고 있던 클라우드 자원을 다른 회사에 빌려주는 비즈니스를 시작합니다. 수많은 소상공인 판매자와 일하면서 데이터 생태계를 구축해야 하는 아마존이기 때문에 잘할 수 있는 일이었습니다. 이처럼 자신이 가지고 있는 클라우드 자원을 빌려주는 것은 프라이빗 클라우드와 대비해 퍼블릭 클라우드라고 합니다.

클라우드를 이메일에 비유해 설명해 보겠습니다. 회사의 폐쇄적인 네트워크에서만 이메일에 접속할 수 있고, 회사 데이터센터에 이메일이 저장돼 있다면 이건 클라우드가 아닙니다. 하지만 회사 밖에서 인터넷으로 이메일에 접속할 수 있다면 이건 클라우드죠.

퍼블릭 클라우드는 이런 이메일 공간을 회사 외부 사람에게 빌려주는 겁니다. 제가 100기가바이트(GB) 용량의 이메일 공간을 소유하고 있다고 해볼게요. 제가 사용하는 건 50GB 정도이고 50GB가 비어 있다면 이 남은 용량을 다른 사람에게 빌려주고 사용량에 비례해 돈을 받는 겁니다. 그러다가 내가 써야 하는 용량이 점점 늘어나면 그만큼 빌려주는 것을 점차 줄입니다. 그러다 80GB 정도 사용할 때쯤에는 돈을 써서 전체 용량을 200GB로 늘리는 거죠. 그러면 다시 100GB를 다른 사람에게 빌려주고 돈을 받을 수 있습니다.

호스팅과 클라우드의 차이점

사실 퍼블릭 클라우드 이전에도 '서버 호스팅'이라는 이름으로 데이터센터의 서버 공간을 빌려주는 사업이 있었습니다. 하지만 호스팅 사업과 퍼블릭 클라우드의 가장 큰 차이점은 가상화에 있습니다. 단순히 데이터센터 내 공간을 빌려주는 호스팅과 달리 클라우드는 가상화된 자원을 빌려준다는 점에서 실시간 사용량에 맞춰 요금을 부과할 수 있습니다. 호스팅 서비스를 사용하는 홈페이지는 갑자기 트래픽이 몰려오면 다운되는 일이 발생할 수 있습니다. 반면 클라우드는 탄력적으로 사용량을 늘릴 수 있어서 다운되는 사례가 더 적은 것은 이런 차이에서 나옵니다.

앞서 설명해드린 가상화 기술을 이용해 서버의 하드웨어 능력을 탄력적으로 사용할 수 있게 되면서 클라우드는 저장공간뿐 아니라 계산능력(컴퓨팅 파워)까지도 빌려줄 수 있게 됐습니다. 이런 회사를 CSP라고 합니다. 자체적으로 사용하는 이메일 용량이 큰 회사일수록 빌려줄 공간도 많겠죠? AWS, 구글 GCP, MS 애저 같은 회사들이 이 시장에서 최상위 순위를 차지하는 이유입니다.

CSP 시장이 워낙 크다보니 클라우드 도입을 위한 컨설팅, 전환, 구축, 유지·보수 같은 업무를 하는 시장도 커졌는데요. 이런 업무를 하는 기업을 MSP라고 합니다. 베스핀글로벌 같은 신생기업뿐 아니라 LG CNS 같은 대기업도 이 MSP 사업을 하고 있습니다.

데이터센터 환경의 변화

자, 여기까지는 클라우드 세계(가상화)에서 벌어진 일입니다. 그렇다면 서버의 물리적 환경인 데이터센터에서는 무슨 변화가 일어났을까요?

퍼블릭 클라우드가 등장하기 전에 대형 IT 기업은 당연히 자체적으로 데이터센터를 가지고 있었습니다. 커다란 전산실에 수많은 컴퓨터가 있었고, 자신들의 데이터센터에 서버를 두고 고객에게 서비스를 제공했습니다. 이렇게 서버를 구축하는 것은 수백억 원에서 수천억 원의 투자가 필요했습니다.

하지만 퍼블릭 클라우드와 가상화가 보편화되면서 이 데이터센터를 직접 소유할 필요가 줄었습니다. 클라우드라는 형태로 다른 업체에서 데이터센터 자원을 가져다 쓸 수 있었거든요. 특히 성장 속도가 빠르고 대규모 인프라 투자가 어려운 스타트업이 퍼블릭 클라우드의 주된 이용자였습니다(넷플릭스가 AWS의 고객으로 유명하죠).

그런데 데이터센터를 직접 지을 필요가 없는 것은 클라우드 컴퓨팅 업체도 마찬가지인데요. 클라우드 자원을 탄력적으로 빌려

쓸 수 있게 되니까 이미 데이터센터를 가지고 있는 다른 기업의 것을 빌려 써도 괜찮았습니다. 실제로 AWS는 전 세계에서 사업을 하고 있지만 자신이 직접 소유한 데이터센터가 아닌 것도 많습니다.

아예 데이터센터만 지어서 AWS 같은 CSP에 임대하는 것을 전문적으로 하는 회사도 생겨났습니다. 비유하자면 호텔 전용 건물을 지어서 호텔 사업자에게 임대하는 부동산 회사라고 볼 수 있는데요. 이처럼 데이터센터 전문 부동산 기업으로는 글로벌하게 에퀴닉스(Equinix)라는 회사가 유명합니다. CSP는 호텔 일부는 자신의 직원이 쓰고, 나머지는 외부 손님을 받는 호텔 서비스 운영사에 비유할 수 있고, MSP는 CSP가 운용하는 호텔에 부킹과 숙박을 돕는 여행사라고 비유하면 맞을까요?

데이터센터가 '숲'과 '나무'인 이유

컴퓨터의 탄생 이후 데이터의 양과 컴퓨팅 파워는 항상 증가하기만 했습니다. 단순히 증가한 것이 아니라 기하급수적으로 늘어났죠. 그런데 가상화된 세상과 달리 데이터센터는 물리적 기반에 존재합니다.

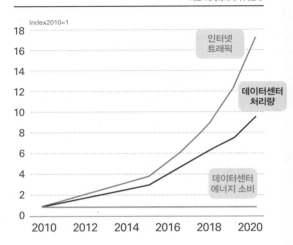

2010년을 1로 봤을 때 비교

자료=세계에너지기구(IEA)

첫째, 데이터센터(컴퓨터)는 많은 전기를 씁니다.
둘째, 데이터센터(컴퓨터)는 많은 열을 발생시킵니다.
셋째, 데이터센터(컴퓨터)는 공간이 필요합니다.

단순히 생각해 데이터의 양과 컴퓨팅 파워가 기하급수적으로 증가한다면 거기에 필요한 전기, 열, 공간도 기하급수적으로 증가할 수밖에 없습니다. 다행히 기술적 발전(반도체, 소프트웨어 등)이 상대적으로 적은 전력과 열로도 컴퓨터가 돌아갈 수 있도록 이뤄졌기 때문에 데이터센터의 에너지 소모량은 낮게 유지되고 있고(전 세계 전력의 약 1%), IT 인프라는 안정적으로 규모를 키울 수 있었습니다.

데이터센터
효율화

그런데 데이터센터가 위치해야 하는 공간(땅)은 좀 다릅니다. 앞서 IT 기업이 전산실이라는 이름으로 데이터센터를 직접 소유했다고 했는데요. 땅값이 비싼 도심에 이 전산실을 계속 확장했다면 엄청난 비용이 들 수도 있습니다. 그래서 많은 기업이 데이터센터를 도심에서 조금 벗어난 외곽으로 옮기게 됩니다. 에퀴닉스 같은 데이터센터 전문 부동산 업체도 마찬가지.

데이터 수요가 많은 큰 테크 기업은 도시 외곽이 아니라 아예 더 먼 시골에 데이터센터를 짓는데요. 100% 데이터센터 용도의 큰 건물을 땅값이 싼 지역에 짓는 것입니다. 네이버는 2013년 춘천에 제1데이터센터를 완성했고, 2022년 준공 예정으로 세종에 제2데이터센터를 짓고 있습니다.

데이터센터의 성능을 보여주는 지표는 무엇일까요? 처리하는 컴퓨팅 파워가 크고 저장공간이 많은 데이터센터일수록 당연히 전기를 많이 쓰겠죠? 전력 사용량이 데이터센터의 성능을 보여줍니다.

카카오는 2023년부터 안산에 자체 데이터센터를 운영하게 되고 2026년에는 시흥에 두 번째 데이터센터를 짓는데요. 두 번째 데이터센터는 전력량이 100메가와트(MW) 규모라고 합니다. 에퀴닉스도 국내에 자체 데이터센터를 두 곳 지을 예정인데 총 40MW 규모라고 합니다. 롯데월드타워의 전력 사용량이 20MW 정도라고 하니 데이터센터가 참 많은 전력을 쓰는 것 같습니다!

이런 전력을 효율적으로 사용하는 것도 중요한데요. 데이터센터에는 서버를 돌리는 것 외에 열을 식히거나 운영을 위해 사용하는 전력이 있습니다. 총전력량에서 IT 장비(서버)에 사용되는 전력량을 나눈 것을 PUE(Power Usage Effectiveness)라고 해요. 이 PUE가 1이면 완벽한 것인데 현실적으로는 불가능하고 1에 가까울수록 효율적인 데이터센터라고 볼 수 있습니다(평균적으로는 1.4~1.6이라고 합니다).

데이터센터와
ESG

데이터센터는 우리가 상상하는 이상의 엄청난 전기를 사용하고 열을 발생시키고 있습니다. 우리가 유튜브 영상을 볼 때마다, 인공지능을 사용해 문제를 해결할 때마다,

춘천에 있는 네이버 데이터센터 '각'. ⓒ네이버

로블록스에서 게임을 만들 때마다, 지메일에 파일을 첨부할 때마다, 전 세계 어딘가 데이터센터의 컴퓨팅 파워가 사용되고 그곳에 저장되는 데이터가 늘어나는데요.

그만큼 데이터센터의 전력 소모량이 늘어나고, 열이 발생한다는 뜻입니다. 데이터센터에 전력을 공급하기 위해 탄소를 배출하는 발전이 더 이뤄진다는 뜻이기도 하죠. 즉, 디지털 세계의 활동은 물리적 세계와 무관한 것처럼 보이지만 사실은 물리적인 기반에서 돌아간다는 것입니다. 우리가 자동차를 운전해 출근하지 않고 집에서 원격근무를 하면 그만큼 탄소가 덜 배출될까요? 그럴 수도

있겠죠. 하지만 엄청나게 많은 컴퓨팅 파워가 소모되는 메타버스 안에서 일을 한다면 탄소 배출량이 비슷할 수도 있습니다.

데이터센터에 사용되는 전기의 효율을 높이고 이를 친환경 에너지원으로 바꾸는 것이 중요한 이유입니다.

숲과 나무가 없다면 공기도 없다

데이터센터를 숲에 비유한 이유를 설명해볼게요.

이제는 우리 삶에 공기처럼 존재하는 것이 바로 테크입니다. 인터넷, 데이터, 클라우드, 소셜미디어, 게임 등을 모두 테크로 부를 수 있다면 말이죠. 이런 테크를 뒷받침하는 물리적 인프라가 바로 데이터센터입니다.

그런데 숲과 나무도 비슷합니다. 우리가 살아 숨 쉴 수 있게 만드는 공기를 만드는 것이 바로 숲과 나무입니다. 우리는 공기의 존재를 잊고 살지만 나무와 숲이 공기를 만든다는 것도 종종 잊고 삽니다. 숲과 나무는 우리 주변에 변함없이 존재할 것 같지만 생각보다 쉽게 파괴되고 사라집니다. 기후변화로 빈번해진 산불이나 대규모 벌목으로 사라지기도 합니다. 데이터센터도 그렇다고 볼 수 있을 것 같아요.

생각해 보기 🔍

인터넷과 테크를 데이터가 아닌 물리적 기반인 데이터센터를 기준으로 보면, 우리는 테크의 내면을 더 잘 이해할 수 있을 것 같습니다.

플랫폼 기업에 대해 한번 생각해 볼게요. 우리는 플랫폼 기업이 막대한 트래픽과 데이터를 가지고 있는 독점기업이라는 생각을

하고 있어요. 하지만 그 뒤에 데이터센터가 있다는 것을 생각해보면 플랫폼 기업은 막대한 규모의 데이터센터를 운영하거나, 데이터센터를 빌려 쓸 수 있는 능력을 지닌 기업이라고 볼 수 있어요. 물론 데이터센터 운영 비용이 플랫폼 기업의 비용에서 차지하는 비중은 크지 않을 겁니다. 하지만 플랫폼 기업도 데이터센터라는 물리적 인프라가 필요하다는 것은 중요한 발상의 전환이라는 생각이 듭니다.

2021년부터 유행해온 키워드인 웹3.0도 데이터센터를 중심으로 생각해보면 약간 다르게 보입니다. 블록체인 기술이 중심인 웹3.0에서는 중앙화된 서버·클라이언트 모델이 아닌 탈중앙화된 P2P 모델이 핵심이에요. 이상적으로 본다면 웹3.0에서는 데이터센터가 존재하지 않고 참여하는 사람들의 컴퓨터에 분산화돼 데이터가 저장돼야 한다고 해요(Read+Write+Own). 하지만 현실은 웹3.0이라고 주장하는 서비스의 데이터는 AWS 같은 클라우드 서버에 저장되고 있다고 해요. 당연히 그 데이터는 중앙화된 데이터센터에 저장됩니다. 그래서 웹3.0 인프라를 분산화하려는 블록체인 프로젝트도 있습니다. 인터넷에서 탈중앙화가 얼마나 어려운 것인지 데이터센터만 봐도 알 수 있습니다.

SaaS를 만든 남자:
세일즈포스

"유능한 리더가 되려면 신뢰를 꺼내다 쓸 저장고가 있어야 한다.
그 신뢰를 다 써버리면 다시 그걸 채우기 위해서는 시간이 필요하다."

: **마크 베니오프** 세일즈포스 창업자 겸 CEO

오늘은 세일즈포스라는 실리콘밸리 회사와 그 회사의 창업자인 마크 베니오프에 대한 이야기를 해보려고 해요. 요즘 한국에서 서비스형 소프트웨어(SaaS · Software as a Service) 사용이 점차 보편화되고 있는데, SaaS를 얘기하면 빼놓을 수 없는 것이 세일즈포스와 베니오프거든요. 미라클러님 중 많은 분이 아시는 내용이긴 하겠지만 그래도 한번 다뤄볼 필요가 있을 것 같습니다. 그래서 SaaS가 대체 어쩔티비?

어느 딸과
아빠의 대화

윈도 3.1.

😊 아빠! 이게 뭐야?

😎 어. 이건 윈도 3.1이 들어 있는 CD야.

😊 윈도? 음악 CD에 윈도가 들어 있다고?

😎 그래. 컴퓨터를 사용하기 전에 이걸 CD롬 드라이브라는 것에다 넣고 말이지. 하드디스크에 설치를 해야 했어. 설치하는 데 30분쯤 걸렸지.

😊 에? 윈도는 원래 깔려 있는 거 아냐?

😊 기본적으로 설치돼 나오기는 하지만 지금도 설치해서 쓰는 사람이 있지. 난 이걸 정품으로 20만원인가 주고 샀었지.

😈 그냥 인터넷으로 내려받으면 되는데 이걸 사서 설치해야 한다고?

😊 윈도가 안 깔려 있으면 어떻게 인터넷을 쓰겠니.

😈 근데 20만원? 뭐 그렇게 비싸?

😊 너는 어도비 한 달에 4만원씩 내고 쓰잖아.

😈 아빠 때 20만원이랑 지금 돈이랑 같아? 그리고 어도비는 서비스가 엄청 많다고. 내 맥에서도 되고, 태블릿에서도 되고. 클라우드에 작업하던 것 저장도 되고.

😊 세상 많이 좋아졌다.

SaaS, 소프트웨어로서의 서비스가 뭘까요? SaaS는 내 기기(PC, 휴대전화, 태블릿)에 설치 없이 인터넷 접속만으로 사용할 수 있어요.

데이터도 내 디바이스가 아닌 인터넷(클라우드)에 저장해놓을 수 있어요.

내 기기가 아니더라도 ID와 비밀번호만 있으면 접속할 수 있어요.

개인이 사용하는 SaaS로 지메일, 노션 같은 것이 있는데 사실 SaaS는 기업 고객이 많이 사용한다고 해요.

각종 협업 툴부터 회계, 인사, 보안, 고객 상담(챗봇)까지 다양한 서비스를 인터넷에서 구독해 사용하는 것을 B2B SaaS라고 보통 부르죠. 소프트웨어를 큰돈을 주고 한 번에 사서 컴퓨터에 설치(On Premise)하는 것이 아니라 인터넷으로 '사용'하고 매달(혹은 매년) 돈을 내는 거예요. 위에 부녀간 대화에서 나온 윈도(OS)는 가장 SaaS와 거리가 멀었지만 이제는 SaaS로 제공되기도 합니다. 이처럼 소프트웨어를 SaaS 형태로 최초로 팔기 시작한 회사와 사람이 바로 세일즈포스와 그 창업자 베니오프랍니다.

SaaS를 만든 남자
마크 베니오프

베니오프는 실리콘밸리의 전형적인 테크 창업자는 아닌 것 같아요.

일단 외모가 테크 기업 창업자보다는 텍사스 정유 회사 CEO처럼 생겼어요. 키가 198cm에 몸무게가 100kg이 넘거든요. 이런 남성적인 겉모습과는 달리 샌프란시스코 토박이에 14세 때 직접 게임을 만들어 판매할 정도로 일찍 소프트웨어에 눈을 떴죠. 대학교 때 애플에서 인턴으로 일하면서 스티브 잡스가 멘토가 됐고, 나중에 잡스에게

마크 베니오프 세일즈포스 창업자 겸 CEO. ⓒ세일즈포스

'앱스토어'의 상표권을 공짜로 준 것이 전설적인 이야기로 남아 있어요.

오라클을 키운
영업왕

그는 대학교를 졸업하고 당시만 해도 신생 기업이었던 오라클에 들어갔는데 13년 동안 승승장구하면서 영업총괄까지 올랐죠. 베니오프가 오라클에 들어갔을 때 매출은 5500만달러. 1996년에는 40억달러에 달할 정도로 회사의 성장에 기여했어요. 베니오프보다 20년 연상인 오라클 창업자 래리 엘리슨의 신뢰가 두터웠어요.

닷컴 버블이 한창이던 1999년, 베니오프는 서른다섯의 나이에 직접 창업에 나서는데요. 당시만 해도 매우 비싸 대기업만 사용할 수 있었던 고객관계관리(CRM · Customer Relationship Management) 소프트웨어를 대중적으로 만든다는 비전이 있었어요. 당시에는 시벨(Siebel)이라는 회사의 CRM이 1위였는데 마침 CRM은 오라클이 진출하지 않았던 영역. 보스인 엘리슨도 지원을 해줘서 그는 시벨에 도전하는 CRM 회사를 만들게 됩니다.

중소기업도
쓸 수 있는 CRM

그가 생각한 대중화의 방법은 바로 인터 넷으로 CRM을 제공한다는 것이었어요. CRM 소프트웨어를 컴퓨터에 설치하면 가장 큰 문제점은 비용을 떠나 데이터 공유와 버전 관리가 어렵다는 것이었어요. 하지만 초고속 인터넷이 깔리고 인터넷에 24시간 접속하는 것이 가능해지면서 인터넷에서 소프트웨어를 사용하는 것이 가능한 일이라고 그는 믿었죠.

베니오프는 언론을 활용한 마케팅을 정말 잘했어요. 기자들이 좋아할 만한 파격적인 개념을 내걸면서 인터뷰를 하고, 이걸 기사 헤드라인으로 실었어요.

2000년 그가 세일즈포스를 시작하면서 내놓은 마케팅 슬로건은 바로

'소프트웨어의 종말'

SaaS의 탄생

기존의 값비싼 설치형 소프트웨어는 끝났고 인터넷으로 소프트웨어를 싼값에 빌려

써야 한다고 주장했죠. 그의 이런 파격적인 슬로건은 언론의 관심을 끌었고 세일즈포스는 CRM 시장에서 고속 성장을 하게 돼요. 세일즈포스가 처음 등장했을 당시에는 SaaS라는 용어보다는 ASP(Application Service Provider)라는 용어가 쓰였다고 해요. SaaS라는 용어가 본격적으로 등장한 것은 2004년.

SaaS와 함께 성장한 것이 바로 클라우드예요. 클라우드는 우리가 인터넷으로 컴퓨팅 서비스 사업자의 서버를 이용하는 것을 뜻해요. 우리 컴퓨터에 저장된 것을 사용하는 게 아니라 클라우드(라지만 어딘가에 있는 데이터센터)에 있는 앱과 데이터를 사용하고, 저장도 클라우드에 하죠. 기술이 발달하면 발달할수록 클라우드의 장점은 설치형에 비해 월등해져요.

인터넷 속도와 클라우드의 처리 속도가 빨라지면서 설치형만큼이나 속도가 빨라지고요. 여러 사람 사이에서 데이터 공유가 쉽게 이뤄져요. 갑자기 사용자가 늘어날 때도 탄력적으로 확장이 가능하고요.

2000년 이후 일어난 인터넷 발전에서 큰 것 중 하나가 클라우드의 등장일 수도 있을 것 같아요. 스마트폰의 등장과 클라우드의

등장 중 어느 것이 더 큰 영향을 미쳤는지를 생각해보면 하나를 택하기 어려울 것 같아요.

우리는 클라우드의 시대에 산다

이렇게 성장하는 SaaS CRM의 미래가 보여서였을까요? 세일즈포스의 주주이자 사외이사였던 엘리슨은 세일즈포스의 경쟁사인 시벨을 2005년 인수해요. 베니오프에게는 충격적인 일이었죠. 믿었던 멘토가 이젠 경쟁자가 됐으니까요.

두 사람의 갈등은 2010년, 2011년 정점에 오르면서 언론의 큰 관심을 받기도 했죠. 하지만 클라우드 분야에서 오라클이 AWS, 구글, MS의 후광에 밀리고 세일즈포스는 쭉 성장세를 이어가면서 기업 소프트웨어 분야에서 오라클과 세일즈포스 간 경쟁은 세일즈포스의 승리로 끝나가는 분위기였어요. 특히 2020년 세일즈포스의 시가총액이 오라클을 넘어선 것은 상징적인 일이었어요. 물론 최근에는 오라클이 부활하면서 세일즈포스의 시총을 다시 역전하긴 했지요. 지금 베니오프와 엘리슨은 서로 화해하고 잘 지내고 있다고 해요.

클라우드 시대는 이제 시작

유명 테크 애널리스트인 베니딕트 에번스는 2022년 발표한 보고서에서 클라우드로의 이전이 이제 시작이라고 말하고 있어요. 테크의 첨단 세계에서는 웹3.0이니 메타버스니 하는 것이 나오고 있지만 사실 대부분의 일반인 세계는 여전히 설치형 소프트웨어에 익숙하고, 클라우드나 SaaS에 대한 소비는 크지 않다는 거예요.

특히 스타트업에는 SaaS 사용이 너무나 흔해요. 업무를 위한 SaaS뿐만 아니라 HR, 심지어 복지를 위한 서비스까지 모든 것이 다 SaaS. MS 오피스나 어도비 포토샵 같은 역사가 긴 소프트웨어도 이제는 SaaS로 제공되고 있어요.

래리 엘리슨 오라클 창업자 겸 CTO. ©오라클

협업, 원격근무, 스타트업, 크리에이터가 많아질수록 SaaS와 클라우드의 사용은 점점 더 늘어날 수밖에 없어요. 당장 저만 해도 지메일, 드롭박스, 노션 같은 SaaS를 쓰고 있답니다. 미라클레터를 쓰기 위해 사용하는 스티비도 SaaS. 앞서 딸과 아빠의 대화에서 나온 것처럼 젊은 세대에게는 SaaS와 클라우드가 스마트폰처럼 자연스러울 것 같아요.

세일즈포스와 베니오프 얘기로 돌아가 볼게요.

2013년 세일즈포스는 마침내 전체 CRM 분야 1위에 오릅니다. 이때가 2004년 상장했을 때에 비해 주가가 10배 오른 상태. 그리고 이후 9년간 주가가 6배 정도 오릅니다. 세일즈포스는 M&A도 잘했어요. 2011년에는 클라우드 컴퓨팅 플랫폼 헤로쿠, 2019년에는 태블로 소프트, 2021년에는 슬랙을 인수하죠.

이제 세일즈포스는 CRM이라는 티커(상장 주식 종목코드)에도 불구하고 엔터프라이즈 서비스 전반을 다루는 회사처럼 돼가고 있어요. 심지어 2022년 6월에는 대체불가토큰(NFT) 클라우드를 만든다고 얘기하기도 했죠.

언론 친화적이었던 베니오프는 2018년에는 아예 개인적으로 타임 매거진을 인수해요. 2021년 11월에는 구글, 페이스북 출신인 브렛 테일러를 자신과 함께 공동 CEO로 임명했어요. 그는 예전에도 그랬지만 정치적인 사안에 대해 공개적인 발언을 많이 하고 기후변화를 막기 위해 큰돈을 기부하기도 했죠. 본인은 부인하고 있지만 그가 곧 CEO 자리를 떠날 수도 있다는 얘기가 계속 나오는 이유예요.

베니오프는 대체로 은둔하는 경향이 있는 빅테크 경영자와는 반대 성향인 것 같아요. 심지어 자서전 형식의 책도 엄청 많이 썼답니다. 가장 최근에 나온 것이 2019년 《트레일블레이저》라는 책인데 그의 장점을 많이 발견할 수 있어요.

2005년 세일즈포스 서비스가 다운돼요. 서비스를 제공하는 회사에는 큰일. 그 이후 세일즈포스는 자사 제품의 현재 운영 상태를 투명하게 보여주는 사이트를 만들어요. 바로 'trust.salesforce.com'이라는 곳. 서비스에 문제가 생기면 여기에 바로 문제 상황이 나와 있고 언제 해결됐는지 알 수 있어요. 그는 책에 이렇게 적었어요.

"내가 연약하다는 사실은 무서운 일이다. 하

지만 그것이 스스로를 강하게 만들기도 한다(Vulnerability is scary. But it also makes you stronger)."

베니오프는 트위터를 인수하려다가 포기한 적이 있어요. 주변 모든 사람의 반대를 무릅쓰고 밀어붙이다가 결국 포기했죠. 그는 자신이 옳지 않았다고 말해요. 지금까지 성공만 거듭해온 CEO로서 쉽지 않은 일이었죠. 그는 자신의 깨달음을 이렇게 적었습니다.

"유능한 리더가 되려면 신뢰를 꺼내다 쓸 저장고가 있어야 한다. 그 신뢰를 다 써버리면 다시 그걸 채우기 위해서는 시간이 필요하다(To be effective as a leader, you need a reservoir of trust to draw from. And once you use it all up, it can take years and years to replenish)."

생각해 보기 🔍

연약함과 신뢰는 클라우드와 SaaS의 속성이기도 해요. 클라우드 공간에 기업의 일급 비밀과 정보를 넣어두는 것이 '미친 짓'으로 여겨지던 시대가 있었어요. 세일즈포스 같은 기업 덕에 클라우드와 SaaS에 대한 신뢰가 구축됐고 저희는 정말 편하게 일을 할

수 있게 되었어요. 미라클레터는 독자님들께 얼마나 신뢰를 받고 있을까 스스로를 돌아보면서 오늘 레터를 마쳐봅니다.

메타버스 | VR

메타, 마이크로소프트, 유니티

저커버그가 말한
VR 튜링테스트!

"증강현실이 아마도
궁극적인 컴퓨터라고 생각합니다."

: **사티아 나델라** MS CEO

메타버스에 불어닥친 '비주얼 튜링'을 아시나요. 그동안 미라클레터를 보내 드리면서 증강현실(AR)·가상현실(VR), 메타버스 지식재산권(IP) 등 메타버스와 관련한 수많은 스토리를 전해 드렸는데요. 그래서 가급적 메타버스에 대한 이야기보다는 좀 더 다양한 이야기를 전해 드리고 싶었습니다. 하지만! 페이스북 운영사 메타의 마크 저커버그 최고경영자(CEO)가 2022년 6월 온라인 줌으로 '인사이드 더 랩(Inside the Lab)'이라는 라운드 테이블을 열었어요. 내용을 정리해 드리지 않을 수 없는데요. 특히 저커버그 CEO는 VR 디스플레이가 마침내 비주얼 튜링테스트를 통과할 시점에 임박했다고 해서 주목을 끌었어요.

상용화가 당장 이뤄지지는 않겠지만 VR 헤드셋을 통해 보는 사물과 진짜 사물을 분간하기 어려운 단계에 도달했다는 선언이었는데요. 그래서 '인사이드 더 랩' 이벤트의 생생한 소식과 함께 그 의미를 분석해 보도록 할게요!

마크 저커버그 메타 CEO. ⓒ메타

비주얼
튜링테스트

이번 이벤트에선 저커버그 CEO가 직접 나와 '비주얼 튜링테스트 통과하기'라는 주제로 짧고 굵은 강연을 했습니다. 내용을 요약하고 압축해서 알려 드릴게요.

🙂 행사를 왜 여셨나요.

😀 실제 세상처럼 생생하고 사실적인 3차원(3D) 디스플레이를 만들려면 매우 흥미로운 문제들을 풀어야 하는데요. 그게 뭔 줄 아시나요? 바로 사물을 물리적으로 인식하는 방법, 눈이 시각적 신호를 처리하는 방법, 그리고 뇌가 그것을 해석하는 방법에 대한 연구예요.

🙁 흠… 이게 중요한가요.

😀 그럼요! 이건 앞으로 완전히 새로운 시각적인 경험을 선사할 거예요. 현실과 가상을 분간하기 어렵게 하는 3D 디스플레이는 문화마저 바꿀 거라고 봐요. 앞으로 사람들은 VR를 더 쉽게 받아들일 것이고, 그다음에는 새로운 예술이 우리 세상에 나타나지 않을까 해요. 우리는 누구나 매우 사실적인 모습으로 자신을 표현하고 싶어 하거든요.

🙁 그냥 초고해상도 8K 디스플레이를 달면 되는 것 아닌가요.

😀 아니에요!!! 그래서 VR는 직접 경험해 봐야 한다니까요. 사실적인 이미지를 보는 것만으로는 충분하지 않아요. 앞서 말했듯이 시각적 신호에 관한 연구도 필요해요. 이건 TV 화면과 다른 문제예요.

😐 더 구체적으로 설명해 주실래요.

😀 예를 들어 시야각도 중요해요. VR는 훨씬 넓은 시야각을 제공해야 해요. 또! 기존 디스플레이보다 픽셀(화소·화면을 구성하는 작은 점)이 더 많아야 해요. 또또! HDTV보다 10배나 더 밝은 화면이 필요해요. 그리고!!! 헤드셋을 쓴 머리를 돌리면 바로바로 모션을 추적할 수 있어야 하죠. 더욱이!!!! 이런 디스플레이를 구현하면 배터리 소모가 당연히 많아지고 발열 현상이 심하겠죠? 그래서 새로운 하드웨어도 필요합니다. 아시겠어요?

😣 그냥, 매우 어렵다는 말씀인 거네요.

😀 그렇죠! 빙고! 이러한 부분 중 하나라도 제대로 구현하지 못하면 몰입감이 떨어져요.

😣 아직 못 만들었다는 것 같은데….

😀 우리는 이미 일부를 해결했어요. 다른 과제들은 하드웨어 발전과 함께 진행돼야 해요. 그래서 오늘 VR 디스플레이의 비주얼 튜링테스트에 대해 말씀을 드리려던 것이었어요. 가상과 현실을 구분하기 어려워지는 시대가 오고 있어요.

1960년에
등장한 개념

혹시 '튜링테스트'에 대해 들어 보셨나요.

1950년대 영국의 앨런 튜링 박사는 컴퓨터(인공지능) 지능이 인간 지능에 필적하는지 판별하는 튜링테스트를 개발했어요. 만약 이 테스트를 통과한다면? 컴퓨터가 곧 사람과 다름없다는 논리였어요. 이런 논리를 비주얼 컴퓨터에도 적용한 것을 이름하여 '비주얼 튜링테스트'라고 해요.

1960년대 수학자인 시모어 페이퍼트는 컴퓨터 비전에 대한 연구를 하면서 '서머 비전 프로젝트'를 진행했는데요. 그 후 학자들 사이에서 무엇이 비주얼 튜링테스트냐는 논쟁이 일었어요. 비주얼 튜링테스트를 정의하는 것은 매우 어려웠대요. 인간은 두뇌 용량의 약 50%를 시각 정보를 처리하는 데 사용한다고 하는데요. 컴퓨터 테스트에 이를 어떻게 접목할지 난감한 것이죠.

하지만 메타는 이번 행사에서 비주얼 튜링테스트를 컴퓨터상 이미지가 실제 사물에 필적하는지 판별하는 테스트라고 정의했어요. 그러면서 저커버그 CEO는 이렇게 말을 했네요. "사실 매우 주관적인 테스트입니다. VR가 매우 주관적인 경험이기 때문인데요. 단순히 기술적 완성도를 떠나 사람의 인식, 사람의 경험이 중요해요." 동일한 VR 헤드셋을 착용하더라도 어떤 사람은 "와, 이거 현실과 똑같은데"라고 할 수도 있고, 다른 사람은 "이게 뭐야"라고 할 수도 있겠죠?

저커버그 CEO는 현존하는 어떠한 VR 기술도 비주얼 튜링테스트를 통과하지 못했다고 했어요. 그동안 기술이 발전했지만, 아직까지는 현실과 가상을 구분하지 못할 정도는 아니라는 것이죠. 왜냐하면 넘어야 할 산이 많아서예요. 예를 들어 헤드셋이 무거우면 몰입감은 떨어지겠죠.

또 VR 디스플레이에 탑재되는 렌즈 때문에 시야각 왜곡이 발생하고요. 예컨대 VR 헤드셋에 있는 글자를 살짝살짝 움직여보면 깨지는 현상이 나타나는 것을 알 수 있어요. 그러면서 저커버그 CEO는 밑에 있는 난점을 해결하면 비주얼 튜링테스트를 통과할 수 있다고 다짐했어요.

8K 디스플레이: 20피트(약 6m)에서 20 시산표를 확인할 수 있을 정도의 시력인 20/20을 확보하면 시력이 1.0으로 나오는데요. 이를 위해서는 디스플레이 너비의 화소 수가 8000개 찍힌 8K 해상도 디스플레이를 탑재해야 한대요.

시야각 1도당 60픽셀: 일반적으로 사람 눈이 인지할 수 있는 공간의 해상도는 시야각 1도당 60픽셀 정도라고 해요. 그런데 사람의 눈은 거의 180도를 볼 수 있죠. 그래서 60픽셀×180

도=1만800픽셀이라는 공식이 성립돼요.

시선 추적: 현재 VR 렌즈에 탑재된 것은 초점이 고정돼 있는 솔리드 렌즈래요. 고정 렌즈! 하지만 시선을 추적하고 움직임을 제대로 파악하려면 시선을 바꿀 수 있는 가변 초점 렌즈의 개발이 필요하대요.

수차 조정: 렌즈를 통한 빛은 한 점에 모이지 않고 일그러질 때가 있대요. 이른바 광학 수차라고 하는데 이에 대한 왜곡 보정이 필요하다고 합니다.

메타의 6가지 VR 신기술

저커버그 CEO는 리얼리티랩에서 연구하고 있는 프로토타입 VR 헤드셋들을 차례대로 소개했어요. 향후 이러한 VR 헤드셋을 더욱 발전시켜 일반인이 가상과 현실을 분간하지 못할 정도로 만드는 것이 목표라고 합니다. 크게 다섯 가지를 꼽았습니다.

메타는 연구용 VR 헤드셋인 하프돔 시리즈를 발표했어요. 고정 초점에서 가변 초점으로 탈바꿈한 헤드셋이에요. 예를 들어 VR 헤드셋을 착용하고 가상의 책을 들여다보면 초점이 맞겠죠. 하지만 책을 가까이 가져다 대면 초점이 맞지 않아요. 그래서 사람의

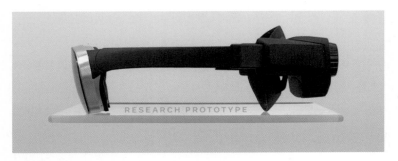

얇은 헤드셋 홀로케이크2. ⓒ메타

실제 초점처럼 사물을 멀리하든 가까이하든 초점이 맞는 가변 초점 렌즈가 필수라고 합니다. 하프돔은 현재 4단계로 진화할 거래요. 하프돔 제로는 2017년 처음으로 나온 연구용 VR 헤드셋인데, 시야각이 140도 정도 됐고요. 버전2는 무게를 약 200g 줄였고, 버전3에는 가변 초점 기능을 탑재했어요!

VR 헤드셋을 착용하고 머리를 살짝 옆으로 돌리면? 돌리는 순간 이미지가 살짝살짝 깨지는 것을 알 수 있을 거예요. 그리고 고개를 완전히 원하는 방향으로 돌리고 나서 시간이 조금 지나야만 상이 제대로 보입니다. 음? 센서 문제일 수도 있고, 모션 추적 기능이 눈의 시선을 따라잡지 못해서일 수 있는데요. 그래서 메타는 VR 왜곡 보정 시뮬레이터를 만들어 문제를 해결했다고 해요.

버터스카치는 시야각 1도당 60픽셀을 보장

한다고 해요. 20피트에서 20 시산표를 볼 수 있으면 시력이 1.0입니다. 이름하여 망막 해상도(retina resolution). 어디서 많이 들어 봤다고요? 네, 바로 애플의 레티나 디스플레이에도 나오는 이름입니다. 망막이 분간하지 못할 정도의 해상도라고 해서 레티나라는 이름을 붙였죠. 메타의 버터스카치는 시야각을 넓혀주고 사물을 더욱 정교하게 보여주는 헤드셋이래요. 이를 위해 하이브리드 렌즈를 개발했는데, 아직 출시 단계는 아니라고 해요.

스타버스트 VR 헤드셋은 매우 밝은 빛을 낸대요. 최대 밝기 수치는 무려 1만니트! 1니트(nit)는 $1m^2$를 밝혀주는 촛불 한 개의 밝기인데요. 스마트폰 밝기가 약 1000니트이니, 스마트폰보다 10배 더 밝은 셈입니다. 밝으면 그만큼 선명하게 VR 콘텐츠를 볼 수 있습니다.

또 메타는 홀로케이크2가 VR 헤드셋 중 가장 얇은 홀로그램 선글라스라고 자랑했어요. 아마도? 마이크로소프트(MS)의 홀로그램 AR 헤드셋인 홀로렌즈2를 겨냥한 것 같아요. 매우 얇게 만들고자 곡면 렌즈를 없애고, 그 대신 평면 렌즈를 탑재한 뒤 동일한 이미지 처리 기술을 구현했다고 해요. 앞으로 헤드셋이 이 정도 줄어들 수 있다는 자신감의 표현이에요.

향후 나올 제품 모습을 직접 보여주진 않았어요. 다만 청사진만 볼 수 있었는데요. 앞으로 소형, 경량, 최저 배터리 소모, 폼팩터 변화 등등! 미래 VR 헤드셋에 대한 새로운 디자인인 것 같은 느낌이 들었어요. 비주얼 튜링테스트를 통과하려면 새로운 폼팩터가 필요한데 이를 위한 작업인 것이죠.

생각해 보기　🔍

이러한 VR 헤드셋은 아직 상용화 단계는 아니에요. 현재는 리얼리티랩에서 연구하는 단계인데요. 앞으로도 더 많은 연구가 필요한 것 같았어요. 왜냐하면 기능을 개선한 헤드셋은 맞지만 기능이 모두 한 VR 헤드셋에 통합된 것은 아니거든요. 이들 VR 헤드셋의 기능을 모두 결합하면 비주얼 튜링테스트를 통과할 수 있을 텐데 아직 그 단계까지는 오지 못했다고 합니다.

그럼에도 저커버그 CEO가 이날 새로운 VR 헤드셋에 대한 뜨거운 열정을 보여준 것은 분명해요. 현재 시장은 메타버스 세계에서 메타의 대항마로 애플을 꼽고 있는데요. 애플이 언제쯤 AR 글래스를 출시할지에 대해 관심이 매우 높아요. 물론 메타는 이러한 세간의 시선을 인식하지 않을 수 없었을 테고요. 이날 메타는 VR 헤드셋을 애플이 쉽게 만들지 못할 것이고, 우리는 벌써 이 정도 기술력을 갖췄다는 것을 만천하에 알리려고 한 것 같았어요.

저커버그 CEO는 이런 맺음말을 했어요. "메타는 물리적 시스템이 작동하는 방식과 시각 시스템이 세상을 인식하는 방법에 대한 새로운 지평을 모색하고 있습니다. 우리가 여기서 이야기한 기술들이 발전해 나간다면 언젠가는 VR 헤드셋이 비주얼 튜링테스트를 통과할 날이 올 것 같습니다." VR 헤드셋이 언제쯤 비주얼 튜링테스트를 통과할지, 누가 첫 번째 타이틀을 거머쥘지는 모르겠지만, 그 순간이 성큼성큼 다가오는 것은 틀림없는 듯해요.

버추얼 유튜버가 뭐길래
메타버스를 논하나?

"인공지능(AI)과 자동화로 인간이 하는 일은 점점 줄어들 것이다.
그런 미래에서 인간이 해야 하는 일은 사람을 즐겁게 하는 것이다.
즉, 엔터테인먼트가 인간의 일이다."

: 다즈미 리쿠 애니컬러 창업자 겸 CEO

오늘은 '버추얼 유튜버(Vtuber · 버튜버)'에 대해 집중적으로 다뤄보려고 해요. 버튜버는 일본에서 시작돼 전 세계로 퍼져 나가고 있는 서브컬처(하위문화)인데요. 2022년 들어 우리나라에서 '이세계아이돌'이라는 성공 사례가 나오면서 한번 진지하게 살펴볼 필요가 있을 것 같습니다. 무엇보다 버튜버는 '메타버스'와 '크리에이터 경제'에 대한 시사점이 있기 때문에 미라클레터에서 한번쯤 꼭 다뤄볼 주제라고 생각했습니다!

버튜버는
'인터넷 방송인'이다

디지털 휴먼 vs 버추얼 유튜버

우리에게 가상(버추얼) 인플루언서로 알려진 존재는 크게 두 가지 형태로 나눌 수 있어요. 하나는 디지털 휴먼으로 불리는 가상 인간인데요. 인간에 가까운 모습을 지닌 가상 인물을 말해요. 대표적으로 로지와 유아 같은 여성 디지털 휴먼이 있습니다. 정해진

제일 앞에 있는 분들이 이세계아이돌입니다. ⓒ패러블엔터테인먼트

프로그램에 맞춰 사람처럼 말하거나 행동하는 것이 대부분이죠. 아직 사람처럼 대화하는 AI는 만들어지지 않았기 때문에 사람이 목소리만 연기하는 경우가 많아요.

반면 버튜버는 가상의 캐릭터라는 탈(아바타)을 사람이 뒤집어쓸 뿐 그 사람의 인격은 고스란히 드러나요. 캐릭터는 일본 애니메이션 스타일이 대부분인데 페이스트래킹(Face Tracking)이나 보디트래킹(Body Tracking) 기술을 사용해 사람의 표정이나 행동이 가상 캐릭터의 움직임에 그대로 나타납니다. 트위치나 유튜브로 생방송을 하

는 스트리머들이 버튜버의 대부분을 차지하고 있어요. 기존의 방송 크리에이터들이 신기술을 활용해 새로운 개인 방송의 영역을 열었다고 봐야 해요.

일본을 넘어
전 세계 유행 중

2022년 현재 일본과 영미권에서는 버튜버가 서브컬처 팬을 중심으로 큰 인기를 얻고 있어요. 일본 애니메이션과 만화를 좋아하는 팬(흔히들 오타쿠라고 부릅니다)이 이런

버튜버를 좋아하는 팬들입니다. 전 세계적으로 봤을 때 엄청난 팬층과 시장을 가지고 있는 것이 확인됐죠.

일본에서는 커버 주식회사가 운영하는 홀로라이브와 애니컬러가 운영하는 니지산지라는 버튜버 집단이 유명합니다. 이 중 애니컬러라는 회사는 2022년 6월 일본 주식시장에 상장해 한때 시가총액이 3조원에 달했습니다. 일본 유튜버들은 일본식 아이돌 운영 시스템을 갖추고 있어 기획사가 많은 영향력을 발휘합니다. 버튜버가 사고를 치면 기획사에서 강제로 쫓아내기도 한다고 해요. 이런 일본계 버튜버는 유튜브에서 주로 활동하는데 슈퍼챗(라이브방송 중 시청자가 돈을 주는 것) 세계 최상위권에 포진해 있습니다.

미국에서는 유명 버튜버를 모아 MCN 형태(한국에서는 샌드박스네트워크가 유명하죠?)로 운영하는 곳이 생겼습니다. 대표적으로 V쇼조라는 회사가 있는데 여기에 속한 아이언마우스라는 버튜버는 2022년 3월 유료 구독자 수 기준으로 트위치 3위(여성 1위) 버튜버에 오르기도 했습니다. 폴로어가 100만명이며, 최소 5달러 이상을 지불하는 유료 구독자가 17만1800명에 달한 적이 있습니다. V쇼조는 2022년 3월 실리콘밸리

벤처캐피털(VC)에서 1100만달러(약 140억원)의 시드 투자를 유치했습니다.

버튜버의 채널 운영 방식은 기존 유튜버와 크게 다르지 않아요. 라이브방송을 하면서 도네이션(현금 후원)을 받거나, 광고비를 받고 게임을 하기도 합니다. 방송 영상을 클립(짧은 영상)으로 제작하거나 커버곡 또는 오리지널곡의 뮤직비디오를 만들어서 본인 채널에 올리기도 해요.

VR에서
활동하는 아바타

버튜버는 왜 메타버스와 관련이 있을까요? 앞서 말씀드린 대로 버튜버는 가상 캐릭터(아바타)로 만드는데, 우리에게 메타버스 엔진으로 잘 알려진 유니티를 사용하는 경우가 많아요. 그리고 단순히 화면 앞에서 얘기하는 것이 아니라 '풀트래킹'이라는 형태로 VR 장비를 온몸에 장착한 채 방송하기도 합니다. 버튜버는 VR챗이라는 VR 플랫폼을 쓰는 일이 많은데요. 마치 우리가 채팅방에서 채팅을 하는 것처럼 가상의 공간을 만들고 이 안에서 아바타들이 다양한 상호작용을 할 수 있습니다.

우리는 VR챗에서 활동하는 버튜버를 단순히 지켜볼 수도 있지만, VR 장비를 장착하면 버튜버와 만나 상호작용까지 할 수 있는 거죠. 크리에이터가 만든 작은 VR 세계에 참여하게 되는 것입니다.

이런 VR 활동이 사실 버튜버의 핵심 콘텐츠는 아니에요. 하지만 버튜버는 메타버스에서 활동하기 때문에 일반 스트리머에 비해 장점이 많습니다. 메타버스를 3차원(3D) 가상세계를 기반으로 하는 활동(게임, 엔터, 소셜미디어)이라고 생각해 본다면 이 아바타를 다양한 콘텐츠로 쉽게 활용할 수 있으니까요.

만화 캐릭터라 오히려 좋아!

예를 들어 버튜버가 풀트래킹 장비를 장착한 채 아바타가 움직이는 것을 촬영한 후에 편집하면 바로 3D 애니메이션이 될 수 있습니다. 여기에 음악만 넣어 편집하면 뮤직비디오가 됩니다. 그런데 아바타는 누구나 이용할 수 있기 때문에 꼭 버튜버의 본체인 사람이 연기할 필요가 없습니다. 연기는 누군가가 하고 목소리만 입혀도 콘텐츠가 완성됩니다.

만약 버튜버가 아니라 인기 유튜버로 영상

버튜버 회사인 애니컬러의 실적

자료=애니컬러

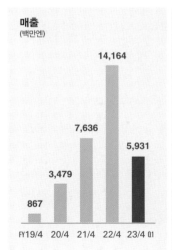

매출
(백만엔)

FY19/4: 867
20/4: 3,479
21/4: 7,636
22/4: 14,164
23/4 Q1: 5,931

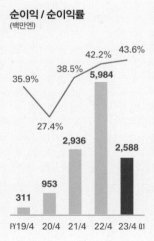

순이익 / 순이익률
(백만엔)

FY19/4: 311 / 35.9%
20/4: 953 / 27.4%
21/4: 2,936 / 38.5%
22/4: 5,984 / 42.2%
23/4 Q1: 2,588 / 43.6%

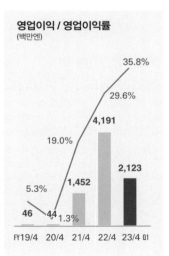

영업이익 / 영업이익률
(백만엔)

FY19/4: 46 / 5.3%
20/4: 44 / 1.3%
21/4: 1,452 / 19.0%
22/4: 4,191 / 29.6%
23/4 Q1: 2,123 / 35.8%

을 찍는다면 어떨까요? 영화를 만드는 것처럼 제작 인력이 많이 필요하죠. 공간의 제약도 받아야 하고요. 그렇다고 유튜버를 3D로 렌더링한 뒤 메타버스에 집어넣는다면 VR에서 처리해야 할 데이터가 많아질 뿐만 아니라 실제 사람과의 차이에서 느껴지는 '불쾌한 골짜기'를 시청자들이 경험할 가능성도 커져요. 시청자들의 몰입과 감정 이입에 방해가 되죠.

반면 처음부터 애니메이션 캐릭터로 만들어진 버튜버에게는 이런 불쾌한 골짜기가 상대적으로 덜 느껴져요. 데이터 사용량이 적기 때문에 기업이 아닌 평범한 크리에이터 역시 쉽게 콘텐츠를 제작할 수 있습니다. 실제로 간단한 앱만으로도 바로 버튜버로 활동할 수 있습니다.

'메타버스'는 크리에이터 커뮤니티다

과거에 한국에서도 버튜버는 존재했습니다. 방송에서 아니메 캐릭터를 사용하는 것이 드문 일은 아니었어요. 다만 크리에이터 개인이 사용했을 뿐 홀로라이브처럼 상업적으로 성과를 내지는 못했죠. 하지만 이세계아이돌이라는 여성 6인조 아이돌 버튜버가

국내에서 성공을 거두면서 여기에 많은 사람의 관심이 쏠리고 있습니다. 이들은 '우왁굳'이라는 유명 스트리머가 추진한 '아이돌 육성 프로젝트'로 2021년 6월 시작됐어요. 노래를 잘 부르는 스트리머를 뽑아 해외 버튜버처럼 음원도 내보자는 계획이었죠.

2021년 8월 최종 선발된 6명은 그해 12월 정식으로 음원을 발매했는데 팬들의 스트리밍으로 일시적으로 음원 차트 상위에 오르기도 했습니다. 2022년 11월 기준 멤버마다 유튜브 구독자가 20만명을 넘었고, 트위치에서 생방송을 진행하면 1인당 1만명에 가까운 사람이 동시 시청하는 등 인터넷 방송과 크리에이터 업계에서 큰 인기를 얻고 있습니다.

이 버튜버 프로젝트를 기획한 우왁굳은 이세계아이돌을 육성하기 전부터 얼굴을 드러내지 않은 채 버튜버처럼 활동하고 있었고, 다양한 VR 콘텐츠를 꾸준히 만들어 왔어요. 시청자 참여라는 이름으로 일반 시청자도 콘텐츠에 참여할 수 있는 이벤트를 계속 열었고, 아이돌 육성 프로젝트도 이런 시청자 참여 이벤트의 일부였습니다. 우왁굳은 왁물원이라는 네이버 팬카페를 통해 시청자들의 참여를 이끌어내고 있는데 여기에 소위 '능력자' '금손'이라고 부르는 시청

자들이 함께하고 있습니다.

팬과 함께 만드는
메타버스

가끔 인터넷에 개인이 만든 편집 영상이나 합성한 그림이 바이럴을 타고 유명해지는 경우가 있는데요. 우왁굳이 운영하는 카페에는 이런 능력자가 아주 많다고 보면 됩니다. 이들은 우왁굳을 소재로 다양한 콘텐츠를 제작하고, 이에 대한 '우왁굳 형'의 반응을 보는 것을 포상으로 여기는 문화를 가지고 있어요. 그래서 우왁굳 라이브방송이 그가 제작하는 콘텐츠의 중심이지만, 팬아트, 패러디 영상, 커버곡, VR 상황극 등 시청자가 참여해 만든 콘텐츠도 중요한 비중을 차지하고 있습니다. 이렇게 생성되는 다양한 콘텐츠와 여러 '밈' 요소가 하나의 세계관을 이룬다는 점에서 우왁굳 팬들은 이 세계를 '왁타버스(우왁굳+메타버스)'라고 부른다고 해요. 이세계아이돌이 '왁타버스'라는 메타버스에서 만들어진 '가상 아이돌'이라는 콘셉트를 가지는 이유입니다. 2022년 9월 우왁굳과 그의 팬들이 제작한 뮤직비디오를 동시에 감상하는 '고멤 가요제'라는 행사는 동시 시청자가 8만명에 달하기도 했습니다. 일본이나 미국 버튜버와 '이세계아이돌'의

가장 큰 차이점이 여기에 있어요. 연예 기획사에서 인위적으로 제작한 버튜버 아이돌이 아니라 크리에이터와 그의 팬 커뮤니티에서 만들어졌다는 점이죠. 이세계아이돌도 우왁굳처럼 팬들의 2차 콘텐츠 창작이 활발한 이유이기도 하죠.

버튜버가
콘서트?

하지만 그냥 스트리머로 성공을 거두는 데 그쳤다면 이세계아이돌이 큰 인기를 얻지 못했을 것 같아요. 이세계아이돌이 관심을 받는 것은 국내에서 버튜버도 엔터테인먼트 산업 측면에서 가능성이 있다는 것을 보여줬기 때문이라고 봅니다. 1인 방송이라고 할 수 있는 버튜버가 노래 콘텐츠가 중심인 가수(아이돌) 형태로도 대중적 관심을 끌 수 있다는 것을 보여준 사례죠. 실제로 이세계아이돌에는 전직 아이돌 메인 보컬, 성공하지는 못한 가수 지망생도 포함돼 있다고 해요.

음악 엔터테인먼트 산업에서 가장 비중이 큰 비즈니스 모델은 당연히 콘서트입니다. 앞서 밝힌 일본 버튜버 시장에서 가장 큰 회사인 홀로라이브는 2020년부터 라이브

일본에서 열린 버튜버들의 단체 콘서트 모습. ⓒ홀로라이브

공연을 하고 있는데요. 2022년 3월 열린 라이브 공연은 9000명 정도가 들어가는 일본 공연장에서 이틀간 진행됐고 동시에 온라인으로도 중계됐습니다. 정확한 구매자 수는 알 수 없지만 10만원 상당의 티켓을 구매해야 오프라인이나 온라인에서 볼 수 있는 공연이었어요. 물론 기존의 거대한 엔터 산업이나 일본 오타쿠 산업에 비해 버튜버 콘서트는 작은 규모이겠지만 돈이 될 수 있다는 것을 보여준 사례입니다. 이런 가능성을 발견해서인지 국내에서도 홀로라이브나 이세계아이돌과 유사한 버튜버 아이돌 프로젝트가 등장하고 있습니다. '레볼루션 하트'라는 남성 버튜버 아이돌 그룹은 2022년

10월 CGV 영화관에서 신곡 쇼케이스를 열기도 했습니다. 메타버스 세계에 있는 아이돌을 만나기 위해 팬들이 영화관을 찾다니 신기하죠?

생각해 보기 🔍

버튜버는 메타버스와 엔터테인먼트 산업의 미래가 될 수 있을까요? 서브컬처 산업은 강력한 팬덤이 있지만 일반 대중이 받아들이기에는 어려운 부분이 많습니다. 아마 오늘 레터를 읽고 있는 독자님들도 느끼실 것 같은데요.

하지만 레터를 작성하면서 저는 버튜버와 메타버스의 미래가 밝다는 생각을 하게 됐어요. 왜냐하면 그동안 기회를 얻지 못했던 사람들에게 가능성을 줬기 때문이죠.

스트리머가 얼굴을 공개하지 않고 버튜버를 선택하는 데는 여러 이유가 있다고 해요. 외모에서 불리한 점을 극복하고 자신의 재능을 펼칠 수 있다는 것도 한 가지 이유이고요. 사생활을 덜 노출하면서 방송할 수 있다는 것도 장점이에요. 아바타를 쓰고 활동하면서 낯가림을 극복하고 진짜 자신의 매력을 더 잘 발산하는 사람도 있습니다. 여성 스트리머 1위에 올랐다는 아이언마우스는 지병을 앓고 있는데도 방송을 이어갈 수 있는 것은 버튜버이기 때문이었다고 해요. 다양한 이유로 현생에서는 한 번 실패한 사람도 다시 도전할 수 있는 것이 버튜버예요. 이것이 메타버스가 우리에게 열어줄 수 있는 엄청난 가능성의 세계인 것 같아요.

그런 점에서 저는 앞으로 펼쳐질 메타버스 모습은 '기회를 얻지 못한 사람에게 가능성을 열어주는 곳'이 될 듯해요. 버튜버가 '겉모습'의 제약을 극복하고 누구나 '셀럽'이 될 수 있는 기회를 얻는 것처럼요. 그리고 메타버스 세계에 콘텐츠를 채우는 것은 대기업이 아니라 크리에이터가 될 수밖에 없을 것 같아요. 기술의 발전이 더 많은 사람에게 가능성을 열어주고 창의력을 발휘하는 쪽으로 인류 역사가 흘러왔듯이 메타버스도 그런 방향으로 가야만 성공할 수 있을 것 같습니다.

AR · VR 80년사
3분 몰아 보기

"궁극의 디스플레이는 컴퓨터 내부 그래픽 또는
프로그램 같은 물질을 제어할 수 있는 방과 같은 공간이 될 것이다."

: **아이번 서덜랜드** 하버드대 교수

애플이 만들려고 하는 AR에 대한 기대감이 갈수록 커지고 있습니다. 2007년 아이폰이 등장한 뒤 새로운 웹2.0 세상이 열렸듯이, 마치 새로운 세상을 다시 애플이 만들어 주기를 바라는 희망 같은 느낌이 이곳 실리콘밸리에 있는데요. 더욱이 2022년 미국 새너제이에서 열린 메타버스 행사인 AWEXR에서 가장 이목을 끈 기업은 매직리프가 아니었나 싶어요. 로니 아보비츠가 2010년 창업한 매직리프는 창업과 동시에 구글, 알리바바, 퀄컴이 투자하면서 일약 스타덤에 올랐던 스타트업인데요. 매직리프2를 공개하면서 어느샌가 아직 만들지도 않았는데 애플의 대항마가 된 것 같은 느낌을 주고 있습니다. 애플이 그리고 있는 AR · VR 디바이스와 매직리프2 모습, 이에 대한 이해를 돕기 위해 AR · VR 80년 히스토리를 중심으로 이야기를 들려드려 볼게요.

태초에 SF가
먼저 있었다

오늘날 뜨고 있는 메타버스는 요즘 개념이기도 하지만, 그 아이디어는 매우 오래됐어요. 공병훈 교수의 책《가상현실과 증강현실의 역사》를 보면 영국 작가 올더스 헉슬리가 1932년에 쓴《멋진 신세계(Brave New World)》라는 소설에 이런 내용이 등장해요. "인류의 미래는 누구도 불행하지 않고, 굶주림도 없으며, 실업도 없고, 가난과 질병, 노화, 전쟁도 없는 가상세계에 산다." 또 헉슬리는 촉감 영화라는 새로운 개념을 만들어 내기도 했고요. 그 모습이 뾰족하지 않고 울퉁불퉁하지만 오늘날 메타버스와 동일한 아이디어였습니다. 미래는 울퉁불퉁하고 예측하기 어렵지만 어떤 방향으로 나아가는 힘이 있어요. 또 그러한 방향을 제시하는 원동력 중 하나가 공상과학(SF) 소설·영화·만화 등이고요.

이러한 가상현실에 대한 아이디어가 나오자 이를 구현하려는 사람이 늘어났어요. 1934년 어느 날 에드윈 앨버트 링크는 항공기 조종사를 위한 시뮬레이터를 제작했고, 1950년대에는 폴라로이드를 발명한 것으로 유명한 에드윈 랜드가 입체 안경을 처음 만드는 데 성공했습니다. 그러던 중

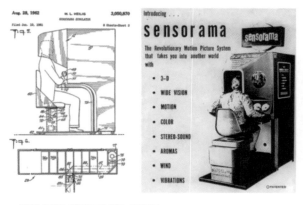

1957년 모턴 헤일리그가 만든 센서라마.

1957년 모턴 헤일리그가 만든 센서라마(Sensorama) 시뮬레이터는 매우 인상 깊은 장치였어요. 1인 극장인데요. 3차원 이미지를 투사하고, 입체 음향 장비를 갖추고, 향기 등을 뿜어 온몸을 자극하는 영화관이었죠. 1962년 이 장치는 촉각까지 전달할 정도로 발전했습니다. 예를 들어 오토바이를 타는 영화를 보면 마치 오토바이가 달리고 바람이 불며 좌석이 진동하고, 심지어 길거리 냄새까지 전달해 줬고요.

VR의 아버지로 불리는 사람은 바로 아이번 서덜랜드 하버드대 교수였어요. 1965년 논문을 통해 가상현실을 궁극의 디스플레이라고 발표했는데요. 오늘날 VR처럼 헤드마운트 디스플레이(HMD)를 착용해 원시

재런 러니어가 만든 아이폰(eyephone).

갑을 만든 토머스 지머먼과 함께 1985년 처음 VR 고글과 데이터 장갑을 판매하는 스타트업을 창립했어요. 제품 이름은 아이폰(eyephone)! 오늘날 거의 모든 AR·VR의 원류로 꼽혀요. 가상으로 수술도 하고 게임도 하고 학습도 하는 장치였죠. 그는 이후 2000년 실리콘그래픽스에서 연구자로 활동한 뒤 2006~2009년에는 MS에서 근무했습니다. 가상현실이라는 사전적 개념은 1989년 그가 던진 화두였고요.

적이긴 하지만 사각형 입체 물건을 보는 데 성공했어요. 그는 이런 말을 남겼어요. "궁극의 디스플레이는 컴퓨터 내부 그래픽 또는 프로그램 같은 물질을 제어할 수 있는 방과 같은 공간이 될 것이다. 이러한 디스플레이를 통해 문자 그대로 이상한 나라의 앨리스가 될 수 있다." 그는 훗날 에번스 앤드 서덜랜드라는 기업을 세웠는데 이곳에 근무하던 막내 직원들이 존 워녹 어도비시스템즈 창업자, 짐 클라크 실리콘그래픽스 창업자였죠.

오늘날과 매우 유사한 AR·VR를 만든 인물이 있었어요. 바로 재런 러니어라는 분인데 매우 다재다능해요. 철학자이자 작가이면서 컴퓨터 과학자이고 클래식 음악 작곡가이자 가상현실 분야 개척자입니다. 러니어는 오늘날 촉각 센서의 원형인 데이터 장

수백 년 뒤 오늘날을 돌이켜보면 서덜랜드와 러니어는 아마도? 음악으로 치면 AR·VR계 헨델과 바흐에 버금가는 인물이 될지 모르겠네요. 앗! 하나 더 있었네요. 아마 30·40대라면 잘 아실 텐데요. 일본 만화 드래곤볼에 나오는 '스카우터'를 기억하시나요. 스카우터를 착용하면 상대방의 전투력을 볼 수 있죠. 사실 이 스카우터라는 개념은 오늘날 AR 글라스에 엄청난 영감을 줬어요.

어느 정도는 완성됐다

AR·VR 기술은 거의 1세기 역사를 자랑하는데요. 갑자기 2020년대 들어 급부상한

이유는 기술이 사람들이 생각하는 완성 수준에 도달해서일 것 같아요. 사람들이 헤드셋을 착용하고 "아, 이건 현실 같구나"라고 느끼게 하려면 세 가지가 필요하대요. 완벽한 가상 이미지, 몰입감, 상호작용입니다.

완벽한 가상 이미지: 오늘날 디스플레이는 엄청 발전했죠. 마이크로 LCD, 투명 OLED 등. 예전을 생각해봐요. SD 디스플레이로 VR 헤드셋을 쓴다면 몰입감이 떨어지겠죠. 또 이러한 이미지들은 360도 영상으로 전환하는 기술이 필요해요. 이를 3D 렌더링이라고 합니다.

몰입감: 사람의 눈과 귀는 각각 두 개인데요. 이 때문에 몰입감을 선사하려면 픽셀도, 스피커도 듀얼이어야 해요. 특히 듀얼 픽셀은 사람이 두 눈을 활용해 정확하게 초점을 맞추듯이 각기 다른 두 눈에 들어오는 영상을 맞춰주는 기술을 뜻해요.

상호작용: 눈 맞춤이라고도 해요. 무엇인가가 캐릭터를 쳐다보면 그 캐릭터가 사실 반응을 해야 해요. 왜냐하면 눈에 마우스를 달기 어려우니까요. 이러한 기술의 선구자는 일본의 포브였어요. 시선 추적 기술을 개발하는 데 성공했는데, 눈동자만 0.2도 움직여도 시선을 추적했어요.

2020년대 들어 메타버스 서비스가 뿜어져

3D클라우드의 3D 렌더링. ⓒ 3D클라우드

나왔던 것은 바로 여기에 있는 것 같아요. 보다 구체적으로 필요한 기술들을 살펴보면 이렇습니다. 위치를 측정하는 GPS 센서와 중력 센서, 영상을 360도로 전환해주는 3D 렌더링 기술입니다. 특히 배경과 객체를 분간할 수 있어야 해요. 이를 관심 객체, 관심 장소라고 불러요. 배경과 보고자 하는 사물이 하나처럼 보이면 2D니까요. 또 다른 핵심은 통신입니다. 메타버스가 5세대(5G) 이후에 등장한 것은 결코 우연이 아니에요. 360도 영상을 처리하려면 초당 60~120개 프레임을 돌려야 한대요. 4G로는 한계가 있고요. 물론 이 모든 단계가 끝난 것은 아닙니다. 궁극적인 AR는 일반 안경과 아예 구별되지 않는 단계인데, 아직 여기까지는 못 왔죠.

AR·VR의 현재
그리고 미래

오늘날 세상을 제패한 헤드셋을 한번 살펴보면 아무래도 오큘러스인 것 같아요. 특히 메타의 오큘러스는 매우 빠른 속도로 치고 올라가고 있어요. 카운터포인트에 따르면 메타 오큘러스의 시장점유율은 2021년 4분기 기준 80%입니다. 2020년 1분기 34%였는데 말이죠.

메타: 당초 오큘러스는 2012년 파머 러키라는 한 청년이 세운 회사였어요. 18세 나이에 롱비치에 있는 부모님 집 창고에서 헤드 마운트 디스플레이를 제작했고, 이걸 크라우드 펀딩인 킥스타터를 통해 자금을 모아 제대로 만들어 공개한 것이 오큘러스 리프트입니다. 창업 2년 만인 2014년 오큘러스를 페이스북에 20억달러를 받고 매각했죠.

구글: 구글도 한때 이 세계를 달렸어요. 2013년 구글 역시 비슷한 시기에 AR 글라스를 내놓았지만 사생활 침해 논란이 일면서 사업을 접은 바 있어요. 2014년 구글 I/O를 통해 개발자 툴키트를 발표하기도 했고, 오픈소스로 코드를 공개해 이후 수많은 카드보드 VR 고글이 나오게 되는 원인이 됐고요.

마이크로소프트(MS): MS는 홀로렌즈라는 브랜드를 내놓았어요. 홀로렌즈는 다른 VR·AR

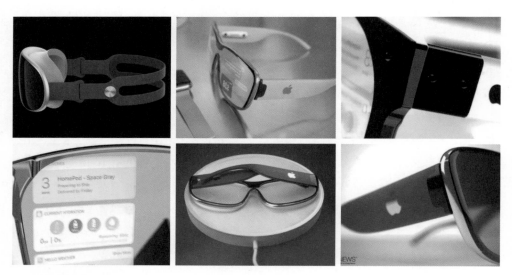

애플 AR 글라스를 둘러싼 상상들. ©톰스가이드

와 달리 홀로그램을 활용한 혼합현실(MR)을 전면에 내세웠어요. 기술적으로는 매우 높은 평가를 받아요.

그래도 사람들이 열광하는 브랜드는 애플인 것 같아요. 시가총액 1위 기업으로 아이폰을 이을 후속작에 대한 기대감이 여전히 큽니다. 현재 2개 프로젝트를 진행 중이라는 소문이 무성해요. AR 글라스와 혼합현실 헤드셋인데요. 블룸버그 등에 따르면 애플의 증강현실 헤드셋은 이르면 2023년에 나오지 않을까 하는 기대감이 있어요. 현재 나온 내용들만 모아 보면 애플 맥과 동일한 성능을 제공하는 독립형 장치일 것으로 예상됩니다.

디자인은 현재 오큘러스 퀘스트와 유사하지 않을까 하는 추측도 있어요. 또 최대 3000픽셀의 고해상도 마이크로 OLED 디스플레이 2대를 탑재해 몰입감을 높이고, 카메라 12대를 붙여 손의 움직임을 정교하게 포착할 것이라고 하네요. 애플은 그동안 수많은 기업을 인수하면서 숨 고르기를 해 오고 있어요. 메타이오, 페이스시프트, 리얼페이스, 넥스트VR 등이 대표적입니다. 또 2008년 헤드셋과 AR에 대한 특허를 냈고, 2021년 2월에는 디자인, 렌즈 조정, 시선 추적 기술에 대한 특허를 출원한 상태입니다. 아마도 혼합현실 헤드셋을 먼저 내고 AR 글라스를 그 뒤에 공개하지 않을까 하는 분석이 많아요.

기술 측면에서는 매직리프가 가장 많이 주목받는 것 같아요. 사실 AR 장치에는 여러 개발 단계가 있는데요. 우선 스마트폰에 달린 AR 솔루션이 있어요. AR 이모지가 대표적입니다. 가상 안경은 아니죠. 또 스마트폰에 있는 정보를 AR 글라스에 전달하는 방식이 있어요. 그리고 AR로 비디오 정도를 보는 기술이 있습니다. 상당수 기업이 여기에 해당하고요. 마지막 단계는 풀AR 글라스인데, 대표적인 사례가 MS의 홀로렌즈2입니다. 가상 캐릭터를 3D 모델로 띄워서 볼 수 있는 단계입니다.

AWEXR에서는 매직리프가 조만간 매직리프2를 선보인다고 했어요. 애플이 제작하는 제품은 아무래도 소비자에게 초점을 맞추겠지만, 매직리프는 기업용 제품을 만들어가고 있어요. 매직리프는 관심 객체(캐릭터)는 밝은 상태로 유지하고 주변부는 어둡게 하는 기능을 넣었대요. 또 소리를 내서 사용자의 시선을 특정 방향으로 유도하는 기술을 개발했고요.

좌우는 물론 상하로도 소리를 넣을 수 있는

데, 만약 가상 회의에 참여한 동료가 왼쪽에서 떠들면 왼쪽을 바라봐야만 소리가 더 명확하게 들려요. 매직리프2가 구글의 안드로이드 오픈소스 프로젝트를 기반으로 하고 있는데, 큰 그림에서 보면 메타-애플-구글의 순위가 바뀌겠지만 메타버스 시대에서도 이 삼각 축은 크게 달라지지 않을 것 같아요.

간의 욕구에서 발현됐다는 설명입니다. 어찌 보면 AR와 VR도 기술을 이용해 이 같은 욕구를 실현하려는 도구의 하나인 것 같아요. 보다 몰입감 있게 누군가를 가상에서 만나 대화하고, 보다 선명하게 특정 정보를 받아들이는 행위 말이죠. 인간에게 외로움과 교류하고 싶은 마음이 계속 있다면 이러한 장치들은 계속 발전할 것 같다는 생각이 듭니다.

생각해 보기 🔍

80년에 걸쳐 일어난 AR · VR의 역사와 현재를 짧고 굵게 살펴봤는데, 사실 AR · VR를 어떻게 바라보는지는 사람마다 다른 것 같아요. 어떤 분은 "그런 게임 같은 것을 아이들에게 착용해주면 공부는 언제 하냐"며 핀잔하기도 하고, 또 다른 분은 일부러 먼저 구입해 미래를 탐색하려고도 해요. AR · VR는 더 넓은 범위에서 보면 신문, 라디오, TV, 팟캐스트, 전화기와 같은 미디어의 한 종류인데요. 마셜 매클루언 토론토대 교수(1911~1980년)는 《미디어의 이해》라는 책을 통해 미디어가 '몸의 확장'이라고 주장한 바 있습니다.

우리가 읽고 보고 듣는 데 도움이 되는 모든 장치가 사실은 몸을 확장하고자 하는 인

MS가 블리자드를
합병한 이유

"적이 사정권에 들어왔다는 것은
당신도 사정권에 들어갔다는 것이다."

: '콜오브듀티' 대사

2022년 1월 큰 인수·합병(M&A) 소식이 울려 퍼졌죠. 바로 MS가 액티비전 블리자드를 인수한다는 소식이었는데요. 액티비전 블리자드는 스타크래프트, 디아블로, 월드 오브워크래프트, 오버워치, 캔디크러시, 콜오브듀티 등 수많은 작품을 만든 기업입니다. 전 세계적으로 매우 유명한 게임을 내놓고 있는 명실상부한 글로벌 게임사인데요. 문제는 직장 내 성폭행, 성희롱 논란 때문에 직원들과 정부로부터 엄청난 압력을 받았다는 점입니다. 이런 가운데 MS가 블리자드를 인수하겠다고 번쩍 손 들고 나선 것이죠. "내가 살게요! 얼마면 돼?"

당시 제시한 환율로 치면 인수 금액은 약 82조원에 달합니다. 전액 현금을 주고 매수한 것으로 전해져요. 블리자드 경영진으로서는 퇴로가 없어 그럴 수 있지만, MS는 블리자드를 인수함으로써 무엇을 얻으려는 것일까요. MS가 블리자드를 통해 그리는 미래 중 일부를 한번 살펴보도록 할게요.

"3대 게임사로
불러주세요"

MS는 홈페이지를 통해 액티비전 블리자드를 약 687억달러에 전액 현금으로 인수한다고 발표했어요. 당시 환율로 환산하면 약 82조원이었는데요. 국내 주요 게임사의 시가총액을 다 더해도 50조원보다 조금 부족해요. 그만큼 이번 인수·합병은 게임사에서 세기의 딜로 불립니다. 특히 MS는 블리자드 주식을 주당 95달러에 매입하기로 했는데, 이는 발표 이전인 금요일 주가보다 무려 45% 높은 가격이었어요. "화끈하게 쳐준다. 내가 산다, 내가 사!" 사실 블리자드 주가는 6개월 전에 90달러대였는데 성폭력·성희롱 논란이 터지면서 계속 하락세였어

요. 바로 이걸 보전해 주겠다는 메시지였죠. 물론 이런 소식이 알려지면서 블리자드 주가는 83달러까지 솟구쳤고요. 참고로 이번 인수 비용은 앞서 엔비디아가 반도체 설계 기업 ARM 인수 금액으로 제시한 400억달러를 훌쩍 뛰어넘는 액수였죠.

MS는 이번 인수·합병을 하면서 이렇게 선언했어요. "인수가 완료되면 MS는 텐센트와 소니의 뒤를 이어 전 세계에서 세 번째로 규모가 큰 게임 기업으로 거듭나게 됩니다." MS의 엑스박스라는 하드웨어 플랫폼에 월드오브워크래프트, 스타크래프트, 오버워치 등이 올라탈 예정이고요. 어쨌든 매출액 규모로 보면 명실상부한 세계 3위라고 합니다.

© 마이크로소프트(MS) 홈페이지

인수·합병의
공식

MS가 당장 노릴 수 있는 것은 소니 플레이스테이션, 닌텐도, MS 엑스박스로 이어지는 게임 콘솔 시장의 지각변동이에요. 2020년 기준으로 게임 시장에서 부동의 1위는 소니입니다. 소니는 매출액이 250억달러로, 플레이스테이션이라는 엄청난 콘솔로 1위를 누리고 있어요. 2위는 텐센트입니다. 139억달러 매출을 올렸는데 자체 스튜디오 작품뿐 아니라 다른 게임에 막대한 투자를 하고 있어요. 이미 문어발이 된 지 오래고요.

3위는 슈퍼마리오로 유명한 닌텐도예요. 매출액이 121억달러인데요. 게임 업계의 애플로 불려요. 그 뒤를 이어 4위가 MS로 매출액이 116억달러예요. MS의 엑스박스는 대단한 콘솔이긴 한데요. MS 지위와 유사해요. "뭘 해도 난 4등!" MS로서는 구글이나 애플처럼 앱 생태계를 갖고 있는 것도 아니고요. 소니나 닌텐도처럼 매출 규모가 크지 않았어요. 그리고 5위가 바로 블리자드입니다.

4위인 MS가 5위인 블리자드를 인수해 단숨에 3위에 오르겠다는 구상이 바로 이번

마이크로소프트(MS) 게임 부문. ©MS

인수·합병을 하는 이유예요. 한데 잘 보면 1위가 될 가능성도 없지 않아요. MS와 블리자드 매출액이 소니 매출액에 육박하고, 텐센트는 게임 외에 다른 사업을 함께 하기 때문입니다. 셈법이 조금 복잡합니다. 그럼에도 MS가 3위 업체가 될 것이라고 못 박아 강조한 이유는 따로 있어요. 글로벌 규제 당국의 눈치를 보고 있는 것이죠. "합쳐도 3등밖에 안 돼. 걱정 마, 돈 워리." 현재 수많은 국가가 합병을 심사 중입니다.

더 큰 목적은 MS의 꿈인 메타버스로 전환하는 것인데요. 실제로 인수·합병 뒤 사티아 나델라 MS 회장 겸 CEO는 이런 말을 남겼어요. "게임은 오늘날 모든 플랫폼에서 가장 역동적이고 흥미로운 엔터테인먼트 분야인데요. 메타버스 플랫폼 개발에 핵심 역할을 할 것이에요." PwC에 따르면 메타버스 시장은 2021년 1485억달러에서 2030년 1조5000억달러(약 1788조원)까지 성장할 것으로 전망된대요.

MS는 블리자드 인수를 발표하면서 홈페이지에 향후 블리자드를 어떻게 운영할지에 대해 공개했어요. 필 스펜서 MS 게임 부문 CEO는 성명을 통해 거래가 종료될 때까지 액티비전 블리자드는 독립 회사로 운영되고, 성사가 완료되면 스펜서에게 보고하는 체제가 될 것이라고 해요. 그리고 수많은 블리자드 타이틀이 엑스박스 게임과 PC 게임 패스로 나올 거래요.

블리자드는 현재 매우 중대한 조사를 받고 있어요. 미국 캘리포니아주 공정고용주택국(DFEH)이 2021년 7월 블리자드가 사내 성폭력·성희롱 등을 방치해 주법을 위반했다며 소송을 제기했는데요. 이후 직원들의 성적 비행과 괴롭힘 등에 관한 보고서 약 700건이 접수됐어요. 인수·합병 발표 바로 전날 블리자드는 관련 직원 30명을 해고하고 40명에게 징계 처리를 했다고 밝혔는데 이게 사전 정지 작업일 줄 몰랐습니다.

콜오브듀티 등의 개발을 담당한 한 여직원이 2018년 보비 코틱 블리자드 CEO에게 이메일을 보내 사무실에서 직장 상사로부터 성폭행을 당했다고 호소했지만 회사가 아무런 조치를 하지 않았다고 주장했고요. 코틱 CEO는 각종 성폭력 행위에 대해 눈을 감았다는 비판을 받고 있습니다. 해당 사건으로 소니는 블리자드에 비판 성명을 내고, 레고는 오버워치 제품 출시를 중단시켰고요. 그만큼 MS에는 새롭게 인수한 블리자드의 사내 문화를 어떻게 바로잡을지가 큰 관건이에요.

블리자드는 너무 많은 지역에서 사업을 벌이고 있기 때문에 인수·합병이 불발될 가능성이 없지 않아요. 소니, 닌텐도 같은 경쟁사들이 반대하기도 하고요. 특히 소니는 그동안 독점적인 게임을 만들어 공개한 뒤 인기를 얻고 플레이스테이션이라는 하드웨어를 업그레이드하는 전략을 썼어요. 또 제 3자 개발 방식으로 소프트웨어 업체에서 라이선스 수수료를 받았죠. 하지만 블리자드가 MS 품에 안기면 아마도 매우 많은 라이선스 수수료를 잃을 것입니다. MS는 생태계를 넓히려 하고 있어요. 콘솔, PC, 스마트폰, 태블릿PC, 스마트TV 등 최대한 많은 장치에 엑스박스를 심어놓고 있는데요. 게임패스라는 구독 서비스를 제공해 사람들을 엑스박스로 끌어모으려고 하고 있어요.

블리자드는 순이익을 내고 있는 게임사이기 때문에 MS가 인수 뒤에 대가를 치르는 후유증인 승자의 저주를 앓을 일은 적을 것 같아요. 다만 너무 많은 곳에서 사업을 영위하다 보니 경쟁당국의 승인을 일일이 받아야 하는 난관이 남아 있죠. 또 블리자드 사내 문화를 바로 잡지 못하면 우수한 인재들이 이탈할 가능성이 크고요. 개인적으로 이

번 발표에서 아쉬운 것은 MS가 메타버스 시장 확대를 위해 블리자드를 인수했다고는 했지만, 구체적으로 어떻게 하겠다는 메시지는 전혀 없었다는 점이에요. 그럼에도 이번 인수가 성사된다면 MS는 경쟁사인 닌텐도를 따라잡고, 소니에 근접하는 더 큰 공룡이 되는 것은 분명해요.

뉴스페이스

스페이스X

'로켓' 스타트업이
쏟아진다

"우리는 모든 사람이 불가능하다고 했던 걸 이뤄냈다.
일렉트론 로켓을 4년 만에 디자인하고 제작까지 마친 것이다."

: **피터 벡** 로켓랩 창업자 겸 CEO

우리나라의 독자 발사체(로켓)인 누리호가 발사에 성공하면서 우주산업에 대한 관심이 높아지고 있습니다.

오늘은 로켓산업과 스타트업을 주제로 레터를 써보겠습니다.

100조원 가치
비상장사

우주산업을 상징하는 단 하나의 회사를 꼽으라고 하면 이제는 누구나 일론 머스크가 창업한 '스페이스X'를 꼽을 것 같아요. 이 회사는 최근 17억달러 자금 조달에 나섰는데 목표하는 기업 가치는 1270억달러(약 162조원)에 달합니다. 전 세계 기업 가치 중 20위 수준인 삼성전자의 절반이고 전 세계적으로도 100위 안에 드는 엄청난 가치인데요.

스페이스X가 우주산업에서 중요한 회사인 이유는 정말 많습니다.

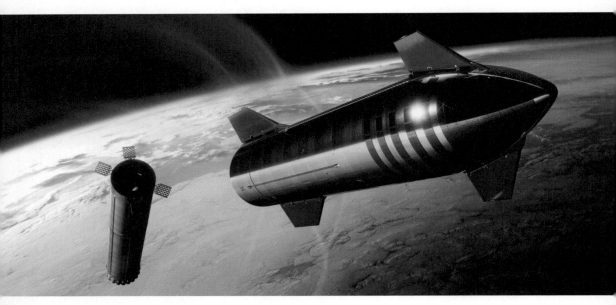

스페이스X에서 만들고 있는 로켓 '스페이스십'. ⓒ스페이스X

가장 큰 것은 재사용 로켓을 써서 우주 발사 비용을 극적으로 낮췄다는 것이에요. 스페이스X가 등장하기 전 적재 화물(페이로드)을 우주에 보내는 비용은 kg당 1만6000달러(대형)에서 3만달러(소형)였습니다. 스페이스X는 이 비용을 kg당 1500달러로 10분의 1로 줄였어요. 스타십 등 로켓 재사용 기술이 발달하면서 2040년까지 이 비용은 kg당 100달러까지 낮아진다는 것이 전문가들의 분석.

외계인 대신
공돌이를 갈아넣었다

두 번째는 벤처투자자들의 돈을 받아 제로에서부터 로켓 발사 기업을 만들었다는 것이에요. 그전에는 로켓산업이라는 것은 방산 대기업이 주도해 왔거든요. 세 번째는 수직계열화로 로켓 제조부터 발사 서비스, 위성 인터넷까지는 모든 서비스를 스페이스X가 다 한다는 점입니다. 기존의 우주산업과는 완전히 다른 방식으로 해왔기 때문에 성공할 수 있었고 이런 방식을 우리는 '뉴스페이스'라고 부르고 있습니다.

우리도 7대
강국에 들었다!

누리호가 발사에 성공하면서 우리나라는 순수 국내 기술로 로켓을 우주에 쏘아올린 7번째 국가가 되었는데요. 기존 6개국은 사실 전 세계 국력 순위와 크게 다르지 않습니다.

전 세계 국내총생산(GDP) 순위

1위	미국	7위	프랑스
2위	중국	8위	이탈리아
3위	일본	9위	캐나다
4위	독일	10위	한국
5위	영국	11위	러시아
6위	인도		

로켓을 우주로 쏘아올린 6개국

미국	유럽연합
중국	인도
러시아	일본

스페이스X로 깨진
과점시장

이 국가들은 대부분 핵미사일 발사 기술을 가지고 있거나 냉전시대부터 우주 개발에 뛰어들었다는 공통점이 있는데요. 정부가 관리하는 우주 관련 부처나 공기업(NASA, ESA, JAXA, DoS)이 방산 대기업에 로켓의 제조·발사를 맡기는 형태였습니다. 방산 대기업은 로켓 제조와는 별개로 발사 전문 합작사를 만들었는데 미국 방산 대기업이 만든 ULA, 유럽 대기업이 만든 아리안스페이스가 대표적입니다. 중국, 인도, 일본에서는 여전히 정부가 로켓 발사를 주도하고 있는 것으로 알려져 있습니다.

이런 대기업이 돈을 버는 것은 주로 '민간위성' 발사 사업이었습니다. 로켓 발사라는 것이 정부와 관계를 잘 유지하는 것이 중요했기 때문에 새로운 기업이 뛰어들기 어려웠고 그래서 위성 발사 사업 자체는 전 세계적으로 5~6개 회사가 과점상태를 오래 유지해 왔습니다.

그러다가 2013년 스페이스X가 들어오면서 과점상태가 깨졌고 치열한 경쟁 시기로 돌입했습니다. 여기에 소형 위성에 특화된 로켓랩이라는 스타트업까지 2018년 위성 발사 시장에 진입했는데요. 로켓 분야 스타트업의 롤모델은 사실 스페이스X보다는 로켓랩에 가깝습니다. 로켓에 실어야 하는 적재 화물의 무게가 가벼울수록 발사 난도가 낮은 데다, 전 세계적으로 소형 위성에 대한

자료=피치북·시티글로벌인사이트

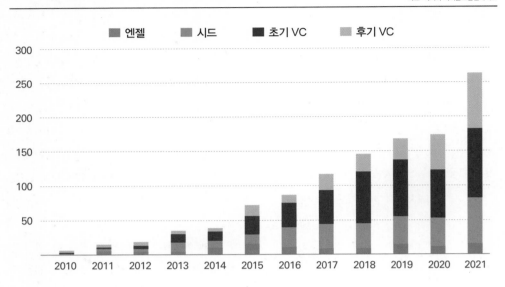

수요가 늘어나고 있기 때문이죠. 초기에는 로켓랩처럼 소형 위성을 발사하다가 다음에는 스페이스X처럼 유인우주선 발사, 우주 개발까지 사업을 확장하는 것이 모든 로켓 스타트업의 꿈이기도 합니다.

전 세계 로켓 스타트업만 50개 이상!

스페이스X가 만든 또 다른 변화에 따라 우주 스타트업에 많은 벤처 투자자금이 쏟아져 들어왔고 지금도 계속 들어오고 있습니다. 2010년부터 2021년까지 약 242억달러의 벤처 투자가 이뤄졌는데 절반 가까운 금액이 로켓 발사와 관련된 회사에 투자됐습니다. 이건 스페이스X가 받은 투자규모가 워낙 크기 때문에 어쩔 수 없는 것이었어요. 로켓산업이 그동안 제일 혁신이 더뎠고 스페이스X의 성공이 워낙 인상적이었기 때문에 이 분야에 앞으로도 돈이 몰릴 수밖에 없는 상황입니다.

아까 말씀드린 대로 로켓 스타트업은 로켓랩처럼 소형 위성 발사 로켓에 집중하고 있는데요. 이런 스타트업은 6대 우주강국 중

이노스페이스의 시험발사체 한빛-TLV. ⓒ이노스페이스

에서도 벤처 생태계가 잘 발달된 국가를 중심으로 나오고 있습니다. 무거운 적재 화물에서는 스페이스X와 기존 대기업이 경쟁하고, 스타트업은 소형 위성 시장을 두고 경쟁하는 두 개의 시장이 있다고 볼 수 있습니다. 소형 위성 발사를 위해 로켓을 만드는 스타트업은 로켓랩을 제외하고도 50여 개에 달하는 것으로 알려져 있습니다.

미국: 전 세계에서 가장 큰 우주 시장이 있고 인력도 많은 만큼, 많은 스타트업이 나오고 있습니다. 대기업 계열이라고 할 수 있는 블루오리진, 버진오빗ㆍ버진갤럭틱 외에도

아스트라, 파이어플라이, 릴레이티비티 스페이스, ABL스페이스, 블루시프트 같은 회사가 있습니다. 이 중 아스트라와 파이어플라이가 가장 상업화에 가까운 상태.

중국: 벤처 생태계가 잘돼 있고, 우주와 관련해 정부 차원에서 육성이 이뤄지고 있는 중국도 많은 로켓 스타트업이 쏟아지고 있습니다. 아이스페이스, 링크스페이스, 딥블루에어로스페이스, 스페이스파이어니어, 갤럭틱에너지, 오리엔스페이스 등 10개가 넘는 것으로 알려져 있습니다. 이 중 가장 앞선 아이스페이스, 갤럭틱에너지 등이 시험발사에 성공.

기타 국가: 우주강국인 유럽에도 국가별로 스타트업이 나오고 있습니다. 영국의 오벡스와 스카이로라, 독일의 이사르에어로스페이스, 하이임펄스, 로켓팩토리아우스부르크, 스페인의 PLD스페이스 등이 있습니다. 호주에는 길모어스페이스, 일본에는 인터스텔라테크놀로지스라는 로켓 스타트업이 있습니다.

한국: 이노스페이스와 페리지에어로스페이스 두 곳이 잘 알려져 있습니다. 이노스페이스는 액체 · 고체 연료를 함께 사용하는 하이브리드 로켓, 페리지에어로스페이스는 스페이스X와 같은 메탄엔진을 사용합니다(누리호를 비롯해 로켓 연료는 주로 케로신이 사용됩니다). 2022년에는 사람이 탈 수 있는 발사체를 만드는 것을 목표로 하는 한국 스타트업 '우나스텔라'도 등장했습니다.

로켓 스타트업이
필요한 이유!

우리나라는 정부기관인 한국항공우주연구원 주도로 만들어진 누리호가 민간기업인 한화에어로스페이스로 기술이 이전될 예정입니다. 이렇게 되면 한국에서도 '뉴스페이스'가 본격적으로 시작됩니다.

누리호가 있는데도 로켓 스타트업이 필요할까요? 왜 전 세계에서 로켓 스타트업에 대한 투자가 계속될까요?

스페이스X가 성공한 것이 어느 정도 설명해줄 수 있을 것 같습니다. 로켓 개발과 같이 오랜 연구와 투자가 필요한 산업에서는 스타트업 형태가 효율적인 부분이 확실히 있습니다. 왜냐하면 스타트업은

❶ 대기업과 달리 외부 투자를 유치해 오랜 기간 적자를 감당할 수 있습니다.
❷ 창업자와 직원들에게 스톡옵션 같은 강력한 인센티브를 제공할 수 있습니다.
❸ 다른 사업부와 경쟁 관계에 있는 대기업과 달리 한 가지 사업에 모든 역량을 집중할 수 있습니다.

하이임펄스, 로켓팩토리아우스부르크 같은 회사는 기존에 존재하던 기관 · 기업에서 분사해 만들어진 스타트업입니다. 스타트업이 혁신을 가속화하기 때문!

누리호 말고도
로켓 스타트업이 있다!

국가 차원에서도 로켓 스타트업은 '투 트랙' 면에서 좋은 전략입니다. 누리호는 1t 이상

위성을 쏘아올릴 수 있는 위성. 반면 이노스페이스와 페리지에어로스페이스는 50kg 무게의 위성을 쏘아올리는 것이 1차 목표입니다(참고로 소형 위성 전문인 로켓랩의 탑재 중량은 300kg). 누리호와 두 회사는 다른 영역에서 경쟁하고 있다고 볼 수 있습니다. 사용하는 연료도 누리호는 케로신 액체, 이노스페이스는 하이브리드(고체+액체), 페리지에어로스페이스는 액체메탄이라는 다른 연료를 사용하고 있습니다. 하지만 궁극적으로는 물체를 지구 밖으로 내보낸다는 점에서 경쟁 관계에 있다고 볼 수 있기 때문에 각 기업은 각자의 페이스메이커가 될 수도 있습니다.

우주산업 생태계를 조성해야 하고 일자리를 창출해야 하는 우리 정부 관점에서는 스타트업 등장으로 일석이조의 효과를 얻는다고 말할 수 있습니다!

을 보이고 우주 스타트업을 응원하는 것은 우주산업이 가진 근본적인 '멋짐' 때문이라고 생각하는데요. 저는 크게 두 가지가 멋지다고 생각합니다.

첫째는 지구 중력을 넘어 미지의 세계로 간다는 점이 인간의 도전정신을 보여준다는 점에서 멋지고요(우주에 가는 이유는 '우주가 거기 있기 때문'입니다!).

둘째는 다음 세대를 위한 도전이라는 점에서 멋지다고 생각합니다. 누리호가 성공하고, 우주 스타트업이 성공한다면 한국에서 태어난 우리의 다음 세대는 더 많은 기회와 가능성을 누릴 수 있게 되겠죠?

생각해 보기 🔍

저는 2022년 6월 '나로우주센터'가 있는 전남 고흥에 아들과 함께 방문했는데요. 아직 한참 어리다고 생각했던 아이가 우주 로켓에 큰 관심을 표하는 것을 보고 벅찬 감정을 느꼈습니다. 우리가 누리호 발사에 관심

2030년 우주의 모습을
상상해 봤어요

"인간이라는 종은 우주로 퍼져나가지 않는다면 앞으로
수만 년 이후에 존재하지 않을 것이다.
하지만 난 우리가 다른 별들에 닿을 것이라고 낙관하고 있다."

: **스티븐 호킹** 물리학자

이번 레터는 스페이스X를 포함해 전반적인 우주 개발 현황과 전망을 정리해 봤습니다. 참고로 이번 레터는 매일경제가 2021년 3월 개최한 국민보고대회에서 발표한 주제인 '비욘드 그래비티'에서 많은 것을 참고했답니다.

스페이스X가
가져온 우주 혁명

얼마 전 일론 머스크는 '스타십 발사 타워' 사진을 하나 공개했어요. 스페이스X의 항성 간 우주선인 스타십을 발사하는 시설인데 이 타워에는 또 하나의 목적이 있어요. 바로 발사를 마치고 수직으로 착륙하는 로켓을 붙잡는 것이에요. 로켓을 땅에 착륙시키는 것이 아니라 공중에서 붙잡는 거예요.

스페이스X가 만든 재사용 로켓. ©스페이스X

어째서일까요? 일단 로켓을 공중에서 붙잡으면 착륙에 사용되는 다리를 만들 필요가 없어요. 그러므로 비용을 아낄 수가 있다고 해요.

로켓을 공중에서 붙잡는 이 시설의 별명은 '메카질라의 젓가락'. 발사 타워가 자그마치 146m(30층 건물)나 되는 거대한 구조물이기 때문에 괴수영화 '고질라'에 나오는 기계 괴물인 '메카질라'라는 별명을 일론 머스크가 붙였는데 그 메카질라가 쓰는 젓가락이라는 뜻이에요. 로켓을 공중에서 젓가락으로 붙잡는 거죠.

이런 황당한 일을 실현시키기 위해 얼마나 많은 공학자의 노력이 투입됐을까요? 그런데 이런 엔지니어의 노력이 인류의 미래를 바꿔놓고 있어요.

10분의 1로 떨어진 발사 비용

우주 발사 비용을 위해서는 재사용 로켓이 반드시 필요하다는 생각을 한 일론 머스크는 2010년대 초반부터 재사용 로켓을 만들기 위해 엄청난 노력을 기울이게 돼요. 그러다가 2015년 처음 착륙에 성공하고 2018년

에는 팰컨 헤비의 발사까지 성공하
게 돼요.

재사용 로켓이 필요한 이유는 쉬운
비유로 설명할 수 있어요. 로켓을
재사용하지 않는 것은 서울에서 부
산까지 자동차를 타고 간 다음에 부
산에서 자동차를 부수고 새로운 자
동차를 사서 다시 서울로 돌아오는
것과 비슷하다고 해요.

팰컨 헤비가 1kg의 물체를 우주(저궤도)로
보내는 데 드는 비용은 1400달러. 스페이스
X는 경쟁사의 10분의 1이나 5분의 1 정도
로 우주 발사 비용을 줄였어요. 이런 측면에
서 앞으로 발사체를 만드는 회사들은 모두
재사용 로켓을 개발하기 위해 노력할 것으
로 보여요.

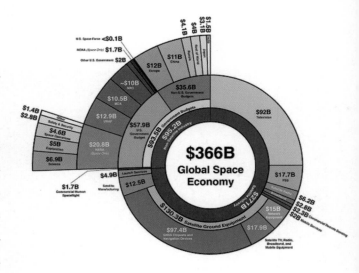

우주산업의 대부분을 차지하는 위성산업. © 브라이스 테크놀로지
*푸른색이 우주산업에서 위성산업이 차지하는 비중, 나머지는 비위성산업.

히 '돈'을 벌기 위해서이고 주로 위성을 우
주로 보내요.
위성은 우주에 떠 있는 상태에서 지구를 관
찰하면서 각종 데이터를 만들죠. 우리가 내
비게이션에서 사용하는 GPS, 위성 TV 같
은 것이 대표적.

우주산업
어디로 가나

우리가 우주산업이라고 하는 것의 대부분
은 사실 '위성'과 관련된 것이라고 해요. 브
라이스 테크놀로지에 따르면 우주 경제의
약 75%가 위성과 관련된 것. 기업들이 로켓
에 무언가를 실어 우주에 보내는 것은 당연

우주 관광 시장의
탄생

하지만 우주에 뭔가를 보내는 비용이 낮아
지면서 가능한 것이 또 생겼어요. 바로 사람
을 우주로 보내는 것이지요.

예전에는 사람을 우주로 보내는 것은 주로

과학적인 목적이 컸어요. 바로 국제우주정거장(ISS)에 사람을 보내 지구에서는 할 수 없는 과학 실험을 하는 거죠. 하지만 이런 체험이 워낙 신기했기 때문에 엄청난 돈을 주고라도 우주에 가보고 싶은 사람들이 나타났죠. 주로 백만장자들이었죠.

그렇지만 우주로 사람을 보내는 것은 비용이 너무 많이 들었기 때문에 한동안 사람을 우주로 보내는 것은 시들해졌어요. 무엇보다 우주선에 위성을 실어 보내느라 사람을 태울 자리가 없었죠.

하지만 2021년 버진갤럭틱, 블루오리진, 스페이스X가 차례로 관광 목적의 유인우주선을 발사하는 데 성공하면서 '우주 관광' 시장이 열렸어요. 위성을 보내는 것 말고도 우주에서 할 일이 생긴 거죠.

우주 체험 5억원에서 얼마까지 떨어질까?

일단은 우주 체험을 위해 준궤도 비행이 많아질 것 같아요. 지구와 우주의 경계에 잠시 머무르면서 짧은 시간 무중력 체험을 하고 돌아오는 거죠. 현재 45만달러(약 5억원)인 준궤도 비행 체험 가격이 어느 정도까지 떨어질

지가 관건. 참고로 비행기를 이용한 무중력 체험은 1000만원이 든다고 하니 1억원 이하로 비용을 낮추는 것이 중요할 것 같아요.

사람을 우주로 보내는 비용이 저렴해지면 우주에 인류가 유일하게 머물 수 있는 시설인 ISS에 가고자 하는 사람이 더 많아질 것 같아요. 스페이스X를 기준으로 한 사람을 우주 궤도에 보내는 데 드는 비용은 5000만 달러(약 600억원). 현재 ISS에 머무를 수 있는 사람은 6명이기 때문에 이 공간을 확대하려는 기업이 나올 수밖에 없어요.

다음으로 ISS 외에 인류가 머물 수 있는 공간을 찾아 나서겠죠. 제일 먼저 가까운 달에 가려고 할 것이고, 그다음에는 화성 차례가 올 거예요. 달에 사람을 보내려는 프로젝트가 아르테미스 프로젝트인데 처음으로 2022년 3월 아르테미스-1이라는 무인우주선을 달로 보낼 계획이에요. 예전에는 위성이 전부였던 우주의 지평이 발사 비용이 낮아지면서 ISS, 달, 화성까지 넓어진 거예요.

정지궤도 위성 → 저궤도 위성

위성 분야에서도 중요한 변화가 하나 생겼는데요. 바로 저궤도(LEO) 위성 시장의 확

대예요. 원래 위성은 정지궤도(GEO) 위성이라는 높은 궤도에서 지구와 같은 속도로 도는 위성이 중심이었어요. 하지만 스페이스X가 스타링크 프로젝트를 가동하면서 이 판이 흔들리고 있어요. 스페이스X는 0.7m×0.7m×1m 크기에 227kg의 작은 위성 수십 개를 자신의 로켓에 태워서 계속 우주로 보내고 있어요. 목표로 하는 숫자는 4400개. 이미 2000개를 보냈어요. 이 수많은 위성을 연결하면 GEO 위성이 아니더라도 전 세계에 위성 서비스를 할 수 있어요. 스페이스X 스스로가 발사체 기업이면서 동시에 위성 기업의 역할을 하려는 거죠. 스타링크는 스페이스X의 안정적인 현금 흐름을 만들어줄 것으로 보여요.

스타링크는
스페이스X의 돈줄

스타링크에서 가장 먼저 하려는 것은 위성 인터넷. 이미 전 세계 많은 곳에서 서비스를 시작했어요. 한국처럼 인터넷 속도가 빠른 곳에서는 큰 필요가 없지만 인터넷 속도가 느린 지역에서는 위성 인터넷이 경쟁력이 있을 것 같다고 해요. 스타링크는 비행기 내 인터넷에서도 기존 경쟁자를 물리칠 수 있을 것 같다고 해요.

2030년까지
주요 우주 이벤트

이런 식의 큰 그림으로 봤을 때 2030년까지 일어날 수 있는 일을 예상한 것이에요. 거의 매년 기념비적 이벤트가 우주산업에서 나올 것 같고 그때마다 사람들은 큰 관심을 보일 것 같아요.

2022~2023년 스페이스X 스타십 발사:
스타십은 사람을 화성으로 보내는 것을 최종 목표로 하는 우주선이에요. 이 발사가 성공하면 kg당 1400달러인 비용이 10분의 1 이하로 떨어질 것이라는 전망이 나와요. 재사용 로켓만큼이나 게임체인저가 될 것 같아요. 이르면 2022년 12월, 아니면 2023년에 발사될 예정입니다.

2022~2023년 중국 우주정거장(톈궁) 완공:
지금 ISS는 미국, 유럽, 러시아, 일본이 함께 만들어서 사용해요. 하지만 중국은 직접 만든 우주정거장을 가동할 예정이에요. 이르면 2022년에 완공. 톈궁의 상주 인원은 6명. 스위스, 폴란드, 독일, 이탈리아 등 17개국이 과학 프로젝트를 진행할 예정.

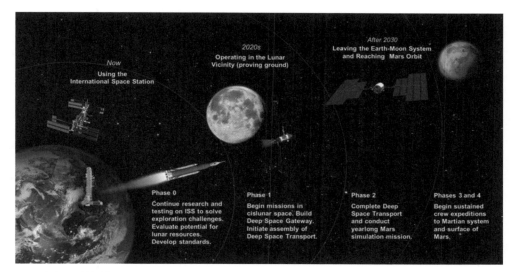

NASA의 심우주 개척 계획. ©NASA

2024년 스페이스X 스타링크 네트워크 완성&스페이스X 상장:

독보적인 기술력을 갖춘 스페이스X는 가장 높은 가치를 가진 비상장 기업. 하지만 막대한 비용 때문에 재무상태가 썩 좋지 않다고 해요. 이 문제를 해결하려면 스타링크가 성공적으로 서비스돼야 하는데 이쯤이면 상장을 준비하지 않을까 해요. 이미 1000억달러(약 120조원) 가치인데 상장하면 아마 테슬라(1조달러)에 버금가지 않을까요?

2024년 반세기 만에 달에 인류가 다시 간다:

1969년 닐 암스트롱이 아폴로 11호를 타고 처음으로 달에 발을 내디딘 이후 인류가 달에 간 것은 1972년이 마지막이었어요. 2024년 약 50년 만에 다시 사람이 달에 도착할 예정이에요. 생중계로 사람이 달에 가는 장면을 보는 것을 상상해 보세요!

2025년 인도 유인우주선 발사:

지금 사람을 우주로 보낼 수 있는 기술이 있는 국가는 미국, 러시아, 중국뿐이에요. 인도가 네 번째 국가가 될 것 같다는 전망이 많아요.

2027년 스페이스X 스타십 사람을 태우고 화성으로 출발:

스페이스X는 5년 내에 화성에 사람을 보내

는 것이 목표예요. 그러면 이르면 2027년에는 사람이 화성으로 갈 수도 있다는 것. 하지만 현실적으로는 2030년 이후에 가능할 것 같아요.

2027년 ISS에 민간 부문 도킹(10명 추가 상주 가능):
지금은 우주에 사람을 보내도 머무를 곳이 없어요. 그렇기 때문에 ISS의 공간을 넓혀야 하는데 2027년에 민간 부문이 연결돼 확장되면 10명은 ISS에 더 머무를 수 있다고 해요.

2030년 인간이 상주할 수 있는 달 기지 건설 (미국·중국):
달에 사람을 보내면 다음으로는 상주할 수 있는 기지를 건설하는 것이 목표예요. 사람의 상주가 가능해지면 달에서 광물을 채취해 지구로 보내는 것도 가능해지겠죠.

앞으로 10년은 우주의 시대

앞으로 10년 이상 이어질 우주 시대. 어떤 기업에 투자해야 할까요? 기존 위성산업 중심의 우주 기업은 안정적인 것이 장점이에요. 또 그 산업에서도 많은 혁신 기업이 나오고 있고요. 하지만 결국 앞으로의 10년은 우주 개발 기업의 시대가 아닐까 해요. 스페이스X가 압도적인 경쟁력을 지니고 언젠가 상장할 것이고, 제2의 스페이스X 지위를 노리는 기업이 뒤따라올 것 같아요. 레터에서 소개해드린 적이 있는 로켓랩, 로켓 발사는 아직 못했지만 스팩(SPAC)을 통해 상장한 아스트라, 릴레이티비티 스페이스 같은 발사체 기업이 관심을 받을 것 같아요. 뉴스페이스 붐에 따라 각국에서 자체 발사체를 만들려는 스타트업이 쏟아져 나오고 있어요.

우주 쓰레기가 돈이다

미래가 유망한 분야 중 하나는 우주 쓰레기 처리산업이에요. 우주에 더 많은 것을 쏘아 올릴수록 이를 처리하는 기술과 기업이 필요해요. 2021년 11월 1억달러 시리즈 F 펀딩을 받은 일본 스타트업 '아스트로스케일'이나 전 세계 기업에 우주 쓰레기 정보를 제공하는 '레오랩스' 같은 기업이 대표적. 이외에도 우주에서 스스로 생산하는 공장(하드리안), 민간 우주정거장을 만들려는 액시엄스페이스 등도 재미있는 회사.

2030년 우주 모습을 두고 KPMG는 2020년 아래와 같은 전망을 했어요.

- 내 주변에 사는 우주에 다녀온 사람을 알게 될 것이다.
- 우주 탐사를 위한 인간 유전자 변화가 시작될 것이다.
- 달 광산이 시작될 것이다.
- 우주 농업이 시작될 것이다.
- 우주 제조업이 가능해질 것이다.
- 우주 데이터, 우주 인공지능(AI)이 중요해질 것이다.
- 우주 쓰레기가 심각한 문제가 될 것이다.

사실 몇 년 남지 않았는데 신기한 일이죠? 이건 2030년 우리나라 우주산업에 대한 제 전망이에요. 전혀 근거 없는 전망이에요.

- 한국에도 재사용 로켓을 만들 수 있는 기업이 나올 것이다.
- 한국 우주 스타트업이 5개 이상 상장할 것이다.
- 한국인 우주인이 2명 이상 나올 것이다.
- 초등학생의 장래 희망 직업 상위에 '우주인'이 나타날 것이다.

생각해 보기 🔍

《전망하는 인간, 호모 프로스펙투스》라는 책을 번역하신 김경일 아주대 심리학과 교수님에 따르면 인간이 동물과 가장 다른 점은 미래를 전망하는 것이라고 해요. 그건 인간이라면 미래에 어떤 일을 하고 싶은지 상상을 계속해야만 한다는 뜻이라고 해요. 그런 생각을 구체적으로 끈질기게 해야만 실제로 그 위치나 상황이 됐을 때 필요한 능력과 실행 방안을 준비할 수 있고, 자신과 세상을 긍정적으로 발전시킬 수 있다는 것. 오늘 이런 근거 없는 전망을 내놓은 것은 미라클러님 중에서 누군가는 이것을 현실로 만드실 수 있을 것이라고 굳게 믿고 있기 때문이에요. 미라클레터는 계속 미래를 전망하고 앞으로 트렌드가 무엇인지 독자님께 전해 드릴게요!

내가 우주로 떠난다면
날 보내줄 거야?

"우주는 모든 사람을 위한 곳입니다.
소수의 과학자나 수학자, 우주인을 위한 곳이 아닙니다."

: 크리스타 매콜리프 1986년 챌린저호 탑승자

민간 우주인의
역사

2021년은 유인 우주 관광의 시대가 다시 열린 해. 먼저 2021년 6월 버진갤럭틱이 승객 6명을 태우고 준궤도 비행을 마치고 돌아왔습니다. 그 다음달 블루오리진의 뉴셰퍼드가 4명을 태우고 역시 우주를 준궤도 비행으로 다녀왔습니다. 마지막으로 스페이스X판 우주 관광인 '인스피레이션4'가 2021년 9월 민간인 4명을 태우고 우주를 성공적으로 다녀왔습니다. 순식간에 우주인이 14명이나 늘어난 건데요. 뉴셰퍼드는 이후 다섯 차례나 추가로 준궤도 비행을 마쳐서 2022년 11월 기준 28명이 추가로 우주에 다녀왔습니다. 이제는 돈(?)만 있으면 누구나 우주를 경험할 수 있는 시대가 된 것입니다. 오늘은 이처럼 민간인이 우주를 간다는 것에 대해 한번 써보려고 합니다.

1986년 챌린저호 폭발 사고. ⓒ위키피디아

챌린저호 폭발로 비극이 된 '우주교사 프로젝트'

1984년 미국 항공우주국(NASA)은 교사를 우주로 보내는 '우주교사프로젝트(Teacher in Space Project)'를 시작해요. 평범한 교사가 우주에서 수업을 진행하게 해 과학도 장려하고 학생들의 우주를 향한 꿈을 키운다는 아름다운 계획이었어요. 크리스타 매콜리프라는 한 여교사가 선발돼 우주비행사 교육을 받고 우주로 가게 돼요. 그는 '평범한 우리 같은 사람'도 우주에 갈 수 있다는 것을 보여주는 상징적인 인물이었어요. 1986년 1월 28일 그는 전 세계 사람이 지켜보는 가운데 우주왕복선(Space Shuttle)에 탑승한 채 우주로 향해요. 하지만 로켓이 발사된 지 73초 만에 우주왕복선 챌린저호가 폭발하면서 6명의 다른 승무원들과 함께 안타깝게 세상을 떠나요. 그의 부모님과 학생들이 우주선이 폭발하는 걸 지켜봤죠. 그는 두 아이의 엄마였어요.

줄어든 민간인 우주 비행

이 참사 이후 민간인을 우주로 보내는 일은 어려워졌어요. 2003년에는 또 다른 우주왕복선인 컬럼비아호가 폭발하면서 사람을 우주로 보내는 일 자체가 줄어들게 됐어요. 우주왕복선 엔디버가 2011년 마지막 비행을 하면서 사람을 우주로 보내는 것은 러시아 우주선 소유스와 중국 선저우만 가능하게 됐어요. 심지어 NASA도 ISS에 사람을 보낼 때 소유스를 사용했어요.

스페이스X 크루드래건을 타고 우주로 간 인스피레이션4. ©인스피레이션4

2001년부터 2009년까지 약 10년 동안 부자들에게 우주 관광이 열린 적이 있어요. 러시아가 돈을 벌기 위해 부자들을 우주로 보내줬거든요. 최초의 우주 관광객인 데니스 티토가 2001년 2000만달러를 지불하고 우주에 간 것을 비롯해 총 7명이 우주를 방문했다고 해요. 우리나라의 첫 우주인인 이소연 씨도 한국과 러시아의 우주인 양성 프로그램에 따라 2008년 소유스를 타고 우주에 갔어요. 하지만 미국이 우주왕복선 운행을 포기하고 우주인을 ISS로 보내는 데 소유스를 사용하기 시작하면서 굳이 우주 관광객의 돈을 받을 필요가 없어졌어요. 그래서 약 10년간 민간인이 우주에 갈 수 있는 길이 사라졌어요.

다시 열린
민간인 우주 관광

2020년 민간기업인 스페이스X의 크루드래건이 유인우주선 발사에 성공하면서 민간인이 우주로 갈 수 있는 가능성이 다시 열렸어요. 앞서 버진갤럭틱이나 뉴셰퍼드는 지구 궤도에 오르는 것이 아니라 지구 대기와 우주의 경계까지만 갔다가 내려오는 것으로, 아주 짧은 시간의 무중력과 우주 체험만을 합니다.

하지만 진짜 우주 관광이라면 하루 이틀 정도는 우주에 머물러야죠. 그래서 '인스피레이션4'라는 민간인으로만 구성된 팀이 2021

년 9월 스페이스X의 크루드래건을 타고 우주를 다녀왔어요. 이들은 ISS에는 가지 않고 약 3일간 우주에 머물고 지구로 귀환했습니다.

이들이 성공하자 스페이스X의 크루드래건을 이용해 우주 관광 사업을 하려는 회사도 생겼어요. 액시엄스페이스라는 회사는 크루드래건을 통해 2022년 4월에 4명의 민간인을 ISS에 보냈고 이들은 15일 동안이나 ISS에 머물렀습니다. 이 회사는 2023년에는 최소 두 차례 민간인을 더 보낼 예정이에요.

지구 안 80억
vs 지구 밖 10명

지금 우주에 머물고 있는 인간은 몇 명일까요? 대략 10명이라고 해요. 인스피레이션4 팀이 사흘간 우주에 머무르면서 인간의 우주 동시 체류 인원 14명이라는 신기록을 세웠죠. 그도 그럴 것이 우주에서 인간이 머무를 수 있는 공간은 ISS와 우주선밖에 없거든요. 2000년에 만들어진 ISS에 체류할 수 있는 사람 7명 그리고 중국의 톈궁 우주정거장에 3명. 그러니까 우주에 체류하는 사람은 평균이 10명인 거죠.

2022년 말 기준 지금까지 우주를 다녀온 적이 있는 인간은 몇 명일까요? 우주의 정의에 따라 다르겠지만 500~600명이 된다고 해요. 유리 가가린이 우주로 간 1961년부터 약 60년간 500명의 선택받은 사람만이 가고, 10명만이 머무를 수 있는 곳이 바로 우주라고 우리는 볼 수 있을 것 같아요!

우주 가는 데
600억 낼래?

당장 우주에 가는 데 드는 비용은 얼마일까요? 2001년 최초의 우주 관광객 티토가 2000만달러를 냈고, 액시엄스페이스에 참여한 관광객들은 5500만달러 정도를 냈다고 해요. 최소 200억원(소유스)에서 600억원(크루드래건) 이상이 든다는 건데요. 600억원이라는 돈은 한 사람이 평생을 살면서 꿈꿔볼 수조차 없는 돈이에요. 넷플릭스 드라마 '오징어게임'의 상금이 456억원이었다는 걸 생각해보면 얼마나 큰돈인지 알 수 있어요. 그런데 사실 부자들의 천문학적인 돈이 없으면 우주 개발 자체가 불가능한 것이 현실이에요.

ISS를 구축하는 데 전 세계 국가가 낸 돈은 1500억달러(약 176조원)에 달해요. ISS

유지 비용은 연간 40억달러(약 4조7000억 원)! 물체를 우주 궤도에 보내는 비용이 점점 낮아지고 있지만 여전히 많은 돈이 들어요. 스페이스X의 팰컨 헤비(대형 발사체)가 kg당 1500달러, 팰컨9(중형 발사체)이 kg당 2600달러, 로켓랩의 일렉트론(소형 발사체)이 kg당 2만3000달러가 든다고 해요.

아르테미스 프로젝트를 통해 2024년에는 1972년 이후 50년 만에 달에 인류가 다시 가게 될 것 같아요. 달 기지 건설은 2030년을 목표로 하고 있어요. 또 중국이 2022년 ISS 외에 첫 우주정거장 텐궁을 건설하는데 여기에는 3~6명이 머무를 수 있다고 해요. 앞서 언급한 액시엄스페이스는 궁극적으로는 ISS에 우주 호텔을 만드는 것을 목표로 하는 기업이에요. 그러면 ISS에 체류할 수 있는 인원이 늘어나죠. 이렇게 되면 우주에 동시 체류할 수 있는 사람도 10명에서 크게 늘어날 것 같아요.

500명의 우주인 중 19명이 죽었다

지금까지 우주 비행 중 목숨을 잃은 우주인은 몇 명일까요? 단순 시험이나 훈련 중을 제외하면 총 19명이라고 해요. 이 중 NASA의 우주왕복선에서 죽은 사람이 총 14명이에요. 500명 중 19명이 죽었다는 건 사실 꽤 위험하다고 볼 수 있을 것 같아요. 사고가 나기 전 챌린저호는 9번, 컬럼비아호는 27번이나 무사히 우주를 다녀왔어요.

인스피레이션4에는 민간인 4명이 탑승했어요. 이 네 사람의 가족들은 사랑하는 사람을 우주에 보내기 위해 감정적으로 힘든 시간을 보내야 했죠. 1986년 챌린저호 사건 같은 일이 벌어지지 않으리라는 보장이 없으니까요. 현재와 같은 속도라면 60년간 500명 정도였던 우주인의 숫자는 더욱 빠르게 늘어날 것 같아요. 그러면 '내'가 우주에 가지는 못하더라도 내가 아는 사람이 우주에 갈 확률은 높아지죠. 만약 내 자식이나 부모가 '우주'에 간다고 하면 우리는 맘 편하게 그를 보내줄 수 있을까요?

트라우마를 극복한 어떤 여성

1986년 매콜리프의 예비 우주인으로 선발된 여자 교사가 있었어요. 그의 이름은 바버라 모건. 어쩌면 자신이 죽었을지도 모를 그 광경을 보고도 그는 우주를 향한 꿈을 꺾지 않았어요. 12년이 지난 1998년 47세의 나이로 정식 우주비행사로 다시 선발돼요. 그리고 2007년 우주에 가는 데 성공하죠. 매콜리프가 하지 못한 우주 수업도 진행했어요. 20년의 기다림 끝에 자신의 꿈을 이뤄낸 거예요.

챌린저호의 비극은 2020년 공개된 넷플릭스의 다큐멘터리 '챌린저: 마지막 비행'에 자세히 나와 있어요. 이 다큐멘터리를 보면 인스피레이션4를 비롯해 미국의 우주 개발은 1986년 챌린저호 폭발 사건의 트라우마를 극복하는 과정이라는 생각이 들어요. 한 개인이 자신의 트라우마를 극복했을 때 크게 성장할 수 있는 것처럼 인류의 성장도 과거의 실패를 극복해야만 하는 것 같아요.

바버라 모건과 크리스타 매콜리프(오른쪽). ⓒNASA

생각해 보기 🔍

2021년 열린 매일경제 세계지식포럼의 한 세션에 패멀라 멜로이 NASA 부국장이 참여했어요. 그는 NASA의 2인자로 ISS 건설을 위해 세 차례나 우주에 나간 전설적인 우주인이에요. 그는 NASA가 스페이스X를 전폭적으로 지원한 것이 로켓을 재사용하는 데 성공하는 혁신적인 결과물을 만들었다고 설명했어요. 민간의 혁신이야말로 지금 우주산업을 이끄는 동력이라는 거죠.

민간인이 우주에 간다는 것, 민간기업이 우주 개발을 이끈다는 것. 저는 정말 어마어마한 의미가 있다고 생각해요. 일곱 살 아들에게 우주에 대한 책을 읽어주면서 한번 생각해 봤어요. '네가 어른이 돼 어느 날 우주로 떠난다면 널 우주로 보내줄 수 있을까?' 지난 추석 연휴 보름달은 모두 보셨나요? 저 달에 인간이 가는 날이 곧 다시 온다고 해요. 미라클레터는 여러분께 미래의 소식을 계속 전달해 드리겠습니다!

미디어 | 콘텐츠

유튜브, 넷플릭스

유튜브 보느라 늦게 잠든 분?: 유튜브 역사

"유튜브 조회 수가 0회에서 20억 회가 되는 데 걸린 시간은 1년 반이었다.
우리는 생존을 위해 필사적이었으며 가장 중요한 것은
퀄리티를 유지하는 일이었다."

: **채드 헐리** 유튜브 창업자

혹시 하루에 유튜브 영상을 얼마나 보고 계신가요? 한국인은 유튜브를 하루 평균 1시간 시청하고 있다는 조사 결과도 있었는데요. 지난밤 유튜브 영상을 보다가 늦게까지 잠들지 못한 미라클러님도 계실 것 같아요.

오늘 저는 《좋아요, 댓글, 구독》이라는 책을 통해 우리가 생활의 24분의 1을 할애하는 '유튜브'에 대해 다뤄보려고 해요. 이 책은 뉴스 미디어인 블룸버그에서 유튜브를 담당하는 마크 버건이라는 기자가 썼어요.

유튜브의 탄생부터 최근까지를 엮은 책인데 유튜브를 잘 모르던 저에게 큰 도움을 줬답니다. 조금 긴 책이라 미라클러님들께 요약해 드리는 것도 도움이 될 것 같아요!

지금은 유튜브 세상

이 책의 부제는 '세계를 지배하게 된 유튜브의 혼란스러운 부상'이에요. 지금 유튜브는

Inside YouTube's Chaotic Rise
to World Domination

Mark Bergen

마크 버건의 책 《좋아요, 댓글, 구독》.

세상에서 가장 강력한 미디어라고 해도 과언이 아니죠. 유튜브의 현재 위상을 보여주는 숫자를 한번 정리해 볼게요.

288억달러(약 41조원): 유튜브의 2021년 광고 매출
40억달러(약 5조7000억원): 유튜브가 2020년 음악 업계에 준 저작권료
7억시간: 사람들이 한 달 동안 스마트TV를 통해 유튜브를 시청한 시간

200만명: 유튜브 광고 수익을 공유하는 크리에이터 숫자
500시간: 1분에 유튜브에 올라오는 영상 길이(2019년 기준)

이 숫자에서 알 수 있는 것!

● 유튜브는 전 세계에서 큰 동영상 광고판 중 하나. 우리나라 전체 광고 시장이 온라인·오프라인을 합해 14조원인데 유튜브 하나의 광고 매출이 41조원!
● 유튜브는 전 세계에서 중요한 음악 플랫폼 중 하나. 스포티파이, 애플뮤직 같은 스트리밍 사이트의 가장 큰 경쟁자이면서 사람들이 음악을 듣는 데 가장 중요한 서비스!
● 유튜브는 사람들이 TV 화면으로 보는 중요한 채널 중 하나. 사람들은 큰 TV 화면으로 기존 방송국 채널이나 온라인동영상서비스(OTT)가 아니라 유튜브를 보고 싶어해요.
● 유튜브는 크리에이터의 중요한 수익원 중 하나. 탈유튜브를 하는 크리에이터도 많지만 유튜브만큼 안정적인 수익을 주는 곳은 없다고 하죠.
● 유튜브는 '인류의 모든 시각적 경험을 쌓아두는 저장소(Visual Repository of Human Memories)'가 됐어요(책에 나오는 표현이에요). 지금 인류가 눈으로 보는 모든 것이 유튜브에 있어요. 요즘은 인터넷 이전 시대 영

상도 아카이빙이라는 형태로 유튜브에 올라오고 있어요.

짧게 보는
유튜브 역사(짧유사)

유튜브는 2005년 미국 샌프란시스코에서 채드 헐리, 스티브 첸, 자베드 카림 세 사람이 설립했어요. 세 사람은 페이팔에서 일했다는 공통점이 있어요. 인터넷을 통한 동영상 공유라는 아이디어에서 시작했고, 2005년 4월 23일 첫 영상인 'Me at the Zoo'를 올렸습니다. 이처럼 사용자들이 올리는 콘텐츠를 우리는 UCC(User Created Contents)라고 불렀죠.

서비스를 시작하고 빠르게 사업을 확장하는 유튜브를 유심히 지켜보던 회사가 있었는데요. 바로 기술 업계에서 고속 성장하고 있던 구글입니다. 구글은 구글 비디오라는 사업을 하고 있었는데, 아무래도 유튜브를 이길 자신이 없었어요. 그래서 2006년 유튜브를 16억5000만달러(약 2조3600억원)에 인수해 버리죠.

일단 저작권 문제부터
빠샤!

초기 유튜브가 가장 머리를 쥐어뜯으며 고민했던 것은 저작권 문제였어요. 유튜브에는 누구나 동영상을 게시할 수 있기 때문에 우연히 저작권이 있는 동영상을 올릴 수 있었죠. 그러자 저작권을 소유한 회사들이 유튜브가 저작권 침해에 적극적으로 대응하지 않고 있다면서 소송을 제기했어요. 그중 하나가 미디어 거인이었던 바이어컴(현 패러마운트)이에요. 소송은 자그마치 7년간 지속됩니다.

이 저작권 문제를 해결하기 위해 유튜브가 내놓은 기술이 '콘텐트 ID'입니다. 저작권자에게는 콘텐트 ID가 부여되는데, 유튜브에 영상이 올라오면 음악이나 영상의 저작권자가 누구인지 자동으로 분류됩니다. 예를 들어 유명한 가수의 곡을 불렀다면 그 노래 저작권자에 해당하는 콘텐트 ID가 나오고, 영상에서 창출된 수익은 그 저작권자에게 돌아갑니다.

다음엔 광고 시장을 장악한다

저작권 문제 다음으로 유튜브가 고민했던 것은 바로 광고예요. 구글에 인수될 때만 해도 유튜브는 크게 수익을 내지 못했죠. 검색 광고로 돈을 벌어봤던 구글은 '구글 애드워즈'를 만들고 '구글의 3인자'로 불리던 살라 카만가르를 2010년 유튜브 최고경영자(CEO)로 보냅니다. 이후 창업자 채드 헐리가 물러나고 진정한 '구글 속 유튜브' 시대가 열리게 됩니다.

유튜브의 광고 사업이 궤도에 오르면서 '유튜버'라는 이름의 사람들이 부상하기 시작합니다. 유튜브는 2007년부터 조회 수가 높은 영상을 올리는 사람들과 광고 수익을 공유했거든요. 바로 '크리에이터 경제'의 시작입니다. 처음에 유튜브는 넷플릭스처럼 할리우드 스튜디오가 만드는 수준 높은 영상을 올리고 싶어했다고 해요. 그래야 그런 영상에 대기업 광고가 붙을 테니까요. 하지만 막상 유튜브 시청자들이 열광했던 것은 개인의 일상을 담거나, 가볍게 볼 수 있는 영상이었다고 해요. 그런 영상을 올렸던 사람들은 유튜브에서 공유해주는 광고 수익으로 부자가 되는 '유튜버'로 성장할 수 있었습니다. 가장 유명한 사람이 2013년 구독자 수 전 세계 1위에 오른 '퓨디파이(PewDiePie)'죠. 스웨덴 출신의 1989년생 남성 펠릭스 셸베리입니다.

2014년 새로운 사람이 유튜브 CEO로 오게 되는데요. 바로 지금도 CEO를 맡고 있는 수전 워치츠키입니다. 구글은 수전 워치츠키의 집 창고에서 창업한 회사이고, 그녀의 여동생인 앤 워치츠키는 구글 창업자 중 한 사람인 세르게이 브린과 결혼하기도 했을 정도죠. 그만큼 구글에서는 '로열 패밀리'였던 사람(세르게이 브린과 앤 워치츠키는 2015년 이혼했어요)이 바로 수전 워치츠키예요.

이 많은 걸 다 어떻게 들여다봐

하지만 수전 워치츠키가 부임한 이후 유튜브는 본격적으로 성장통을 겪기 시작합니다. 자유롭게 영상을 게시할 수 있는 유튜브에는 언제나 위험한 영상이 올라올 수 있었어요. 유튜브는 이를 기술과 사람의 힘으로 막아보려 했지만 역부족일 때가 많았어요.

2014년 미국인 기자 제임스 폴리가 시리아 무장단체 ISIS에 참수당하는 영상이 유튜브에 올라옵니다. 2019년에는 뉴질랜드 크라이스트처치에서 백인 우월주의자가 이슬람 사원에서 총기를 난사하는 영상이 올라오기도 했습니다. 이런 영상들의 문제점은 첫 번째 영상을 지운다고 해도 해당 영상을 시청한 사람이 이를 저장한 후 다시 게시하는 경우가 많다는 것이에요. 비슷한 모든 영상을 지운다? 그러다가 언론사가 올리는 보도 영상까지 지워버릴 수 있기 때문에 정밀한 작업이 필요합니다.

유튜브는 인공지능(AI)뿐만 아니라 하도급 업체를 통해 각 언어권에서 사람을 고용한 후 모니터링을 하고 있다고 해요. AI가 완벽하게 할 수 없는 일을 사람이 하는 거죠. 2018년 기준 모니터링 인력 숫자만 전 세계에 10만명에 달했다고 합니다.

수전 워치츠키 유튜브 CEO. ⓒ유튜브

광고주와 부모님 중
누가 더 무섭나

유튜브에서 가장 비중이 큰 시청자이지만 가장 큰 약점이 되기도 하는 것은 무엇일까요? 바로 아이들입니다. 지금도 전 세계적으로 가장 규모가 큰 채널과 가장 조회 수가 많은 영상은 아이들을 대상으로 하는 것이라고 해요.

유튜브는 2017년 '애드포칼립스(Adpocalypse)'와 '엘사게이트(Elsagate)'라는 두 가지 큰 위기를 경험하는데요. 전자는 유튜브가 걸러내지 못한 부적절한 영상에 '광고'가 붙으면서 광고주들이 유튜브 광고를 보이콧했던 사건이에요. 이는 곧 크리에이터의 수익 하락으로 이어졌습니다. 당연히 크리에이터들은 분노했고 유튜브의 플라이휠이 멈출 뻔했죠.

후자는 뭔가 좀 꺼림직한 영상이 아이들을 대상으로 하는 유튜브 채널들에 쏟아져 나왔던 사건이에요. 영상 속 캐릭터는 디즈니 '겨울왕국' 엘사인데 뭔가 아이들 같지 않고 어른처럼 행동하는 거예요. 이후 이 같은 자극적인 영상이 쏟아지는 것이 문제라는 지적이 나오기 시작했고, 그래서 '엘사게이트' 라는 이름이 붙었습니다.

트럼프가 와도
이제는 노딱!

테러리스트 동영상에 우리 회사 광고가? 우리 아이들이 이런 영상을 본다고? 두 사건으로 유튜브는 미국에서 언론과 여론으로부터 십자포화를 맞았습니다. 유튜브는 엘사게이트로 2019년 미국 연방거래위원회(FTC)에서 1억7000만달러에 달하는 벌금을 부과받았고 이후 아이들을 대상으로 하는 동영상에는 매우 엄격한 정책을 적용하고 있습니다. 두 사건이 벌어진 뒤 유튜브는 구독자 1000명 이상, 시청 시간 4000시간을 달성해야만 수익을 창출할 수 있도록 유튜브파트너프로그램(YPP)을 개정했고, 지금도 이 규정은 유지되고 있어요.

잔인한 영상이나 아이들을 대상으로 하는 영상과 달리 유튜브에서 검열하기 어려운 것이 바로 정치 관련 동영상이에요. 원래 유튜브는 정치를 시청자 판단에 달려 있는 것이라고 여겨 거의 개입하지 않았죠. 하지만 유튜브 내에서 전파된 극우파의 메시지가 2016년 도널드 트럼프 대통령 당선에 기여하고, 2021년에는 이들이 미국 국회의사당에 난입하면서 지금 유튜브는 정치적 결단을 꽤 적극적으로 내리고 있습니다. 정치적인 채널을 폐쇄하거나 정치 채널에 소위 노란 딱지(수익 제한 조치)를 붙이고 있습니다. 그도 그럴 것이 유튜브는 이제 전 세계에서 가장 영향력 있는 매체이기 때문이죠.

유튜브 알고리즘은
어떻게 작용하나

버건이 쓴 책에 나오는 유튜브 역사를 보면 '플랫폼' 기업이 어떻게 탄생하고 세상을 지배하는지 알 수 있어요. 재미있는 것은 책의 부제인 '세계를 지배하게 된 유튜브의 혼란스러운 부상'처럼 유튜브도 매우 혼란스러운 과정을 거치면서 성장했다는 점이에요. 유튜브라는 회사의 목표는 있었지만 그것이 이뤄지는 과정은 결코 순탄하지 않았어요. 우왕좌왕 천방지축. 이곳저곳에서 터지는 문제를 해결하고 경쟁자들과 치열하게 경쟁하다 보니 어느새 세상을 지배하고 있게 된 거죠.

하지만 유튜브가 플랫폼으로서 생태계를 어떻게 컨트롤하는지도 책에서 알아낼 수 있었는데요. 바로 사람이 아닌 기계를 활용해 플랫폼을 움직인다는 거죠. 유튜브는 자신들이 제일 중요하게 생각하는 지표를 달성하는 동영상에 가중치를 주는 방식으로 크리에이터의 변화를 이끌고 있어요. 또 AI를 추천 알고리즘에 도입해 시청자들이 계속 콘텐츠를 보게끔 유도하고 있어요. 이 기막힌 추천 알고리즘은 우리가 유튜브를 시청하느라 늦게 잠이 드는 중요한 이유이기도 합니다.

플랫폼의
우선순위는 달라진다

초기에 유튜브가 중요하게 봤던 부분은 조회 수라고 해요. 하지만 유튜브는 내부 분석을 거쳐 2012년 가장 중요한 지표를 '시청 시간'으로 바꿨습니다. 어째서일까요? 계속 다음 영상을 추천해주는 유튜브 특성상 한번 클릭해보고 나가는 것이 아니라 마지막까지 시청하는 것이 중요했습니다. 이 과정에서 제목이나 섬네일로 클릭을 유도하는 짧은 영상은 힘을 잃는 반면, 사람들이 오래 시청하게 만드는 영상이 유튜브의 선택을 받았습니다. 그 덕분에 과거보다 영상 수준도 올라갈 수 있었죠. 늘어난

시청 시간이 광고에 도움이 된 것은 당연했습니다.

최근 유튜브의 우선순위는 '쇼츠'로 바뀌었어요. 틱톡이 무섭게 치고 올라오면서 유튜브가 견제하기 시작한 것인데요. 2022년 9월부터 쇼츠 영상에 대해서도 수익 창출이 가능할 뿐만 아니라 쇼츠로 90일 동안 1000만뷰를 달성하면 수익을 낼 수 있도록 파트너프로그램을 바꿨습니다. 아니나 다를까. 이 때문에 유튜브에서 쇼츠 영상이 무서운 속도로 늘어나고 있습니다.

알고리즘 외에도 유튜브의 기술이 바꿔놓은 것은 많습니다. 자막을 자동으로 달아주거나(오토 캡션), 시청 속도를 조절하는 기능(플레이백 스피드), 댓글에 적힌 영상 시간을 누르면 바로 그 부분으로 이동할 수 있는 기능(타임스탬프) 등은 우리에게 다양한 시청 경험을 선사해 줬습니다.

유튜브 천하
얼마나 오래갈까?

2020~2021년 팬데믹 기간은 모든 기술 기업에 엄청난 기회였습니다. 유튜브도 마찬가지였죠. 이 기간에 사람들이 하루에 시청

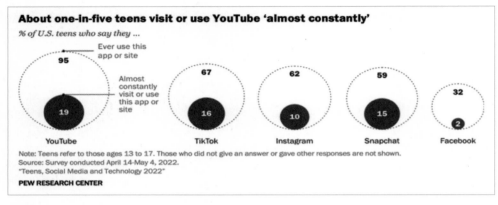

미국 10대 다섯 명 중 한 명은 유튜브를 '거의 항상' 시청하고 있어요. © 퓨리서치센터

한 유튜브 시간은 4억5000만시간으로 전년 대비 80%나 늘어났습니다. 유튜브는 유료 구독자도 크게 증가하고 있는데요. 2022년 11월 기준 유튜브 프리미엄과 유튜브 뮤직을 합한 구독자가 8000만명을 넘었습니다.

저 역시 팬데믹을 거치면서 유튜브 사용이 크게 늘었는데요. 팬데믹이 끝나고 일상으로 돌아왔지만 유튜브의 지배력은 여전할 것 같다는 생각이 듭니다. 어째서일까요?

첫째, 유튜브는 '전기'처럼 우리 생활에 당연한 것이 돼버렸습니다. 우리가 24시간 곁에 두고 사용하는 스마트폰에서 유튜브는 매우 높은 우위를 점하고 있습니다. 한국인의 경우 유튜브가 카카오톡 다음으로 사용 빈도가 높고, 사용 시간은 카카오톡보다 2배 이상 깁니다.

둘째, 유튜브는 알고리즘을 통해 크리에이터가 만든 신박한 콘텐츠를 시청자에게 계속 공급해주고 있습니다. 예전과 달리 방송국이나 엔터테인먼트 회사 등 지식재산권(IP)을 소유한 회사들이 적극적으로 유튜브에 자신들의 콘텐츠를 올리고 있어 이제는 유튜브만 봐도 TV를 시청하는 것처럼 돼버렸습니다.

셋째, 유튜브는 대기업의 장점을 살려 느리긴 하지만 일단 움직이면 매우 강력한 힘으로 경쟁자를 따돌리고 있습니다. 유튜브는 이전에 페이스북 비디오의 도전을 물리친

적이 있고, 이번에는 틱톡의 도전에 대응하고 있습니다. 틱톡을 소유한 바이트댄스는 비상장 회사로 아직 투자를 유치하기도, 상장을 하기도 어려운 상황이기에 막강한 현금 창출력이 있는 유튜브가 쇼트폼 경쟁에서 유리할 수밖에 없을 것 같습니다.

를 보고 싶을 때마다 읽으세요. 적어도 잠은 일찍 드실 수 있을 겁니다.

🔍 생각해 보기

오늘 레터는 너무 유튜브에 대한 칭찬 일색일까요? 마지막으로 유튜브 중독에서 벗어나는 몇 가지 방법을 소개해 드리려 합니다.

❶ 유튜브의 동영상 알고리즘 추천은 내가 시청한 영상을 바탕으로 이뤄집니다. '시청 기록'을 지우면 추천의 정확도가 떨어진다고 합니다. 기록을 삭제하기 싫다면 시크릿 모드로 바꿔도 정확도가 동일하다고 합니다.

❷ 유튜브 앱 '시청 시간' 설정에서 일평균 시청 시간을 확인하고 시간관리 도구를 사용할 수 있습니다. 취침 시간이 되면 알림을 보내거나 영상이 끝나면 다음 영상이 자동 재생되는 기능을 끌 수 있습니다.

❸ 1번도 2번도 통하지 않는다고요? 최대한 두껍고 글씨가 작은 책을 하나 사서 유튜브

디즈니가 로봇을
만드는 이유!

"뒤에 남겨진 것에 미련을 두면
앞에 있는 것을 절대 볼 수 없어요."

: 애니메이션 '라따뚜이' 대사

애니메이션으로 유명한 월트디즈니컴퍼니는 해를 걸러 미국 캘리포니아주 애너하임 컨벤션센터에서 'D23엑스포'를 열어요. D23는 디즈니가 격년으로 개최하는 팬 행사인데요. 공식 팬만 참석할 수 있고, 티켓 가격이 하루 89달러로 높은데도 두 달 전에 동이 날 만큼 인기가 엄청납니다. 디즈니 '찐팬'이라면 안 올 수 없는 행사인데요. 이상덕 특파원이 다녀왔어요.

앞으로 선보일 마블, 스타워즈, 픽사 등 작품을 공개하고 팬들이 자발적으로 참석하다 보니 진짜 디즈니 콘텐츠에 등장하는 캐릭터 의상을 입고 있는 팬이 많더라고요. 2023년 100주년을 맞는 디즈니는 어떻게 해서 이런 무지막지한 팬을 거느리게 됐을까요? 비결은 바로 상상을 현실로 만드는 것입니다.

감동을 만들어라!
몰입형 스토리텔링

밥 체이펙 월트디즈니컴퍼니 CEO는 행사장에서 이렇게 외쳤어요. "어벤저스 캠퍼스가 멀티버스에 더 깊숙이 들어갈 것입니다. 이를 위해 어벤저스 캠퍼스를 확장할 계획이에요. 디즈니+는 단순한 스트리밍 서비스가 아니거든요. 디즈니는 물리적이고 디지털적인 세계를 혼합하는 차세대 스토리텔링 플랫폼입니다."

멀티버스는 어벤저스 시리즈인 '마블 시네마틱 유니버스'에 등장하는 다중우주 개념인데요. 시공간이 여러 개가 있어 마치 다른 세상인데 같은 세상? 그런 느낌입니다. 즉, 디즈니도 디지털과 물리적 세계를 오가겠다는 포부! 사실 디즈니는 방대한 IP를 보유하고 있어요. 메가 브랜드만 놓고 보면 디즈니스튜디오, 스타워즈, 어벤저스(마블), 픽사, 루카스필름, ABC ESPN, 내셔널지오그래픽 등입니다.

더욱이 디즈니랜드를 갖고 있죠. 전 세계 12개 테마파크에는 평균적으로 매년 1억4500만명이 방문하는데, 이는 월드컵 경기장을 찾는 관중보다 2000배나 많은 숫자라고 합니다. 2021년 매출액만 100조8207억원! 그래서 이런 고민을 항상 한대요. 어떻게 하면 디지털 콘텐츠와 물리적 리조트를 자연스럽게 연결할 수 있을까 하고요.

그 방법은 바로 몰입형 스토리텔링(immersive storytelling)입니다. 고객이 상상과 현실을 분간할 수 없을 정도의 경험을 제공하자! 예를 들어 로스앤젤레스(LA) 디즈니랜드에서는 마블 시리즈인 '어벤저스' 캠퍼스를 열었어요. 이곳에서는 스파이더맨이나 아이언맨으로 분장한 배우들이 걸어 다니고 배우들이 말을 거는데 생동감이 넘쳐요. 특히 30분마다 한 번씩 선보이는 스파이더맨 쇼는 엄지 척! 사람과 로봇이 몰래 번갈아 나와 진짜 스파이더맨의 퍼포먼스를 연출합니다.

코스튬을 입은 디즈니 팬들. 배우가 아닙니다. ⓒ이상덕 특파원

아이들은 진짜 배우로 착각하고 사인해 달라며 따라다닐 정도고요. 로봇을 사용해 디지털과 물리적 세상을 혼합했습니다.

스파이더맨 로봇. © 디즈니

몰입형 스토리텔링은 2020년대 이후에 뜬 개념입니다. 사실 모든 기업의 꿈은 매우 훌륭한 브랜드 파워를 갖는 것인데요. 유튜버 같은 크리에이터도 마찬가지고요. 또 개인은 어떤가요? 그만큼 자신이 갖고 있는 스토리가 무엇보다 매력적이어야 합니다. 한데 무엇인가 부족하죠. 그래서 증강현실(AR), 가상현실(VR) 360도 비디오 같은 기술을 이야기에 접목한 것을 이머시브 스토리텔링이라고 불러요. 이런 이머시브 스토리텔링을 하는 곳이 사실 디즈니뿐만은 아닙니다. 신발 업체 머렐(Merrell)은 고객이 어떤 신발을 신어야 적합한지 알려주고자 가상세계를 만들었어요. 산비탈과 산책로 등반 등에 어울리는 신발을 보여 주려고요.

강력한 몰입감을 활용해 고객들이 가상을 진짜처럼 느끼게 하는 것입니다. 포브스에 따르면 이머시브 스토리텔링에서 기술은 이야기가 전달되는 방식과 청중과 상호작용하는 방식을 규정한대요. 특히 고객의 감정과 상상력을 불러일으킬 수 있는 요소들을 씁니다. 사실 오늘날 마케팅의 초점은 더 이상 제품이 아닌 고객입니다. 그래서 기술

을 활용하는 데 아래와 같은 공식이 정립됐다고 해요.

- 보여주되 말하지 말라
- 인간적인 면을 드러내라
- 고객을 참여시켜라

2022년 디즈니는 애플의 게임 담당자였던 마크 보존을 영입해 넥스트 스토리텔링·크리에이티브 경험 담당 부사장으로 임명했어요. 이머시브 스토리텔링 전반에 걸쳐 연구하고 있습니다. 당시 체이펙 CEO는 "지금까지 세워온 미디어의 정의를 무너뜨릴 때"라면서 "물리적이고도 디지털적인 스토리텔링을 만들겠다"고 말한 바 있습니다.

상상을 현실로
이매지니어링!

각종 디지털 콘텐츠를 물리적으로 구현하는 작업은 디즈니의 이매지니어링(Imagineering)이 맡고 있어요. 이매지니어링은 '상상하다(Imagine)'와 '엔지니어(Engineer)'를 합친 단어인데요. 디즈니의 연구개발(R&D) 조직입니다. 이매지니어링은 테마파크 설계 담당인 WED Enterprises와 부동산 담당인 Disney Development Company가 일찌감치 합병돼 태어난 조직이고요.

고객 감동이란 생각은 월트 디즈니 창업자가 매우 일찌감치 고안했대요. 1950년대에 월트 디즈니는 원래 모든 미국 대통령에게 경의를 표하는 로봇 퍼포먼스를 구상했어요. 하지만 당시 기술로는 어림도 없어서 1964년 처음으로 에이브러햄 링컨 대통령이 나와 미국 역사를 설명하는 '링컨과 함께하는 멋진 순간들'이라는 쇼를 만들었어요. 오늘날 미국 할아버지들이 당시 경험을 못 잊어 손주를 데리고 이 쇼를 보는 것이 꿈일 정도고요.

사실 건물과 빌딩을 짓는 일이 엔지니어링 회사 업무인데, 이매지니어링은 일반 엔지니어링 회사와 다릅니다. 직원들이 예산을 초과해 대담한 아이디어를 낼 수 있다고 해요. 실현 여부와 상관없이 직원들의 담대함을 회사가 높이 평가하는 것이죠. 모토는 "꿈꿀 수 있다면, 만들 수 있다(If it can be dreamt, it can be built)!" 이매지니어링 임원들의 패널토의에 참여해 들었는데요. 어떤 내용이 오갔는지 한번 재구성해 볼게요!

😀 소개 좀 해주세요.

👱 **재닛 롬보이 부사장** 디즈니랜드는 1955년 7월에 문을 열었어요. 이후 월트 디즈니 창업자는 1964년 뉴욕만국박람회와 1965년 세계박람회에서 이색적인 아이디어를 선보여요. 놀이동산을 기술 중심으로 탈바꿈하자는 의견이었죠. 바로 이것이 오늘날 이매지니어링의 시작이에요.

😀 앞으로 계획은 무엇인가요.

😈 **브렌트 스트롱 상무** 다양한 준비를 하고 있어요. 특히 디즈니 캘리포니아 어드벤처에 있는 어벤저스 캠퍼스를 확장해요. 많은 어린이가 슈퍼히어로가 돼 어벤저스에 합류하는 꿈을 꾸죠. 한데 어벤저스 캠퍼스에서는 이런 꿈이 현실이 됩니다. 기술은 꿈에 힘을 불어넣어 줘요.

😀 예를 들어 주실래요.

😎 **마이클 세르나 상무** 어벤저스 캠퍼스에는 웹슬링어스(web-slingers)라는 어트랙션이

있는데요. 완전히 새로운 경험이에요. 3D 안경을 착용하면 스파이더맨처럼 수영을 하고 거미줄을 뽑아낼 수 있어요. 컴퓨터 비전을 활용해 사람 손을 인식하게 하고 이를 게임에 적용한 것이죠.

😀 어떻게 업데이트를 하시나요.

😊 사실 고객들의 취향은 다르죠. 어떤 분은 닥터 스트레인지를, 또 다른 분은 아이언맨을 좋아할 수 있겠죠? 그래서 우리는 웹테크 파워 칼럼니스트라고 부르는 새로운 건틀릿을 만들고 있어요. 예를 들어 아이언맨이 착용하는 장갑인 리펄서를 잡으면 어트랙션에 곧장 동기화돼 고객이 아이언맨이 되는 것이죠. 또 함께 온 가족끼리 어벤저스 팀을 결성해 적을 물리칠 수 있어요.

😀 더 준비하고 있는 것은 없나요.

😊 식당도 완전히 몰입형으로 바꿨어요. 어벤저스 캠퍼스에서는 가디언스 오브 갤럭시에서나 볼 법한 외계 음식을 사 드실 수 있어요.

디즈니를 돌리는 플라이휠

디즈니가 이처럼 이매지니어링을 통해 바라는 것은 플라이휠입니다. 플라이휠은 제프 베이조스 아마존 창업자가 한 말로, 우리말로 하면 매출 확대를 위한 선순환 정도가 될 것 같아요. 즉 콘텐츠 IP를 활용해 디즈니랜드 고객을 유치하고, 다시 고객과 호흡해 상품까지 파는 것이죠. 인기가 많아지면 브랜드 파워도 커지고요.

이번 엑스포에 참여하면서 월트디즈니컴퍼니의 리베카 캠벨 인터내셔널 콘텐츠·오퍼레이션 회장님을 기자들이 만날 기회가 있었어요. 디즈니에는 체이펙 CEO 아래에 몇몇 체어맨(회장)이 있어요. 캠벨 회장은 디즈니랜드 사장과 ABC 방송국 사장을 지낸 뒤 현재는 외국 콘텐츠 투자를 맡고 있어요. 플라이휠을 돌릴 IP를 확대하는 임무죠.

캠벨 회장은 디즈니 사무실에는 연필로 그린 플라이휠이 있다고 했어요. 창업자인 월트 디즈니는 예전부터 테마파크를 만들어 소비자가 캐릭터를 직접 만나고 영화에서 본 한 장면을 어트랙션을 통해 다시 느끼는 등 브랜드와 개인적인 경험을 갖기를 원했대요. 소비자직접판매(D2C) 플랫폼은 이런 경험을 확장한 것이죠.

물론 디즈니의 고민이 없는 것은 아니래요. 매우 많은 브랜드가 있다 보니 다양한 고객을 모두 만족시켜야 하죠. 하지만 캠벨 회장은 다양한 브랜드는 디즈니가 지닌 장점이라고 했어요. 디즈니는 여러 사람을 만족시킬 모든 것을 가지고 있다고 말이죠. 특히 디즈니는 AWOK(Adults without Kids)라고 부르는 타깃 그룹을 포함해 두꺼운 시청자 층이 있대요. 그래서 디즈니+는 다양한 연령대의 취향을 만족시키려고 노력하고 있어요.

내연기관을 비롯한 엔진에는 왕복운동을 회전운동으로 변환해주는 과정이 필요한데요. 플라이휠은 회전 에너지를 저장하는 데 사용되는 회전 기계장치를 뜻해요. 떠 있는 바퀴와 닮아서 플라이휠인 것이죠. 한데 이게 경영과 비슷합니다. 회전을 빨리 할수록 매출이 늘어 선순환하는 것이라고 이해하면 쉬워요. 예를 들어 고객이 만족하면 고객수가 늘어나 다시 트래픽이 향상되고, 상품을 추가하면 고객이 더 만족하는 구조입니다. 플라이휠 모델이 작동하기 위한 핵심 동력으로는 낮은 비용과 가격이 꼽히기도 해요. 왜냐하면 플라이휠이 더 빨리 돌기 때문인데요. 그래서 그동안 수많은 스타트업이 적자를 보더라도 시장점유율에 집중한 것이에요.

생각해 보기 🔍

한 기업이 100년을 맞는다는 것은 정말 대단한 일이에요. 월트디즈니컴퍼니가 애니메이션 스튜디오라는 산업을 일구면서 100년 기업이 된 이유는 상상 그리고 실천에 있지 않았나 싶습니다. 창업자 월트 디즈니는 수많은 명언을 남겼는데요. 언제나 그의 키워드는 '상상'이었습니다.

- 첫째, 생각하라. 둘째, 믿어라. 셋째, 꿈꿔라. 그리고 마지막으로 덤벼들어라. First, Think. Second, believe. Third, dream. And finally, dare.
- 꿈꿀 수 있다면 이룰 수 있다. 내 모든 것이 꿈과 생쥐 한 마리로 시작했다는 것을 늘 기억하라. If you can dream it, you can do it. Always remember that this whole thing was started with a dream and a mouse.

애니메이션 캐릭터에 그치지 않고 이를 현실로 구현하는 디즈니랜드를 만들고, 보다 큰 몰입감을 주고자 이매지니어링이라는 조직을 꾸린 월트 디즈니. 그는 고객과 호흡하는 법을 누구보다 잘 알았습니다. 미라클 레터도 독자님들과 늘 같이 호흡할게요.

넷플릭스와 MS,
뜻밖의 만남

"기업들은 너무 빨리 움직인다고 망하지 않는다.
망하는 기업은 너무 느리게 움직이는 기업이다."

: 리드 헤이스팅스 넷플릭스 CEO

자폐 스펙트럼 장애를 지닌 변호사가 주인공인 드라마 '이상한 변호사 우영우'가 큰 인기를 끌었어요. 이를 본방송(오후 9시)으로 공개하는 케이블 채널 ENA에서는 인지도가 낮은 채널인데도 10%에 가까운 시청률을 기록했고, 2시간 후 이 드라마를 VOD로 공개하는 넷플릭스에서는 전 세계 비영어권 TV 시리즈 1위를 차지했습니다. 콘텐츠 산업에서 좋은 작품이 가진 힘을 잘 보여주는 사례인데요.

오늘은 넷플릭스에서 시작해 TV 광고 산업이 어떻게 디지털화되는지에 대해 얘기해 보겠습니다.

넷플과 마소가 만났다! 넷마플?

넷플릭스가 마이크로소프트(MS)와 손잡고 광고 시장에 본격적으로 진출하기로 했어요. 그리고 일사천리로 2022년 11월부터 광

고를 보면 낮은 요금으로도 넷플릭스를 구독할 수 있는 요금제를 출시했어요.

현재 넷플릭스 서비스는 월 구독료를 내면 원하는 만큼 영상을 무제한으로 시청할 수 있는 SVOD(Subscription Video On Demand) 모델이에요. 넷플릭스가 도입한 것은 광고를 보면 영상을 시청할 수 있는 AVOD(Advertised Video on Demand) 모델이죠. 영상을 보기 전에 광고가 나오는 AVOD는 이미 많은 OTT에서 도입하고 있는 모델입니다.

떠나는 구독자를 붙잡아라

인플레이션(물가 상승)과 점차 높아지는 구독료 때문에 북미에서는 넷플릭스 구독자 수가 줄고 있는데요. 이처럼 떠나는 구독자를 붙잡으면서 광고를 보더라도 넷플릭스를 시청하고자 하는 고객을 새롭게 확보하는 것이 관건입니다. 정교하게 요금제와 서비스를 디자인해야 하는데요. 기존 유료 구독자는 유지하면서, 해지하려는 구독자를 광고 모델에 묶어두는 것이 중요해 보여요.

잰더 인수해
광고 사업 확대하는 MS

넷플릭스라는 전혀 새로운 광고판(Publisher)의 등장은 과연 전 세계 미디어 시장을 어떻게 바꿔 놓을까요? 그런데 MS가 광고라니 저에게도 좀 낯선데요. 하지만 사티아 나델라 MS CEO가 트위터에서 이를 알릴 정도로 광고는 MS에 큰 관심사입니다.

2021년 12월 MS는 AT&T에서 잰더(Xandr)라는 디지털 광고 회사를 인수했어요. 이번에 MS가 넷플릭스의 광고 파트너가 될 수 있었던 것은 잰더가 가진 역량 때문인데요. 잰더는 AT&T가 TV 광고를 위해 설립한 회사였기에 넷플릭스에 딱 맞는 파트너라고 볼 수 있습니다.

넷플릭스의 광고 파트너 자리를 두고 MS와 경쟁하던 구글과 NBC유니버설(컴캐스트)은 사실 넷플릭스의 직접적인 경쟁자예요. 구글은 유튜브라는 세계 최대 비디오 플랫폼을 보유하고 있고, NBC유니버설은 피콕이라는 OTT로 넷플릭스와 경쟁하고 있거든요. 넷플릭스가 MS를 선택한 데는 이런 이유도 큰 것으로 분석돼요.

축소되는
선형 TV 시장

TV는 원래 규모가 큰 광고판 중 하나였어요. 여전히 슈퍼볼 같은 프라임타임(시청률이 높은 시간대) 프로그램의 광고료는 엄청나게 비싸죠. 하지만 넷플릭스 같은 코드커팅 OTT가 등장하고 온라인 광고 시장이 급성장하면서 TV 광고 시장은 2010년대 이후 점차 하락세에 접어들었어요. 아무리 규모가 크더라도 매년 시장이 줄어든다면 매력적이라고 볼 수 없어요. 그 이유는 크게 이렇습니다.

❶ 시간에 맞춰 TV 본방송을 보는 사람이 감소했습니다. 넷플릭스는 VOD와 빈지워치(몰아 보기) 트렌드를 만들었습니다.
❷ 트위치, 유튜브 등 새로운 미디어 플랫폼과 방송으로 사람들이 이동했습니다.
❸ 사람들이 게임과 메타버스에서 보내는 시간이 늘면서 TV를 시청하는 시간이 줄었습니다.

이런 이유로 기존의 전형적인 TV 시장이 점차 축소되고 있습니다. 이를 선형(Linear) TV라고 하는데요. 시간에 따라 방송이 편성돼 있고 이 편성표에 의해 방송이 나오며 그 사이사이에 광고가 배치되는 것이 전형적인 선형 TV 시장입니다.

TV 광고의
디지털 전환

하지만 커넥티드(Connected) TV 등장으로 마침내 TV 광고 시장도 디지털화되고 있습니다.

커넥티드 TV는 인터넷에 연결된 TV를 의미하는데요. 구식 TV에 케이블, 셋톱박스 등을 연결해 인터넷 콘텐츠를 보는 것이 아니라, 그 자체가 인터넷과 연결된 컴퓨터 같은 디바이스를 말합니다.

우리에게 익숙한 스마트 TV가 대표적인 커넥티드 TV입니다. 커넥티드 TV로는 넷플릭스 등 OTT를 시청할 수 있고, 기존처럼 선형 TV도 볼 수 있습니다. 인터넷을 할 수 있고 유튜브도 시청할 수 있습니다.

이렇게 인터넷에 연결된 TV는 광고 플랫폼이라는 측면에서 큰 장점이 있는데요. 바로 양방향 소통을 통해 맞춤형 광고를 내보낼 수 있다는 것입니다. 어떤 사람이나 가정이 어떤 프로그램을 보는지 알 수 있으므로 시청 패턴에 맞는 광고를 송출할 수 있는 거죠. 넷플릭스는 고객의 시청 취향을 바탕으로 다른 작품들을 추천해주고 있는데요. 광고도 맞춤으로 보낼 수 있게 되는 거죠.

맞춤 광고를 할 수 있기에 광고의 디지털 판매도 가능합니다. 우리에게 익숙한 디지털 광고는 무엇이 있을까요? 아마 검색 광고, 배너 광고, 유튜브 광고 등이 있을 텐데요. 이런 광고들은 사람이 수작업으로 입찰하는 것이 아니라 컴퓨터를 통한 자동 경매 방식으로 광고비와 편성(slot)이 정해집니다. 이를 프로그래매틱 광고라고 하는데요. 이 광고를 활용해 타깃 광고뿐만 아니라 광고 효율 측정도 할 수 있게 되죠.

우리도 가능해
디지털 광고!

디지털 광고 시장에서 이제는 너무나 당연해진 애드테크(AdTech)가 기존 선형 TV 광고에서는 불가능했습니다. 실시간 입찰이 어려울 뿐만 아니라 고객에 관한 정보가 없었으니까요.

하지만 커넥티드 TV가 많아지면서 TV 광고는 점점 디지털화되고 있습니다. 북미에서는 FAST(Free Ad-Supported Streaming TV)가 큰 인기를 끌고 있습니다. FAST는 앞서 설명해드린 커넥티드 TV에서 볼 수 있는데요. FAST는 방송 형태만 놓고 보면 선형 TV와 큰 차이가 없습니다. 편성표가 있고 거기에 맞춰서 계속 TV가 나오는 거죠.

리니어 TV와 커넥티드 TV 합산 광고 지출 규모 (2017~2025년)

자료=e마케터·인사이더인텔리전스

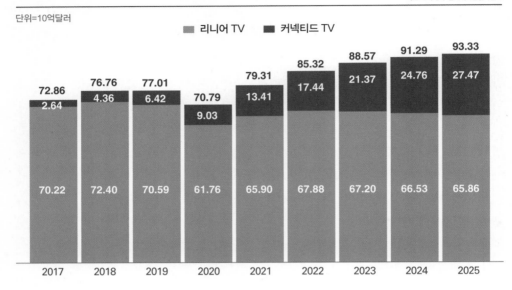

단위=10억달러

■ 리니어 TV   ■ 커넥티드 TV

연도	커넥티드 TV	리니어 TV	합산
2017	2.64	70.22	72.86
2018	4.36	72.40	76.76
2019	6.42	70.59	77.01
2020	9.03	61.76	70.79
2021	13.41	65.90	79.31
2022	17.44	67.88	85.32
2023	21.37	67.20	88.57
2024	24.76	66.53	91.29
2025	27.47	65.86	93.33

하지만 선형 TV처럼 뉴스, 드라마, 예능이 뒤섞여 나오는 것이 아니라 콘텐츠가 곧 채널이 된다는 특징이 있습니다. 예를 들어 무한도전 채널이라면 '무한도전'만 하루 종일 틀어주는 거죠. 채널 번호나 주파수의 한계가 없는 인터넷 TV이기 때문에 채널을 무한정 늘릴 수 있습니다.

이런 구성은 광고에 최적화된 방식입니다. 채널에서부터 시청자 그룹을 어느 정도 좁힐 수 있을 테니까요. 당연히 광고도 프로그래매틱 광고를 통해 경쟁 입찰로 이뤄집니다.

대표적으로 미국에서는 투비(폭스 자회사), 플루토TV(패러마운트 자회사), 프리비(아마존 자회사), 수모(컴캐스트 자회사) 등이 있습니다. 대부분 이미 대형 미디어 회사들이 소유한 채널로 오리지널 작품보다는 IP를 보유한 작품, 오래된 작품의 재방송이 대부분입니다. 하지만 무료라는 점에서 구독자가 많고, 그만큼 광고 플랫폼으로는 매력적일 수 있습니다. 최근에는 FAST에도 오리지널 작품을 만들어 보려는 시도가 나오고 있습니다.

커지는 시장을
잡아라!

이처럼 커넥티드 TV를 기반으로 한 디지털 TV 광고 시장은 아직 초기 단계라고 해요. 하지만 리테일 미디어 네트워크(아마존 광고)처럼 새롭게 등장한 시장인 만큼 많은 기술 기업과 미디어 기업이 관심을 보이고 있어요. 스마트 TV를 직접 생산하는 삼성전자와 LG전자도 마찬가지예요. LG전자는 2021년 관련 스타트업을 인수해 LG애즈(LG Ads)를 만들기도 했답니다.

넷플릭스가 MS와 손을 잡은 이유는 이렇게 디지털화돼 가는 TV 광고 시장에서 빠르게 확장하기 위한 것으로 보여요. 앞서 말씀드린 대로 정교한 전략을 세워야 하는데 직접 광고 조직을 구축하고 영업을 하기에는 디지털 광고 영역에서 역량이 부족하니까요. 무엇보다 넷플릭스 미래에 대한 주주들 우려가 커진 만큼 신속하게 성과를 보여줄 필요가 있기 때문에 기술 업계 우등생인 MS에 손을 내민 것 같습니다. 한 애널리스트는 '장기적'으로 '넷플릭스는 MS에 인수되기를 바랄 것'이라는 전망을 내놓기도 했습니다.

넷플과 MS의
속마음은?

MS에는 넷플릭스와의 협력이 디지털 광고 시장에서 미미했던 영향력을 키울 좋은 기회인 것 같아요. MS는 일찍부터 구글처럼 디지털 광고를 하고 싶어했어요. 검색엔진 빙(Bing)을 이용한 검색 광고, MSN이나 아웃룩을 활용한 광고를 지금도 하고 있는데, 규모가 작지 않아요(미국 5위). 하지만 경쟁자들의 어마어마한 규모에 비하면 존재감은 상대적으로 작았습니다. 구글의 광고 매출은 2021년 기준 연간 2000억달러인 반면 MS는 150억달러 정도로 알려져 있어요.

오늘 레터를 간단히 요약해 보겠습니다.

- 넷플릭스가 MS와 손잡고 저가 광고 요금제를 이르면 2022년 말에 출시한다.
- 넷플릭스가 노리는 것은 축소되는 선형 TV 시장이 아닌 커넥티드 TV 광고 시장. MS는 잰더라는 관련 회사를 2021년 AT&T에서 인수했다.
- MS는 넷플릭스와 손잡으면서 디지털 광고 시장에서 메이저로 부상할 기회를 잡았다.

앞서 소개해드린 FAST 플랫폼 사업을 국내에서 영위하는 스타트업 뉴아이디(NEW ID)의 김조한 이사님은 OTT에 '광고의 시대'가 왔다고 말했습니다. OTT뿐일까요? 2022년 전체 광고 시장이 역동적으로 바뀌고 있어요.

먼저, 경기 침체로 기술 기업들이 2021년 때처럼 높은 광고 매출을 올리기는 어렵다는 전망이 나오고 있어요. 이와 반대로 광고 시장이 선방할 수 있다는 얘기도 나와요. 인플레이션으로 제품 가격이 오르면 광고 예산도 늘어나니까요. 또 하나, 인플레이션과 고금리 시대가 오면서 소비자들이 지출을 줄이는 구독 시장에 비해 광고 시장은 괜찮을 거라는 전망도 있어요. 기업들도 성장보다 수익에 집중하면서 트래픽을 광고 매출로 전환하는 데 집중하고 있습니다. 정책 측면에서 보면 각국 정부와 애플, 구글이 개인정보 보호를 강화하면서 더 정교한 고객 타기팅이 강조되고, 이미 개인정보를 제공한 고객을 대상으로 한 전략적인 CRM(고객관계관리)이 중요해지고 있습니다. 여기에 틱톡과 아마존이라는 새로운 광고판의 등장으로 광고주들 예산은 크게 변할 것으로 예상됩니다. 넷플릭스와 MS의 뜻밖의 만남

뒤에는 이런 광고 시장의 변화가 있다는 것을 말씀드리고 싶었습니다.

오늘 레터는 여기까지입니다. 미라클러님 모두 즐거운 월요일을 시작하시길 바라겠습니다. 미러클!

트위치?
트위터 말고 트위치?

"사람들은 트위치가 니치마켓(틈새시장)을
대상으로 한다고 오랫동안 얘기했다. 하지만 그렇지 않다.
게임 산업은 할리우드 전체보다도 크다."

: **저스틴 칸** 트위치 창업자

오늘 레터에서는 '트위치'를 다루려고 합니다. 트위터냐고요? 아닙니다. 트.위.치.입니다. 미라클레터를 쓰기 전만 해도 저는 트위치에 관해 아는 것이 거의 없었습니다. 하지만 크리에이터 경제와 버추얼 유튜버와 관련된 레터를 작성하면서 트위치에 대해 점점 알게 됐죠. 그런 점에서 꼭 한 번은 미라클러님들께 트위치에 관해 설명해 드리고 싶었어요. 다음과 같은 세 가지 점에서 트위치가 중요하거든요.

- 트위치는 게임과 e스포츠 산업에서 중요한 역할을 하고 있습니다.
- 트위치는 지금 10~20대(Z세대)에게 중요한 엔터테인먼트 중 하나입니다.
- 트위치는 크리에이터에게 중요한 플랫폼 중 하나입니다.

방대한 내용이지만 핵심을 이해하실 수 있게 써보겠습니다! 설명 들어가겠습니다!

저스틴 칸 트위치 창업자. ©저스틴칸닷컴

트위치의
'짧은 역사'

트위치는 2007년 한 예일대 학생의 프로젝트에서 시작했습니다. 저스틴 칸이라는 중국계 미국인은 미국 시애틀에서 태어나 대학에서 물리와 철학을 전공했습니다. 그는 2005년 친구들과 키코소프트웨어라는 회사를 창업해 실리콘밸리의 유명 액셀러레이터인 와이콤비네이터에서 투자를 받았는데요. 이 회사를 이베이에 매각하고 친구들과 진행한 두 번째 프로젝트가 바로 트위치였습니다. 트위치는 저스틴TV라는 이름으로 저스틴의 24시간을 생중계하는 서비스로 시작했는데요. 잠자는 시간까지 자신의 24

시간을 생중계하는 사람이 있다는 것에 뉴스 미디어에서 큰 관심을 보였고 순식간에 저스틴TV는 유명해졌습니다. 저스틴TV는 저스틴 외 사람들도 채널을 개설할 수 있게 허용했고 그해 10월에는 누구나 방송 채널을 만들 수 있도록 개방했습니다.

최초는 아니지만
최강이 됐다

사실 실시간 방송 플랫폼이 트위치가 처음은 아니었습니다. 전 세계 방송 서비스의 원조로 꼽히는 것이 바로 한국의 아프리카TV입니다. 원래는 나우누리라는 통신 서비스를 제공하던 나우콤이 2005년 방송 플랫폼인 아프리카TV를 시작했고 지금도 잘되고 있습니다. 사실 아프리카TV가 등장하기 전에도 인터넷 개인 방송은 있었습니다. 트위치도 마찬가지였습니다. 이미 다른 개인 방송 플랫폼은 있었지만 결국 세계적인 라이브방송 플랫폼으로 성장한 것은 트위치였습니다.

게임 방송으로
크게 성장

트위치를 가장 성공적인 방송 플랫폼으로 자리 잡게 만든 것은 바로 게임이었습니다. 저스틴TV는 2011년 게임 섹션만 떼내 '트위치'라고 이름을 바꿨는데 게임 방송이 워낙 잘돼 2014년 회사명을 트위치로 변경했습니다. 사명을 바꾸고 나서 채 1년도 안 돼 트위치는 아마존에 9억7000만달러(약 1조원)에 팔렸습니다. 2014년 아마존에 인수된 이후 크리에이터 확보에 많은 투자를 하고 AWS라는 세계 1위 클라우드 컴퓨팅 업체의 지원을 받으며 서버도 안정적으로 운영할 수 있었다고 합니다.

2021년 아마존에 팔리면서 기존 공동 창업자들은 회사를 대부분 떠났고 창업자 에밋

시어만 CEO로 트위치에 남아 있습니다. 아마존에 매각될 당시 트위치 시청자 수는 월간 40만명, 스트리머(방송하는 사람) 수는 1만명 수준이었는데요. 현재는 시청자 수 250만명(코로나19가 유행하던 와중에는 300만명), 스트리머는 9만명(코로나19 와중에는 10만명)에 달합니다. 2021년 트위치 매출은 26억달러로 추정된다고 합니다.

리그오브레전드
프로 게임 중계

트위치에서 방송되는 게임 중에서도 제일 대박을 친 것은 라이엇게임즈의 리그오브레전드(LoL·롤)입니다. 2009년 세상에 나온 리그오브레전드는 곧 세계적으로 큰 인기를 끌었고 2011년부터 e스포츠 리그를 운영하기 시작했습니다(롤에 트위치라는 캐릭터가 있죠!). 롤은 이미 자리 잡은 트위치TV를 통해 프로 게임 방송을 중계했고, 자연스럽게 트위치는 전 세계 게이머에게 가장 중요한 방송 플랫폼이 됐습니다. 지금도 그렇지만 1인 방송에서 제일 중요한 콘텐츠는 스트리머가 게임하는 장면을 중계해주는 것이고, 트위치는 이 분야에서 엄청난 강점을 가지고 있습니다. 우리가 아는 롤드컵(LoL 월드챔피언십)이나 LCK(LoL 한국 리

그)는 트위치와 유튜브에서 동시에 생중계하는 경우가 많은데요. 시청 인원을 보면 트위치 쪽이 좀 더 많습니다.

커지는
라이브스트리밍 시장

게임은 여전히 젊은 남성이 중심인 세계입니다. 트위치도 당연히 그럴 수밖에 없죠. 사용자의 70% 정도가 남자이고 50% 정도가 10~20대인 것으로 추정됩니다(참고로 트위치는 만 13세가 넘어야 가입 가능). 그러다 보니 젊은 남성이 좋아하는 문화가 트위치에서 지배적입니다. 여성 스트리머의 성적 어필을 강조하는 방송도 많습니다. 한국을 떠나 전 세계 트위치의 공통점이죠.

하지만 전반적으로 1인 방송 시장이 커지면서 게임을 넘어 트위치의 방송 영역은 확대되고 있습니다. 대표적인 것이 롤플레잉(역할 연기), 노래·음악, 단순한 대화(노가리라고 하죠)입니다. 한국에서 비(非)게이머 방송인 중 유명하다고 할 수 있는 이말년(침착맨), 주호민(주펄), 슈카 등이 트위치를 주력으로 방송하고 있습니다.

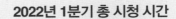
시청 시간과 방송 시간 모두 트위치가 승리

2022년 1분기 총 시청 시간
트위치 - 61억3000만시간
유튜브 게임 라이브 - 11억3000만시간
페이스북 게이밍 - 8억300만시간

페이스북 10%
14% 유튜브
트위치 76%

2022년 1분기 총 시청 시간
트위치 - 2억2900만시간
유튜브 게임 라이브 - 867만시간
페이스북 게이밍 - 1250만 시간

3.5% 유튜브
5% 페이스북
트위치 91.5%

자료=스트림랩스

급성장한
유튜브 라이브

세계 최대 동영상 플랫폼인 유튜브가 뛰어든 것도 1인 방송 시장을 전반적으로 넓히고 있습니다.

2010년부터 실시간 방송을 테스트하던 유튜브는 2017년 본격적으로 이 시장에 뛰어들었습니다. 기존 유튜브가 영상을 올리는 데 그쳤다면 이제는 자신의 유튜브 채널에서 실시간 방송이 가능해진 것입니다. 여기에 방송 도중 시청자들이 후원할 수 있는 슈퍼챗(2017년), 영상에 대해 후원할 수 있는 슈퍼땡스(2021년) 등을 도입하면서 1인 방송 플랫폼의 요소를 모두 갖추게 됩니다.

유튜브가 실시간 방송을 시작하면서 여기에서 기회를 얻어 여러 방송 채널이 성장했습니다. 국내에서는 투자 붐을 타고 재테크 라이브방송이 발전했고, 정치 방송도 유튜브 라이브를 통해 성장했습니다. 트위치는 게임과 서브컬처, 20~30대 젊은 남성이 주류인 데 반해 유튜브 라이브방송은 더 광범위한 주제를 다루며 다양한 연령대가 시청하고 있습니다.

Z세대의
미디어

트위치를 비롯해 1인 방송이 중요한 이유는 뭘까요? 사실 저도 트위치나 트위치의 유명 스트리머를 모른다고 해서 제 생활에 별로 지장은 없었는데요. 그건 제가 구세대이기 때문인 것 같아요. 하지만 TV를 보지 않고 뉴스를 읽지 않는 젊은 세대에는 트위치가 중요한 미디어 채널 중 하나가 돼가고 있습니다. 특히 요즘 젊은 남자들은 여자 아이돌이나 연예인에게 큰 관심이 없다고 하죠. 그들이 열광하고 동경하는 사람은 트위치 속 스트리머나 페이커 선수 같은 프로게이머라고 합니다(많은 프로게이머가 트위치로 방송을 하거든요). 자신과 동떨어진 연예인보다는 트위치에 들어가면 언제든 만날 수 있고 말을 걸 수 있는 스트리머에게 훨씬 친밀감을 느끼는 거죠. 나 자신도 방송을 통해 그들처럼 유명해질 수 있다는 것. 이러한 점도 젊은 세대가 스트리머를 매력적으로 보는 이유입니다.

스트리머는
어떻게 돈을 벌까

트위치는 2015년 한국에 직접 진출해 당시 한국에서 1위였던 아프리카TV 방송인들을 스카우트해 갔습니다. 1인 방송 시장에서 크리에이터가 얼마나 중요한지를 잘 보여주는 사건인데요.

지금도 아프리카TV와 트위치는 크리에이터를 주거니 받거니 하면서 경쟁을 펼치고 있습니다. 아프리카TV는 방송하는 크리에이터를 BJ, 시청자가 BJ에게 방송 중 현금을 후원하는 것을 별풍선이라고 하죠. 반면 트위치에서는 이를 각각 스트리머, 도네이션이라고 부릅니다.

1인 방송 크리에이터는 어떻게 방송을 운영하고 돈을 벌까요? 트위치와 유튜브는 경쟁 관계에 있지만 대부분의 방송 크리에이터는 별도로 유튜브 계정을 운영합니다.

라이브방송은 트위치에서 하지만 방송된 내용 일부를 편집해 유튜브에 올리는 경우가 대부분입니다. 이렇게 짤막하게 올리는 영상을 '클립'이라고 하는데요. 유튜브 사용자가 워낙 많기 때문에 클립, 검색 등을 통해 라이브방송으로 유입되기를 바라는 것입니다. 또한 클립은 조회 수가 많이 나오면 유튜브 광고 등 부가 수입을 얻을 수 있습니다.

최상위권 크리에이터는 트위치와 유튜브에서 동시에 라이브방송을 진행하기도 합니다. 하지만 경쟁이 치열해지면서 두 플랫폼은 크리에이터를 자신들에 묶어놓고자 노력하고 있습니다. 최근에는 유튜브가 트위치의 유명 스트리머를 데려가 독점 계약을 맺기도 하죠.

도네와 구독으로 먹고산다

트위치 스트리머는 당연히 방송을 하며 얻는 수입이 제일 많습니다. 도네이션이라는 이름으로 시청자들이 크리에이터에게 직접 현금을 주는 거죠. 하지만 트위치에서는 아프리카TV처럼 별풍선이 중심이 아니고, 크리에이터에 대한 정기후원(구독) 비중이 큽니다. 또 트위치는 유튜브처럼 광고 수익을 스트리머에게 나눠 주고 있습니다. 스트리머는 각종 굿즈를 팔거나 외부 사이트에서 후원을 받기도 합니다. 인기가 많은 스트리머는 팬카페를 운영하면서 여기에 광고를 붙이기도 합니다.

어떤 사람들이 가장 성공한 크리에이터일까요? 전 세계 트위치 스트리머 순위를 보면 남성 게임 스트리머들이 최상위권에 올라 있습니다. 특히 영어권이나 스페인어권 등 인구가 많은 언어권에서 엄청난 구독자

수를 자랑합니다. 얼마 전 스페인어권의 게임 스트리머 이바이(Ibai)는 실시간 동시 시청자 수 330만 명을 달성하면서 역대 1위 기록을 갈아치웠습니다. 최근에는 '버추얼 유튜버'라고 부르는 애니메이션풍 아바타를 앞세운 스트리머가 트위치와 유튜브 양쪽에서 흥하고 있습니다(물론 이들도 방송의 주 내용은 게임입니다).

마인크래프트 스트리머들의 현실 인기

2022년 6월 미국 캘리포니아주 애너하임에서는 '비드콘(VidCon)'이라는 행사가 열렸습니다. 유튜버, 스트리머, 틱토커 등 비디오 크리에이터가 중심이 되는 행사인데요. 가장 큰 관심을 모은 것은 '드림 SMP'라고 하는 크리에이터들의 오프라인 미팅이었습니다.

SMP란 'Survival Multi Player'의 약자로, 게임 '마인크래프트'의 한 서버 이름입니다. 플레이어의 자유도가 높은 마인크래프트에서는 직접 세계를 만들고 그 안에 다른 플레이어들을 초대할 수 있는데요. 이 서버를 만든 사람이 바로 구독자 3000만 명을 보유한 유명 마인크래프트 스트리머 'Dream(드림)'입니다. 2020년에 시작한 이들의 마인크래프트 트위치 방송은 다양한 상황극과 이야기가 붙으면서 게임 방송 시장에서 많은 시청자를 끌어모았습니다. 동시 시청자가 가장 많았을 때는 65만 명을 기록했다고 해요. 재미있는 점은 드림 외에 이 게임에 참여한 다른 스트리머들도 덩달아 유명해지면서 큰 인기를 얻었다는 것입니다. 가장 인기가 많은 토미이닛(TommyInnit) 크리에이터는 유튜브 구독자가 1170만 명, 트위치 폴로어가 700만 명에 달합니다.

메타버스 시대의 콘텐츠 개척자들

오프라인 미팅은 이 드림 SMP에 참여하는 스트리머 13명이 참석하는 자리였는데 2000명이나 되는 팬이 모이면서 연예인 팬미팅을 방불케 했다고 합니다. 지금 Z세대에는 마인크래프트 스트리머가 연예인과 다름없는 거죠.

드림 SMP는 이 같은 1인 방송 콘텐츠가 점차 대형화되고 프로젝트화되는 것을 보여주고 있다고 해요. 더 많은 크리에이터가 참여하고 이들이 세계관을 형성하면서 팬덤이 점점 확장되는 형태인 거죠. 한국에서는 일전에 한 번 레터에서 소개해드린 스트리머 우왁굳이나 마인크래프트 유튜버 양띵이 대표적입니다. 이러한 콘텐츠 창작 방식은 기존 콘텐츠 제작자들은 이해할 수도, 쉽게 따라할 수도 없는 것입니다. 유튜브가 그랬던 것처럼 1인 방송 스트리머와 그들이 만드는 콘텐츠는 우리의 콘텐츠 소비에서 점점 더 높은 비중을 차지할 것 같습니다. 알게 모르게 말이죠.

생각해 보기 🔍

2022년 7월 구독자 1280만명을 보유한 인기 유튜버가 암 투병으로 사망했다는 해외 토픽성 기사를 읽어보신 적이 있나요? 테크노블레이드(technoblade)라는 이 유튜버는 2021년 8월 암이 발견된 후 1년도 안 돼 세상을 떠났습니다. 나이는 불과 스물네 살. 테크노블레이드는 유명한 마인크래프트 방송인이었고 앞서 말씀드린 '드림 SMP'의 주요 멤버이기도 했습니다.

스트리머 중에는 얼굴이나 정체를 밝히지 않고 방송하는 이가 많은데요. 테크노블레이드는 정체를 드러내지 않는 쪽이었죠. 아버지의 목소리를 빌려 전한 마지막 메시지에서 그는 본명이 데이브(Dave)가 아닌 알렉스(Alex)라고 밝힙니다. 예전에 시청자들이 자신의 이름을 'Dave'로 착각하도록 속였는데 마지막 편지에서 그것을 정정한 것입니다. 그의 얼굴도 처음으로 공개됩니다.

게임 방송을 통해 전 세계에서 유명한 유튜버 중 하나가 됐는데 젊은 나이에 요절했다는 것은 참 안타까운 일입니다. 하지만 세상을 떠날 때까지 현실 세계 신분이 알려지지 않았고, 마지막 편지가 본인의 '진짜 이름'을 알려주는 내용이었다는 점은 여러 가지를 생각해보게 만듭니다. 트위치, 유튜브 같은 미디어 플랫폼이 새로운 엔터테인먼트, 새로운 콘텐츠의 시대를 열고 있지만 크리에이터도 육신이라는 한계를 지닌 '인간'이라는 사실은 변함이 없는 것 같아요. 스트리머라는 직업은 일견 화려해 보이지만 힘든 부분도 많다고 합니다.

너무 낯선 이야기를 전해 드린 건 아닌지 모르겠는데요. 오늘 레터를 통해 트위치와 라이브방송, 크리에이터 세계를 알게 되셨다면 좋겠습니다!

포켓몬 IP에 대해
알려주겠다 피카!

"어린 시절 누구나 경험했을 곤충 채집이나
식물 재배, 동물 사육 등을 '포켓몬'을 통해 많은 사람이
체험하도록 하는 것이 우리에게 중요한 일이다."

: 이시하라 쓰네카즈 더포켓몬컴퍼니 CEO

국내에서 시작된 포켓몬(포켓몬스터)빵 열풍이 아직 꺼지지 않고 있다는 뉴스를 보셨나요? 저는 사실 포켓몬 세대가 아니라 큰 감흥을 느끼지는 못하고 있었는데요. 문득 IP의 역사라는 측면에서 포켓몬을 다뤄보면 어떨까 하는 생각이 들어 이 주제에 도전해보게 됐습니다. 미라클레터 독자님 중에서도 포켓몬을 좋아하는 분이 많을 텐데, '피구왕 통키' 세대인 제가 감히 포켓몬을 이야기하는 것이 좀 걱정되긴 하는데요. 에라 모르겠다.

오늘 주제는 포켓몬, 너로 정했다!

전 세계 IP 가치 1위 '포켓몬'

먼저 포켓몬이라는 IP의 가치는 어느 정도 될까요? 일본에 위치한 '더포켓몬컴퍼니(The Pokémon Company)'라는 회사가 포켓몬 IP를 소유하고 있으며, 이 IP를 가지고 게임을 만들거나 IP에 대한 라이선스(저작

©포켓몬코리아

이시하라 쓰네카즈 더포켓몬컴퍼니 CEO. ©더포켓몬컴퍼니

권료)를 받고 있는데요. 2022년 5월 발표된 연간 실적(2021년 3월~2022년 2월 말 기준)을 보면 매출이 2042억900만엔(약 2조원), 영업이익이 598억6000만엔(약 5700억원)입니다. 전년 매출이 1200억엔, 영업이익이 278억엔이었던 것을 감안하면 1년 사이에 2배나 성장했다는 것을 알 수 있습니다. 매출이 2조원, 영업이익이 5700억원으로 영업이익률이 28%에 달하는 회사의 기업가치는 얼마일까요? 단일 IP 가치 1위가 포켓몬이라는 말이 괜히 나오는 것이 아닌 것 같아요.

더포켓몬컴퍼니라는 회사의 주주 구성을 보면 포켓몬이라는 역사의 IP가 보여요.

스위치, 슈퍼마리오로 잘 알려진 닌텐도가 더포켓몬컴퍼니 주식의 32%를 가지고 있는 것으로 알려져 있고, 나머지 지분은 게임프리크, 크리처스가 보유하고 있습니다. 이 두 회사는 포켓몬 게임을 최초로 제작했고 지금도 만들고 있습니다.

1996년
게임보이용으로 등장

포켓몬(ポケモン)은 1990년대 닌텐도에서 판매한 '게임보이'라는 휴대형 게임용 소프트웨어로, 1996년 2월 세상에 처음 등장했어요. 바로 '포켓몬스터 레드·그린'인데요. 이 게임을 만든 회사가 바로 '크리처스'와

'게임프리크'예요. 크리처스 대표였던 이시하라 쓰네카즈와 게임프리크 대표였던 다지리 사토시는 포켓몬의 아버지로 불리고 있어요.

둘 중 게임이 아닌 IP 측면에서 포켓몬을 메가 IP로 만들어낸 사람은 바로 이시하라입니다. 그는 1998년 설립된 더포켓몬컴퍼니의 사장을 20년 이상 맡으면서 포켓몬을 전 세계에 퍼뜨렸어요.

1996년 게임으로 큰 성공을 거둔 포켓몬은 곧 TV 애니메이션으로 제작됐는데요. 게임을 애니메이션, 완구 등으로 다양하게 사용하는 것은 일본의 장기죠. 1997년 일본에서 시작돼 2002년에 끝난 최초의 '포켓몬스터 오리지널 애니메이션'은 게임 원작 애니메이션 가운데 큰 성과를 낸 작품 중 하나예요! 오리지널을 만든 일본 애니메이션 제작사 OLM은 지금도 포켓몬 애니메이션을 제작하고 있습니다.

TCG로도
대히트

포켓몬의 원류가 게임이고, 대중화는 애니메이션이 이뤄냈다면 상업적으로 중요한

비즈니스 영역의 하나는 '카드게임'이었어요. 임의의 확률로 나오는 카드를 수집해 덱을 구성한 뒤 다른 이와 1대1 대전을 벌이는 것을 트레이딩카드게임(TCG)이라고 하는데요. 1993년 미국에서 매직더개더링이 나온 이후 1996년엔 이미 보편화된 상태였어요. 포켓몬 수집이 포켓몬 IP의 주 내용인 만큼 TCG와는 찰떡궁합이었죠. 큰 성공을 거둔 포켓몬 TCG는 매직더개더링, 유희왕과 함께 전 세계 3대 TCG 중 하나라고 해요. 참고로 TCG를 만드는 회사는 더포켓몬컴퍼니의 주주 중 하나인 크리처스입니다.

TCG는 인간의 수집 욕구를 자극해 구매하도록 만들기 때문에 수익성이 매우 좋았고, 이 덕분에 자연스럽게 프로게임 리그로 이어졌어요! IP를 현금화할 수 있는 최고의 비즈니스죠. 처음에는 협력사에 라이선스를 주던 더포켓몬컴퍼니는 이를 점차 내재화했고, 2022년 4월에는 아예 북미에서 포켓몬카드를 인쇄하는 회사를 인수해 버렸습니다.

포켓몬,
글로벌몬으로 진화

닌텐도 게임기인 게임보이가 글로벌 시장에서 팔리고 있었기 때문에 포켓몬 게임도

더포켓몬컴퍼니 순이익

자료=게임비즈

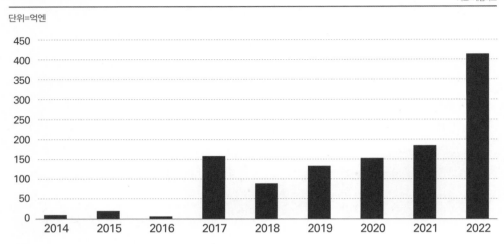

단위=억엔

자동으로 전 세계에 진출했어요. 하지만 IP 확장 측면에서 중요한 것은 바로 애니메이션 방영이에요.

당시만 해도 일본 애니메이션이 동아시아 지역에서는 절대적인 영향력을 발휘했기 때문에 한국에서도 SBS를 통해 1999년부터 2002년까지 포켓몬 오리지널 애니메이션이 방영됐어요. 이때 어린 나이에 이 애니메이션을 본 세대(1988~1995년생)가 한국의 포켓몬 1세대이면서 최근 포켓몬빵 열풍의 주역이 된 것 같습니다. 물론 이후에도 후속 포켓몬 애니메이션이 계속 나왔지만 공중파가 아닌 투니버스 같은 케이블 TV에서 방영됐기 때문에 SBS에서 방송됐을 때

처럼 그 나이대 어린이 전부를 아우르는 영향력은 점점 약해지게 된 것 같아요.

일본 애니메이션에 한국만큼 중요한 시장은 미국입니다. 미국에서도 1999년부터 방영되면서 엄청난 히트를 쳤습니다. 미국에서도 이 첫 방영 때 만들어진 팬덤이 포켓몬 IP의 가장 큰 코어팬이 되고 있어요.

더포켓몬컴퍼니는 중국, 한국, 싱가포르에 별도 지사를 두고 있고, 그 외 지역에서 하는 모든 해외 사업은 더포켓몬컴퍼니 인터내셔널이 담당하고 있어요. 더포켓몬컴퍼니 코리아가 별도로 있는 것은 그만큼 한국 시장이 중요하다는 뜻일 것 같은데요. 그전까지 100억~220억원이던 연 매출은 2021년

에 334억여 원으로 크게 올랐어요! 영업이익도 약 116억원을 기록할 정도고요. 2022년에는 포켓몬 IP가 크게 터지면서 더 뛰어오를 것 같습니다.

진짜 대박은
포켓몬고

그런데 포켓몬 IP와 더포켓몬컴퍼니가 한 차원 퀀텀점프를 한 것은 의외의 곳에서 나왔어요.

2015년 전까지만 해도 포켓몬 IP는 다음과 같이 활용됐습니다.

- 닌텐도 콘솔용 게임
- 애니메이션
- TCG
- 완구 등 각종 라이선스

게임 소비자, 포켓몬 애니메이션 팬, TCG 팬, 일본과 아시아 고객에게서 주로 매출이 나왔죠.

그러다가 2015년 구글 사내 벤처로 있는 나이앤틱이라는 회사가 더포켓몬컴퍼니와 협력하게 됩니다. 모바일을 활용한 위치 기반

의 다양한 서비스를 내놓던 이 회사는 잉그레스라는 증강현실(AR) 게임을 만든 경험을 가지고 있었는데요. 여기에 포켓몬 IP를 결합하는 시도를 하기로 합니다.

2016년 사람들이
속초로 향한 이유

이 회사는 구글(알파벳)에서 분사되면서 더포켓몬컴퍼니, 구글, 닌텐도로부터 3500만 달러 투자를 유치하는데요. 2015년 공개된 '포켓몬고' 프로젝트는 2016년 7월 서비스를 시작하면서 전 세계적인 '포켓몬고 붐'으로 확대됩니다. 2016년이 끝나기도 전에 이미 매출은 10억달러를 넘었죠. 이후 6년 만인 2022년 8월에는 누적 매출이 60억달러를 돌파했다는 소식이 들려왔습니다!!

포켓몬고 열풍은 포켓몬 IP에 큰 도움이 됐습니다. 포켓몬고 매출이 상승하면서 자연스럽게 IP 저작권료가 크게 늘어났습니다. 포켓몬고가 등장하기 전에는 50억엔에도 미치지 못했던 회사 순이익이 150억엔으로 급증했습니다. 2021년 6000억원에 근접한 영업이익이 나올 수 있었던 것은 포켓몬고가 여전히 잘되고 있기 때문이죠.

전 세계적으로 일어난 '포켓몬고 붐'은 포켓몬 애니메이션이나 기존 게임을 해보지 않은 일반 사람에게도 포켓몬이 크게 알려지는 계기가 됐어요. 게임기가 없어도 스마트폰만 있으면 누구나 플레이할 수 있고, 캐릭터도 친근했으며, 게임 방법 역시 몸을 움직이기 때문에 아주 직관적이었죠. 기술과 IP가 만나 대박을 낸 가장 대표적인 사례가 포켓몬고입니다.

포켓몬은 이제 디즈니가 된다

2021년은 포켓몬 탄생 25주년이었고 세계적으로 많은 이벤트가 있었어요. 포켓몬이 일본과 미국에서 벌였던 다양한 25주년 행사를 보면 더포켓몬컴퍼니가 지향하는 바를 알 수 있습니다. 누구에게나 친근하면서 편하게 받아들여질 수 있는 디즈니 캐릭터 같은 IP가 되는 거죠. 일본 애니메이션이나 게임에 깔린 서브컬처 색채를 점차 지우고 있는 것 같습니다.

혹시 디지몬을 알고 계실까요? 역시 일본의 유명 엔터테인먼트 회사인 반다이에서 1997년 출시된 디지몬은 원래 다마고치 같은 전자 애완동물에서 시작했다가 1999년 애니메이션으로 나온 IP예요. 2000년에 KBS에서 방영되면서 국내에서도 포켓몬 못지않은 큰 인기를 끌었습니다.

당시 아이들에게는 포켓몬과 함께 IP의 양대 산맥이었지만 지금은 상대적으로 그 영향력이 초라해졌는데요. 디지몬과 비교해보면 포켓몬의 IP 전략이 얼마나 성공적이었는지 느낄 수 있을 것 같아요.

지금까지 포켓몬 IP의 25년을 살펴봤는데요. 몇 가지 시사점을 찾아보겠습니다.

단단한 코어팬이 존재하는 IP가 대중적으로 확장될 때 많은 가치가 만들어집니다. 포켓몬 IP의 영향력을 크게 키운 것은 '포켓몬고'이지만 그전에 코어팬이 없었다면 불가능했던 일이죠!
한 번 큰 인기를 얻었던 IP는 다시 폭발할 수 있는 기회가 옵니다. 어째서일까요? 아마도 IP를 경험한 사람들의 숫자가 시간이 지나면서 더 많아지고, 이들의 기억 속에 강력한 추억으로 자리 잡아서일 것 같아요. 초등학생 때 포켓몬 애니메이션을 봤던 포켓몬 세대가 포켓몬빵에 열광했던 것이나 2018년 이후 D&D가 미국에서 다시 폭발한 것이 대표적인 사례죠.
콘텐츠 IP도 브랜드처럼 끊임없이 관리하

고 돈을 투입해야 살아남습니다. 포켓몬의 경우 일찍부터 더포켓몬컴퍼니라는 회사를 세우고 포켓몬이라는 IP에 계속 투자했습니다(물론 돈이 계속 벌렸으니까 내놨겠지만). 디지몬과 포켓몬이 비교되는 부분입니다.

위대한 IP는 국가를 부강하게 하고 수많은 사람에게 일자리를 만들어주며 인류의 유산이 됩니다. 콘텐츠 산업에서 일하는 모든 분께 '파이팅!'이라고 말씀드리고 싶네요.

생각해 보기

포켓몬 세대와 어린 학생들이 합작해 국내에서 포켓몬이 크게 유행한 것이라고 해요. 하지만 사업적인 면에서 봤을 때 부모님이 구매를 결정하는 어린 세대보다는 경제력을 갖춘 포켓몬 세대(20대 후반~30대 중반)가 더 매력적인 고객일 수밖에 없죠.

왜 소비자들은 추억이 담긴 IP에 지갑을 여는 걸까요? 추억 마케팅(Nostalgia Marketing)은 실제로 구매로 이어지는 효과가 큰 마케팅 방법입니다. 100원을 아끼기 위해 자린고비처럼 구는 사람도 옛 향수를 자극하는 요소 앞에서는 완전히 무장해제되는 경우가 많답니다.

이것에 대한 한 가지 설명. 보통 사람들은 돈을 쓸 때 현실적인 효용을 냉정하게 계산하죠. 하지만 과거를 회상하면서 사람은 지금이 아니라 순수하고 정서적인 가치가 소중했던 시기로 돌아간 것처럼 행동하게 된다고 합니다. 천진난만하기만 했던 초등학교 시절, 부모님 보호 아래 아무런 걱정 없이 살던 시절로 돌아가는 거죠. 그러면서 자연스럽게 돈에 대한 생각이 줄어들고 구매로 이어진다는 설명이에요.

저도 종종 '추억 콘텐츠'나 '추억 제품'에 돈을 쓸 때가 있는데요. 그건 꼭 어린 시절처럼 그 콘텐츠나 제품에 열광해서는 아니었던 것 같아요. 오히려 돌아갈 수 없는 그 시절에 대한 경험을 떠올리고 그것이 내 삶에서 얼마나 중요한 것이었는지를 확인하기 위한 목적이었던 것 같아요. '그래 난 이런 걸 좋아했던 사람이었어!' '그래 내게 이렇게 즐거운 때가 있었지!' 이렇게 말이죠. 과거의 나로 돌아가고 싶은 것도 있지만 지금의 나는 어떤 사람인지 깨닫고 힘을 부여해주고 싶은 목적이랄까요.

미라클레터를 읽었던 시간이 미라클러님들에게 좋은 기억으로 오래 남았으면 좋겠습니다.

전자상거래(e커머스)

아마존, 쇼피파이

e커머스 대신
미디어가 뜬다

"마케팅은 제품의 싸움이 아니라,

인식의 싸움이다."

: 잭 트라우트 《포지셔닝》 저자

코로나19가 한풀 꺾이면서 일부에서는 전자상거래 시장이 위축되고 있는 것 아니냐는 염려가 큰데요. 하지만 오늘날 실리콘밸리에서 급부상하고 있는 영역이 있으니, 바로 리테일 미디어입니다. 예를 들어 아마존에 들어가서 검색해보면 상단에 광고가 뜨는데요. 네, 맞습니다. 바로 마켓플레이스에 있는 상품 검색 광고입니다. 뉴스 미디어에서 일하는 저로서는 미디어라는 표현이 좀 어색하기도 하고, 광고라는 이미지가 안 좋으니 미디어라는 표현에 숨은 것 아니냐는 의구심마저 드는데요.

그래도 미디어는 사전적으로 '어떤 작용을 한쪽에서 다른 쪽으로 전달하는 역할'이라고 할 수 있기는 해요. 그래서 미라클레터는 혁신을 전달하는 배달부죠. 아주 간단히 말해 리테일 미디어는 "상품이나 서비스를 홈페이지를 통해 광고로 전달한다" 정도가 될 것 같아요. 그래서 오늘은 전자상거래 시장이 위축되더라도 왜 리테일 미디어는 뜨는지, 현장의 목소리를 전달해 드릴까 합니다.

공룡들이
덤벼든다

아마존 하면 전자상거래 업계의 공룡을 떠올리는데요. 아마존은 2021년 4분기부터 '광고 서비스' 수익을 별도로 공개하고 있어요. 그전에는 '기타 항목'으로 잡아서 아마존 검색 광고 규모가 얼마인지 전혀 알 수 없었는데요. 수익을 공개한다는 것은 그만큼 '나 돈 잘 벌어' 하고 과시하는 셈이죠. 어느 정도 버냐고요? 310억달러에 달해요. 44조원이 넘는 돈인데요. 아마존프라임 구독으로 벌어들이는 돈이 317억달러이니 거의 비슷한 규모입니다.

아마존은 선순환인 플라이휠을 크게 돌리고 있어요. 아마존은 스트리밍 서비스를 운영하고 있는데, 여기에 '스포츠 콘텐츠'라는 큰 기름을 붓고 있어요. 이미 잉글랜드 프리미어리그 중계권을 확보했어요. 아마존을 통해 스포츠 중계를 보는 인원은 2025년 1억700만명에 도달할 것으로 전망되고요. 아마존프라임의 스포츠 콘텐츠 CPM(1000명에게 도달하는 광고비)은 약 50달러로 일반 콘텐츠보다 20% 비싸다고 합니다.

스포츠 콘텐츠에 투자해 단순히 프라임 구독자만 모으는 것이 아닙니다. 수많은 소비자 정보를 모아 아마존 상점에 광고를 띄웁니다. 시청자들이 어떤 스포츠를 좋아하는지 맞춤 상품 광고를 하는 것이죠. 당연히 광고주들은 타깃 독자를 선호하겠죠? 인사이더인텔리전스에 따르면 2021년 미국 디지털 광고 시장 점유율은 구글 26.4%, 페이스북(메타) 24.1%, 아마존 14.6%였는데요. 성장세는 아마존이 더 가파르대요.

아마존에 절대 밀릴 수 없다고 각오한 월마트 역시 지난해 마지막 분기 실적 발표에서 '광고 사업 수익'을 공개했어요. 21억달러에 그쳤지만, 투자자들은 환호! 사실 월마트는 월마트 미디어 그룹을 월마트 커넥트로 재편하고 광고 사업에 집중하고 있어요. 그래서 광고주 수가 전년 대비 136% 늘었다고 합니다.

마이크로소프트(MS)는 현재 리테일 미디어 스타트업을 인수하는 방식으로 시장 진출을 서두르고 있어요. 아무래도 툴을 제공하는 모양새입니다. AT&T의 잰더(Xandr)를 인수해 웹용 디지털 광고 솔루션을 개발하고 있고, 프로모텔큐(PromotelQ)를 사들여 잠재 고객에게 도달하는 가능성을 더 높이고 있습니다.

리테일 미디어라고 하기엔 좀 애매하지만, 구글은 테크 기업답게 고도화된 기술로 승부를 보고 있습니다. 2022년 5월 열린 이

구글 렌즈 장면 탐색. ⓒ구글

벤트에서 순다르 피차이 구글 최고경영자 (CEO)는 "지식이 어디에 있든지 구별 없이 연결하는 것이 구글의 목표"라면서 "언제 어디서든 전 세계를 검색할 수 있도록 하겠다"고 설명했는데요. 대표적으로 선보인 것이 '장면 탐색(scene exploration)'이었어요. 구글 렌즈 앱을 열고 스마트폰 카메라를 진열대에 비추면 상품 정보가 속속 등장! 또 땅콩이 안 들어간 초콜릿으로 입력해서 비추면 해당 제품만 표기됩니다.

애플은 리테일까지는 아니지만, 구글·페이스북이라는 광고 업계의 듀오폴리(복점)에 맞서고자 '앱 추적 투명성'이라는 정책을 실시했어요. 일반적으로 페이스북은 사용자의 활동을 추적하는 '광고 식별자'를 이용하는데요. 이 광고 식별자에 대한 접근 권한을 소비자에게 준 것이죠. 사용자는 이메일, 전화번호 등 기타 정보를 줄지 말지도 선택했고요. 미국에서는 약 4%만이 추적에 동의했다고 해요. 한국은 37% 정도네요. 앱슈머에 따르면 광고주들이 애플을 채택할 확률은 4%포인트 높아진 반면 페이스북은 3%포인트 하락했습니다. 리테일 미디어에 뛰어들고 있는 것은 빅테크뿐만이 아닙니다. 우버, 고퍼프, 도어대시 등 자체 플랫폼을 보유하고 있는 수많은 기업이 뛰어들고 있어요. 리테일 미디어가 뜨는 이유는 아래와 같아요.

- 검색 광고에는 구매 정보가 없다
- 데이터 규제가 심해지고 있다
- 서드파티 시대가 저물고 있다
- 개인정보 보호에 유리하다
- 전환 시 광고를 노출할 수 있다
- 커머스만으로 흑자를 달성하기 어렵다

툴을
빌려드립니다

이곳 실리콘밸리에는 애드테크를 하는 한국계 유니콘이 있습니다. 바로 몰로코인데요. 몰로코는 머신러닝 컴퍼니라는 뜻을 담고 있어요. 뛰어난 기술력 덕분에 2021년 창업 8년 만에 순 매출 1억달러 이상을 달성했고 시리즈C 라운드에서 15억달러의 기업가치를 인정받았어요. 기업가치 10억달러를 뜻하는 유니콘 대열에 합류한 것이죠. 특히 몰로코는 구글, 페이스북 등 빅테크를 뺀 수많은 모바일 앱에 광고를 효율적으로 집행하는 이른바 광고 플랫폼 '클라우드 DSP'를 제공하고 있는데요. 이

안익진 몰로코 CEO.

제는 전자상거래 업체들의 매출을 높이고 제3자 판매자들이 상품을 효과적으로 판매할 수 있는 '리테일 미디어 플랫폼'으로 확장했어요. 오늘은 몰로코가 어떤 리테일 미디어의 중심에 서 있는지 안익진 대표님 인터뷰를 통해 들려드릴게요.

🙂 몰로코는 그동안 '광고를 잘 노출해주는 스타트업'으로 유명했어요. 특히 '맥락 데이터'를 토대로 한 신사업에 대해 구체적으로 설명해 주세요.

😀 저희는 머신러닝 기술을 통해 초당 400만건에 달하는 광고를 연결해 드려요. 하루 기준 데이터 처리량은 8페타바이트(838만 기가바이트) 이상에 육박하고요. 예를 들어 한 게임 업체가 광고를 한다면 수십억 명에

달하는 사용자 중 누가 해당 업체의 게임을 좋아할지 예측하고 판단할 수 있어요.

🙂 리테일 미디어 플랫폼을 새롭게 선보였는데요.

😀 아마존이 자체 인공지능을 활용해 마켓플레이스에서 적합한 상품을 보여주고 소비자를 유도하는데요. 이에 반해 중소·중견 마켓플레이스에는 이러한 도구가 없어요. 그래서 우리가 아마존과 같은 기술력을 이들 마켓플레이스에 지원하려고 만든 툴이에요.

🙂 어떤 기능이 있을까요.

😀 마켓플레이스 매출 증대를 위한 '개인화 추천 엔진'과 상품 판매를 촉진해주는 '스폰서 애드 솔루션'이 탑재돼 있어요.

리테일 미디어 플랫폼은 마켓플레이스 상

인이 성과를 낼 수 있도록 도와주는 서비스인데요. 예를 들어 아마존 신발이라고 할게요. 만약 남성 고객이 아마존 사이트에서 신발을 검색했을 때 하이힐이 나온다면 맞지 않는 검색이겠죠? 입점한 상인에게는 정말 팔고 싶은 상품을 노출해주고, 고객에게는 알맞은 상품을 소개하는 것이 몰로코의 플랫폼이에요. 또 이 서비스는 단순히 전자상거래를 넘어 배달 앱, 패션 앱 등에서도 활용이 가능해요.

🙁 넷플릭스나 디즈니+ 등이 스트리밍 광고를 준비하는데요. 이런 시장은 어떻게 보시나요.

😀 저희도 연구하고 있어요. 몰로코는 인공지능을 활용해 이들이 보다 손쉽게 광고와 비즈니스를 운영할 수 있도록 지원하고자 합니다. 현재 아마존과 유튜브가 각각 30조원 안팎의 시장 규모를 형성하고 있기 때문에 스트리밍 광고 시장은 더욱 밝아 보여요.

🙁 다른 질문인데요. 어떻게 빨리 성장했나요.

😀 서비스 영역은 전자상거래·스트리밍으로 속도감 있게 확장하고 있어요. 지역은 실리콘밸리, 서울, 싱가포르, 도쿄, 베이징, 뉴욕 등으로 잇달아 브랜치를 확대하고 있고요.

🙁 국가별로 문화가 다르면 어렵지 않나요.

😀 요즘엔 서울과 지역 도시보다, 서울과 샌프란시스코의 유사성이 더 높은 시대입니다. 글로벌 콘텍스트가 비슷해지면서 오히려 몰로코만의 전략이 중요한 시점이죠. (몰로코는 150명 이상의 글로벌 직원 가운데 60%가 엔지니어입니다. 또 연구개발비로만 매년 7500만달러를 사용할 정도이고 고객만 240개국에 펼쳐져 있다고 하네요.)

안익진 대표님은 서울대 컴퓨터공학과를 나온 이후 미국 펜실베이니아대 석사를 밟고 UC샌디에이고에서 컴퓨터과학 박사 과정을 취득한 인재인데요. 박사 학위를 밟다 현업에서 근무하고 싶다는 생각이 꿈틀댔대요. 그렇게 찾은 곳이 구글이고요. 안 대표님은 유튜브 팀에 합류하면서 유튜브 광고 알고리즘을 만들었다고 합니다. 이후 유튜브는 흑자로 전환됐고요. 특정 기업이 아닌 모든 기업이 머신러닝을 통해 수익을 창출할 수 있으면 좋겠다는 생각에 만든 것이 몰로코! 하지만 처음에는 쉽지 않았다고 해요. 모바일 애드테크에 대한 벤처캐피털리스트들의 지식도 깊지 않았고, 현금 잔액이 없어 월급을 밀릴 뻔한 적도 있대요.

😀 후배 창업자에게 조언해 주세요.

😀 지속가능성이 무엇보다 중요해요. 몰로코는 흑자 경영을 이어가고 있는데, 이는 지속가능성에 집중했기 때문입니다. 더 빨리

매출을 올리고 성장할 수 있었지만 고객들에게 '지속가능성'을 제공하겠다고 약속한 것이 더 중요했어요. (몰로코의 서비스를 이용하면 지속적으로 매출이 오를 수 있다고 고객과 약속했는데, 스스로 이를 어기고 적자를 내면서 성장하는 것은 언어도단이라는 설명입니다.) 그동안 모바일 기반의 비즈니스가 폭발적으로 성장했지만 거시 경제 환경이 힘들어지고 있어요. 앞으로는 매우 건실한 성장과 비즈니스 최적화가 갈수록 중요해질 것 같아요.

🙂 끝으로 비전을 소개해 주실래요.

😀 세상에는 엄청나게 많은 글로벌 기업이 있잖아요. 홍콩에서 전 세계를 상대로 단추를 팔아 큰 회사가 되는 경우도 있고요. 몰로코는 비즈니스 머신러닝 분야에서 제일가는 세계적인 기업이 되고 싶어요.

2026년 시장?
1천억달러 규모!

보스턴컨설팅그룹(BCG)이 발간한 '리테일 미디어가 소매를 바꾸는 방법'이라는 보고서에 따르면 앞으로 리테일 미디어 시장은 5년간 매년 25%씩 규모가 커진대요. 그래서 2026년에는 약 1000억달러 시장으로 성장! 그때가 되면 전체 디지털 미디어(광고)의 25% 이상을 차지할 것으로 보인다고 해요. 지금까지는 대기업을 중심으로 리테일 미디어를 진행했다면, 앞으로는 중소·중견기업도 플랫폼을 활용해 리테일 미디어에 시동을 걸 것이라는 전망이 우세해요. 이는 단순히 광고를 집행하는 마케터의 문제만은 아니고, 물건을 파는 모든 기업이 리테일 미디어를 서둘러야 한다는 뜻입니다. 시장점유율을 유지하는 방어 전략, 새로운 물건으로 시장을 장악해야 하는 공격 전략 두 가지 측면에서 말이죠.

실제로 고객이 마켓플레이스에서 상품을 보다 이탈하면 고객을 추적해 다시 상품을 노출하는 타깃 플래닝 전략의 중요성도 높아지고 있다고 하고요. BCG는 향후 아마존이 리테일 미디어 시장의 60%를, 월마트·타깃 같은 업체들이 25%를 차지할 것으로 보고 있어요. 아마존 천하! 그러면서 소규모 마켓플레이스 업체는 지금이라도 세 가지를 고려해야 한다고 하네요.

방대한 고객 데이터: 풍부한 소비자 데이터를 확보해야 아마존과 차별화될 수 있다고 해요.
광고주와의 관계: 시장에 일찍 진입해야 광고주에게 어필할 수 있는 기회를 더 많이 확보할 수 있어요.
기술 스택 구축: 리테일 미디어 역시 테크에 의

존하기 때문에 인터페이스, 데이터 관리, 잠재고객 관리, 주문 관리, 노출 추적, 캠페인 측정, 지불 등의 기술을 겹겹이 쌓아야 한다고 합니다.

또 이준원 한국외국어대 미디어커뮤니케이션 연구소 연구원에 따르면 리테일 미디어의 장점은 고객이 제품을 구매하는 시점(point of sales)에 광고를 노출할 수 있다는 점이래요. 검색 엔진에서는 아무리 광고를 보여줘봤자 사실 구매할 마음이 없다면 관심을 안 보이니까요. 하지만 이런 조언도 하시네요. 지나친 광고가 소비자 경험을 손상해서는 안 된다고 말이죠. 소비자가 꼭 원하고 필요로 하는 제품을 전달하는 광고 본연의 성격을 고려하라는 조언입니다.

아마존과 몰로코를 중심으로 갈수록 커져가는 리테일 미디어의 세상을 진단해 봤어요. 경제가 어려워지면서 소비자들은 이제 갈수록 진정 필요로 하는 물건만 구입하려고 합니다. 고환율과 인플레이션에 시달리는 저처럼 말이죠. 새로운 기술과 시장은 오히려 경제가 급변할 때 변화의 움직임에서 태동하는 것 같아요.

영국의 소설가 C S 루이스는 이런 말을 했는데요.

- "달걀이 새로 변하는 것은 어려울지 모른다. 달걀이 나는 법을 배우는 것은 조금 더 어려울지 모른다. 우리는 지금 달걀과 같다. 당신은 그냥 계속 평범하고 상하지 않은 달걀로 있을 수는 없다. 우리는 부화하거나 상할 수밖에 없다."
- "It may be hard for an egg to turn into a bird: it would be a jolly sight harder for a bird to learn to fly while remaining an egg. We are like eggs at present. And you cannot go on indefinitely being just an ordinary, decent egg. We must be hatched or go bad."

경제가 어려운 이때야말로 우리는 더 변화하려는 연습이 필요할 것 같아요. 늘 변화하려고 열심히 움직이는 미라클러님을 미라클레터가 응원합니다.

전자상거래의 겨울이 찾아왔다:
e커머스 시장 트렌드

요즘 우리나라는 점점 뜨거운 여름으로 향하고 있습니다. 그런데 기술 업계에서는 여름이 아니라 겨울에 대한 얘기가 더 많이 들리는 것 같아요. 크립토(가상화폐) 겨울, 벤처투자 겨울, 그리고 전자상거래(e커머스) 겨울.

오늘 저는 e커머스 겨울에 대해 이야기해보려고 합니다. e커머스 겨울은 사실 세계 최대 전자상거래 업체 '아마존'의 겨울이기도 합니다. 아마존에 무슨 일이 생긴 걸까요?

아마존에 찾아온 겨울

창업자 제프 베이조스가 현직에서 물러나고 2021년 아마존 2대 CEO가 된 앤디 재시. 그는 2022년 6월 아마존에서 매우 중요한 인사를 단행했어요. 아마존은 '전자상거래'와 '클라우드(아마존웹서비스 · AWS)' 두 개의 바퀴로 움직이는 전차. 두 사업부 부문장은 'CEO'라는 직책이 붙을 정도로 중요한 자리인데요. 공석이었던 전자상거래 부

앤디 재시 아마존 CEO. ⓒ아마존

문 CEO에 더그 헤링턴이 임명됐습니다. 그리고 소비자(Consumer) 부문이라고 부르던 이 사업 부문 이름은 'Worldwide Amazon Stores business'로 바뀌었습니다. AWS와 짝을 이루는 WAS가 탄생한 것인데요.

이 같은 변화에는 전자상거래 부문의 위기를 해결하기 위한 아마존의 의지가 담겨 있다는 평가입니다. 아마존의 전자상거래에 무슨 일이 있는 걸까요?

2020년부터 2022년 초까지 지속된 팬데믹(대유행)은 '예정된 미래'였던 전자상거래 시대를 앞당겼습니다. 원래 추세선보다 25%나 높은 수준. 외출이 어려워진 사람들이 아마존으로 물건을 주문했고 아마존은 미친 듯이 성장했습니다. 아마존뿐만 아니라 쇼피파이와 소비자직접판매(D2C) 브랜드인 아마존 애그리게이터까지 팬데믹 특수를 톡톡히 봤죠.

아마존은 폭발적인 수요를 맞추기 위해 북미에서 아마존 풀필먼트 센터를 공격적으로 확장했어요. 베이조스와 임원들은 인프

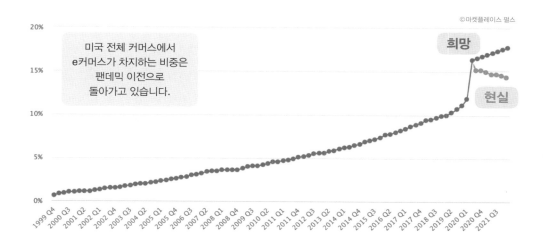

ⓒ마켓플레이스 펄스

미국 전체 커머스에서 e커머스가 차지하는 비중은 팬데믹 이전으로 돌아가고 있습니다.

희망

현실

라스트럭처 확장에 총력을 기울였습니다. 팬데믹 초기만 해도 재시는 AWS CEO였기에 인프라 확장은 자신의 일이 아니었지만, 2021년 전체 아마존 CEO가 되면서 그에게도 이것은 중요한 일이 됐습니다.

하지만 팬데믹으로 급등했던 전자상거래 수요가 감소하는 것이 2021년 말부터 눈에 띄기 시작했고 재시와 당시 전자상거래 부문 CEO였던 데이브 클라크도 변화를 직감하고 급격한 인프라 확장 계획에 제동을 걸었습니다. 두 사람은 2022년 5월 아마존 이사회에 이에 대한 계획을 보고했습니다.

"팬데믹 때문에 너무 많은 창고를 짓고 사람을 뽑았다! 이를 줄이거나 외부에 임대해야 한다!"

아마존 2대 CEO인 재시에게 지난 1년은 베이조스가 구축해온 것에 대한 결과였어요. 주가가 폭락하고 실적이 주춤했지만 그에 대한 직접적인 책임에서는 벗어나 있었습니다. 하지만 앞으로는 그가 만들어갈 아마존의 성적이 주가에 반영될 수밖에 없죠. 베이조스가 해온 공격적인 시설 투자를 정리해야 하는 것. 의도하지는 않았지만 전자상거래 부문에서 빅배스(Big Bath · 전임 CEO의 부실을 일시에 털어내는 것)를 해

야 하는 상황이 된 것입니다.

이 상황에서 재시와 함께 보고했고, 아마존의 '풀필먼트 그 자체'였던 클라크는 보고를 마친 후 자리에서 물러나겠다고 얘기합니다. 하지만 재시는 그를 잡지 않습니다. 클라크는 재시가 CEO가 되기 전에 베이조스가 CEO로 임명한 사람이죠. 이제 두 사업 부문 CEO 모두 재시의 사람이 됐습니다.

지금 e커머스 시장의 문제. 바로 '앞당겨진 미래'가 '과거로 반송'됐다는 점이에요. e커머스 업계에서는 팬데믹 후에도 소비자들의 전자상거래에 대한 의존이 크게 꺾이지 않을 것이라고 생각했거든요. 그런데 10년이 앞당겨진 미래가 팬데믹 이후 과거로 돌아가게 되면서 실제로 당겨진 건 5년 정도뿐이라고 할까요? 현시점에서 보면 5년 전 과거로 돌아간 것이죠.

재시는 헤링턴을 임명하는 공식 발표에서 이렇게 말합니다.

"아마존은 전 세계 리테일 시장의 1%만을 차지하고 있으며 아직도 전 세계 상거래의 85%는 물리적인 상점에서 이뤄진다."
일시적인 위축에도 불구하고 전자상거래 시장의 미래는 밝다는 것을 강조한 말입니다.

하지만 전자상거래의 위축은 아마존에 별 일이 아닐 수도 있을 것 같아요. 인플레이션과 경기 침체라는 더 강력한 파고가 몰려오고 있거든요. 어도비에 따르면 인플레이션 영향으로 빠르게 올랐던 온라인에서의 제품 가격이 요즘 다시 정체되고 있습니다.

인플레이션이 사람들의 소비심리를 빠르게 악화하고 있으며 경기 침체가 이제 코앞으로 다가오고 있다는 뜻이죠. 아마존은 2022년 3분기 실적을 공개하면서 4분기 실적이 전년 동기 대비 2~8% 증가에 그칠 것이라고 발표했습니다. 이 영향으로 아마존 시가 총액은 1조달러 아래로 내려갔습니다.

아마존의
세 가지 전략

이미 e커머스의 겨울은 찾아온 것 같아요. 아마존은 어떻게 할까요? 일단 알려진 것들만 정리해 볼게요.

첫 번째는 풀필먼트 확장을 중단하고 비용 관리에 들어가는 것입니다. 아마존은 그동안 전자상거래 부문에서 극히 낮은 마진을 유지했습니다. AWS에서 높은 수익을 거두고 있었기 때문이죠. 하지만 AWS는 구글,

MS, 오라클 등 수많은 도전자와 싸워야 합니다. 어쩌면 AWS를 24년간 이끌어왔던 재시가 "이제는 전자상거래에서도 돈을 벌어야 하지 않을까?"라고 얘기할 수도 있다는 생각이 듭니다. 자율주행, 창고, 로봇 등 풀필먼트 부문의 무인화도 아마존이 가고 있는 중요한 방향입니다.

두 번째는 '바이위드프라임(Buy with Prime)' 강화입니다. 아마존은 이미 내부에 결제와 풀필먼트라는 전자상거래에서 중요한 두 가지 솔루션을 가지고 있습니다. 바이위드프라임은 아마존 외부의 독립 사이트에서도 아마존 프라임 계정으로 구매하고 아마존 풀필먼트(2일 배송!)로 제품을 받을 수 있는 서비스입니다. 2022년 4월 공개된 이 서비스는 쇼피파이 같은 경쟁자에게는 가장 무시무시한 것이죠.

세 번째는 아마존 광고(Amazon Ads)입니다. 아마존이 이미 전 세계에서 큰 광고판 중 하나가 됐다는 것 알고 계시죠? 아마존 검색에서 최상위에 노출되기 위해 많은 기업이 광고비를 내고 있답니다. 2022년 2월 최초로 공개된 아마존 광고 부문의 2021년 매출은 310억달러로 디지털 광고 시장에서 구글, 메타에 이어 3위권이라는 사실이 공식 확인됐습니다. 참고로 아마존 광

고는 트위치와 아마존의 광고 기반 TV 서비스(FAST)인 프리비(Freevee)도 담당합니다.

아마존 광고처럼 리테일 업체 사이트에 광고하는 것을 '리테일 미디어 네트워크(Retail Media Network)'라고 부르는데, 최근 중요한 디지털 광고 채널 중 하나가 되고 있어요. 현재는 전체 시장의 77%를 아마존 광고가 차지하고 있지만 월마트나 인스타카트도 비중을 확대하고 있어요. 이런 리테일 미디어 네트워크는 단순히 제품을 파는 목적뿐만 아니라 데이터를 확보한다는 점에서 인기를 얻는다고 합니다.

아마존이 광고에 진심이라는 것은 많이 알려진 사실. 최근에는 칸 국제광고제(Cannes Lions)에 대규모로 참여하기도 했습니다. 애플과 구글의 광고 정책 변화, 넷플릭스의 광고 시장 참여, 틱톡 부상 등으로 전 세계 광고 시장에서는 기술 기업들의 전쟁이 벌어지고 있어요.

다. 그리고 버티다보면 비슷한 기간의 '여름'이 언젠가 찾아오죠. 하지만 '크립토 겨울'과 '벤처투자 겨울'이 두려운 이유는 겨울이 얼마나 오래 지속될지 모른다는 것이에요. 그나마 'e커머스 겨울'은 코로나19에 따른 전자상거래 '가속화'가 일부 되돌아가는 과정으로 볼 수 있기 때문에 시간이 지나면 장기 트렌드로 복귀할 수 있을 것 같아요.

미라클레터는 여러분이 겨울을 잘 버텨내고 여름을 준비할 수 있도록 다양한 소식을 빠르게 전해 드리겠습니다. 오늘도 끝까지 읽어주셔서 감사합니다.

생각해 보기 🔍

요즘 봄과 가을이 점점 짧아지고 있지만 현실 세계의 겨울은 대략 3개월만 지속됩니

아마존 정글에서 살아남는 3가지 방법: e커머스 트렌드

"아마존은 제국을 건설하려고 한다.
쇼피파이는 반란군을 위한 무기가 되려고 한다."

: **토비아스 뤼트케** 쇼피파이 CEO

여러분은 아마존 하면 무엇이 가장 먼저 생각나나요? 저는 여전히 브라질에 위치한 거대한 열대우림이 떠올라요. 하지만 점점 더 많은 사람이 아마존 하면 미국의 전자상거래 회사를 떠올릴 거예요. 인간의 욕심으로 빠르게 줄어들고 있는 아마존 정글이 정말 사라지게 된다면 우리에게 '아마존=전자상거래'라는 기억만 남을 것 같기도 하네요.

오늘은 이렇게 전자상거래의 대명사가 된 아마존이 지배하는 세계에서 기업들이 어떻게 대응하고 있는지 세 가지 사례를 소개해 드리려 합니다.

아마존 정글에서 살아남는 3가지 방법

전자상거래에서 아마존이 차지하는 비중은 어느 정도일까요? 2020년 기준 아마존은 미국 전체 소매 전자상거래 유통에서 39%의 시장점유율을 기록하고 있어요. 우리나

라 전자상거래에서 네이버가 17%, 쿠팡이 13%를 차지하는 것으로 추정되는데요. 네이버와 쿠팡을 합한 것보다 약 10%포인트나 많죠!

전체 미국 시장의 40%나 차지하는 아마존 거래의 60%를 '서드파티(제3자) 마켓플레이스'가 담당하고 있어요. 우리나라에서는 '오픈마켓'이라는 형태의 판매를 의미하는데요. 개방된 장터에 누구나 자신의 물건을 등록해 판매할 수 있다는 뜻이에요. 우리나라 '지마켓'이나 '11번가' 등에서도 흔하게 발견할 수 있는 판매 형태죠.

FBA로 서드파티 셀러 크게 늘려

다만 아마존의 오픈마켓은 기존에 우리에게 익숙한 오픈마켓과 큰 차이가 하나 있는데요. 바로 FBA(Fulfillment by Amazon)를 이용하는 외부 셀러가 무척 많다는 것이에요. FBA는 한마디로 아마존의 '프라임 배송'을 외부 사업자가 이용하는 것을 말해요. 일반 택배 회사 대신 아마존이 배송해주는 거죠. 미국 전역에 깔린 아마존 물류망을 활용해 당일배송, 이틀배송, 무료배송 등의 서비스를 소비자에게 제공할 수 있게 돼요. 셀러들은 신속한 배송에 길들여진 아마존 고객을 자사 고객으로 끌어들일 수 있는 거죠. 이뿐만 아니라 FBA는 고객 주문을 예측해주기까지 해요!

230조원 규모
아마존 오픈마켓

2006년 시작된 FBA는 지금 아마존의 엄청난 캐시카우가 됐어요. 아마존은 2020년 매출 3860억달러(약 454조원), 영업이익 228억달러(약 27조원)를 기록했는데 코로나19 영향으로 기존 캐시카우인 클라우드보다 전자상거래 이익이 크게 늘어났을 것으로 추정돼요.

FBA는 미국뿐 아니라 북미, 일본 등에서도 제공되기 때문에 많은 소기업에 쉽게 아마존 셀러가 될 수 있는 길을 열어줬어요. 우리나라에서도 FBA를 통해 셀러가 되는 사람이 많아요. 아마존 오픈마켓은 3200억달러에 달하는 아마존 매출의 60%를 차지하며 규모가 약 230조원에 이를 정도로 어마어마한 시장이에요. FBA를 통하면 이 시장에 쉽게 접근할 수 있어요.

아마존 외부 채널에까지
물류 제공

이뿐만 아니라 아마존은 MCF(Multi Channel Fulfillment)라는 서비스를 이용해 아마존 외부 채널에서도 물류 서비스를 하고 있어요. FBA를 사용하는 셀러가 아마존 고객이 아닌, 이베이 같은 다른 채널로 제품을 판매할 경우 FBA에서 배송해주는 서비스예요. 이처럼 FBA를 통해 아마존에서 사업하는 개별 사업자가 워낙 많아지면서 이런 셀러들을 사고파는 '엠파이어 플리퍼스'라는 회사까지 생겼어요. 쉽게 아마존 셀러로 사업을 시작하고, 사업이 성공을 거두면 다른 사람이나 기업에 이를 팔아 현금화하는 거대한 생태계가 이미 아마존 내부에 형성돼 있는 거예요.

스라시오:
정글에 적응하라!

최근 미국에서 급속도로 성장하고 있는 회사의 형태가 아마존 셀러들을 인수해 규모의 경제를 만드는 '아마존 애그리게이터'예요. 아마존 FBA를 통해 제품을 성공적으로 판매하고 있는 작은 셀러 브랜드를 인수해서 키우는 거죠. 한두 개가 아니라 수십 개 브랜드를 사들여요. 이런 투자 방식을 '롤업투자'라고 한다고 해요.

아마존 애그리게이터 중 가장 유명한 회사로는 스라시오(Thrasio)가 있어요. 이 회사는 2022년 4월 1억달러 투자를 유치하면서 약 3조원의 기업가치를 평가받았다고 해

스라시오의 대표 브랜드 중 하나인 앵그리오렌지. ⓒ스라시오

지는 2018년 회사를 스라시오에 매각했어요. 당시 매출은 140만달러. 2년 만에 앵그리오렌지의 매출은 3000만달러로 늘었다고 해요. 창립자는 회사를 엑시트하고 하와이로 한 달간 휴가를 떠났다고 해요.

스라시오가 소규모 브랜드를 성장시키는 방법은 다양해요. 제품 개선, 유통채널 확대, 다양한 마케팅까지 작은 기업은 따라하기 어려운 경영 전략을 활용한다고 해요. 중요한 것은 규모의 경제예요. 개별 브랜드의 매출을 높이고 여러 브랜드를 통합해 관리하다 보면 규모의 경제가 나올 수 있는 부분이 있거든요.

이 같은 규모의 경제가 가능한 것도 FBA 때문이에요. 전자상거래 회사가 빠르게 성장하다 보면 마주하게 되는 골치 아픈 물류 문제를 아마존에서 해결해 주기에 애그리게이터는 브랜드를 인수하고 마케팅과 소싱만 잘하면 사업을 빠르게 키울 수 있어요. 아마존이라는 정글에 적응하는 것을 생존 방법으로 택한 것이죠.

요. 스라시오가 브랜드 인수에 쓴 돈은 1억 5000만달러 이상이래요. 브랜드 200개 이상을 사들였다고 하니 평균 인수금액은 9억원 정도? 스라시오 외에도 퍼치(perch), 문샷브랜드 같은 회사가 아마존 애그리게이터 모델로 투자를 받고 있어요. 미국은 물론 유럽, 인도에서도 비슷한 모델의 아마존 애그리게이터가 투자금을 끌어들이고 있어요. 모두 아마존이 FBA 생태계를 구축한 곳입니다.

2년 만에 매출
16억 → 356억 원

스라시오가 대표 성공 사례로 꼽는 브랜드는 반려동물 냄새 제거제 회사인 앵그리오렌지예요. 2014년 애덤 세인트 조지라는 사람이 설립했어요. 성장의 한계를 느꼈던 조

쇼피파이:
정글 밖에서 살아남아라!

아마존의 대척점에 있는 회사는 쇼피파이(Shopify)예요. 쇼피파이는 전자상거래 회사

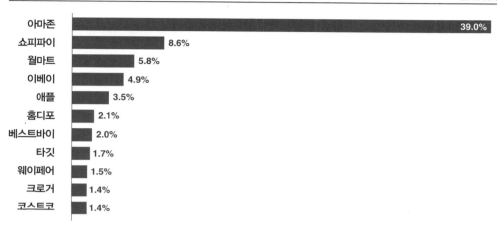

전체 미국 소매 산업에서 시장점유율(2020년)

자료=쇼피파이

아마존	39.0%
쇼피파이	8.6%
월마트	5.8%
이베이	4.9%
애플	3.5%
홈디포	2.1%
베스트바이	2.0%
타깃	1.7%
웨이페어	1.5%
크로거	1.4%
코스트코	1.4%

가 아마존 외부에 독립적인 쇼핑몰을 구축할 수 있도록 도와줘요. 한국에서는 카페24와 비슷해요. 전체 미국 전자상거래에서 쇼피파이로 만들어진 사이트들이 차지하는 비중은 아마존 다음으로 큰 8.6%라고 해요. 월마트가 5.8%, 이베이가 4.9%인 것을 감안하면 작지 않은 규모죠. 대표적으로 테슬라, 록시땅, 세포라, 버드와이저, 올버즈 같은 회사들이 쇼피파이로 사이트를 구축하고 있다고 해요.

아마존에 대한
불신 여전

기업들은 왜 아마존에서 빠져나와 자체 사이트를 만들려는 걸까요? 지배적 플랫폼인 아마존에 대한 불신이 한 원인이에요. 아마존 거래의 60%는 서드파티가 운영하지만 40%는 아마존이 직접 맡고 있죠. 그렇기 때문에 아마존이 직접 판매하는 제품이나 아마존의 PB(Private Brands)에 유리하게 운영하고 있다는 의심이 계속 나오고 있어요. PB란 아마존이 자체적으로 만든 브랜드를 뜻하는데, 이마트의 노브랜드나 쿠팡의 탐사 같은 것이죠. 과거 청문회에서 공개된 자료에 따르면 의류와 침구류에서 아마존 PB 제품이 개수로는 차지하는 비중이 1%에도 미치지 못한다고 해요. 하지만 매출로 따졌을 때는 비중이 9%나 된다고 합니다.

아마존 생태계에 있을 때 내야 하는 각종 수수료 부담도 기업들이 아마존에서 빠져 나오려는 이유 중 하나예요. 아마존은 먼저 판매수수료로 평균 15%(품목에 따라 8~45%)를 떼어가요. 또 책, 음악, 게임 등 미디어 상품에는 건당 1.8달러의 제반수수료가 발생해요. 여기에 FBA를 이용하면 마치 택배사에 돈을 내는 것처럼 배송료 2.41~4.71달러를 지불해야 한다고 해요. 만약 창고에 재고를 보관한다면 재고 보관 비용을 추가로 내야 하죠.

아마존
떠나기 어려워

이처럼 아마존을 떠나 자신이 직접 구축한 쇼핑몰을 중심으로 전자상거래를 하는 것을 D2C라고 해요. 대표적으로 나이키가 D2C 기업이 되겠다고 선언한 적이 있어요. 하지만 쇼피파이로 자체 사이트를 만든다고 해도 아마존과 완전히 거래를 끊는 것은 아니에요. 아마존 자체가 거대한 검색 엔진이자 광고판이기 때문에 아마존을 떠나는 데는 큰 용기가 필요해요. 전체 매출에서 자체 사이트 비중이 높고 판매를 그쪽으로 유도하는 회사를 D2C 기업이라고 봐야 할 것 같아요.

쇼피파이는 자신의 서비스를 통해 아마존 판매도 관리할 수 있도록 하고 있어요. 아마

존이 워낙 중요하니 당연한 서비스. 이 밖에도 결제(쇼피파이페이먼트), 금융(쇼피파이캐피털) 등 여러 가지 부가서비스를 제공하고 있어요. 쇼피파이는 2019년 쇼피파이풀필먼트네트워크(Shopify Fulfillment Network)라는 자체 물류망을 강화하겠다고 발표했어요. 결국 지금 전자상거래에서 물류가 핵심이라는 것을 깨닫고 이를 개선하기로 한 거죠. 아마존과 달리 직접 창고를 짓고 직원을 고용하는 것은 아니고, 말 그대로 여러 창고와 운송사업자를 연결해서 이를 쇼피파이 고객에게 서비스로 제공하는 것이에요.

패커블:
뭘 하든 일단 살아남아!

아마존이라는 거대한 정글에서 살아남으려는 회사가 스라시오이고, 아마존 밖에서 살아남으려는 회사들을 지원하는 것이 쇼피파이라고 할 수 있을 것 같아요. 그런데 아마존 내부와 외부를 가리지 않고 뭐든 다 하면서 생존하고자 하는 패커블(Packable)이라는 전자상거래 회사가 있어요.

이 회사는 파마팩(Pharmapack)이라는 일종의 온라인 약국(Pharmacy)을 운영해요.

처방전 없이 구매할 수 있는 약품부터 가공 식품, 소비자 용품까지 살 수 있는 곳이죠. 우리나라로 따지면 '온라인판 올리브영'에 가까운 것 같아요. 평범한 동네 약국에서 시작한 이 업체는 아마존에서 제품을 팔다가 어느새 아마존에서 큰 서드파티 회사 중 하나가 됐어요. 그리고 이렇게 쌓아온 노하우를 바탕으로 모든 마켓플레이스에서 활동하는 '전자상거래 솔루션 회사'로 성장하겠다고 밝히고 있어요.

일종의 온라인 전용 유통업자인 이 회사는 다양한 제품군을 갖추고 있어요. 레킷벤키저, 유니레버, 3M 같은 대형 브랜드 제품뿐 아니라 인터넷에만 존재하는 디지털 네이티브 브랜드 제품군까지 모두 다뤄요. 스라시오처럼 직접 브랜드를 인수하기도 하고 물류에 대한 투자도 하고 있어서 동부 물류창고 외에 캘리포니아와 텍사스에도 물류센터를 건설할 계획이에요. 필요에 따라 FBA와 자체 물류를 선택적으로 사용하는 거죠.

이렇게 모든 것을 다 하는 모델을 통해 패커블은 빠르게 성장했어요. 2018년에는 레킷벤키저에서, 2020년에는 사모펀드 칼라일에서 투자를 받았어요. 2021년 예상 매출은 4억5600만달러에 달했죠.

생각해 보기 🔍

하지만 2022년 전자상거래 겨울이 찾아오고 투자 유치 시장이 막히면서 패커블은 2022년 8월 문을 닫아 버립니다. 2021년 기업인수목적회사(SPAC) 상장을 준비할 정도로 빠르게 크던 기업이 단숨에 문을 닫아 버린 겁니다.

앞서 소개해드린 스라시오 등 애그리게이터 모델도 전자상거래 시장 위축으로 위기를 맞고 있어요. 스라시오도 구조조정을 하고 기업가치가 깎일 위기에 처했습니다. 아마존의 대안이었던 쇼피파이도 2022년 11월 주가가 고점 대비 거의 5분의 1 수준까지 내려갔습니다. 50% 떨어진 아마존에 비하면 어마어마한 하락폭입니다.

아마존(e커머스)이라는 커다란 정글이 위기를 맞으면서 다른 기업들은 더 큰 타격을 받는 모습입니다. 과연 e커머스는 2023년에 살아날 수 있을까요?

미래 10년, 빅테크로 미리보기

초판 1쇄   2022년 11월 28일

지은이   이상덕 이덕주
펴낸이   최경선
펴낸곳   매경출판㈜
등록   2003년 4월 24일(No. 2-3759)
주소   (04557) 서울시 중구 충무로 2(필동1가) 매일경제 별관 2층 매경출판㈜
인쇄 · 제본   ㈜M-print   031)8071-0961

ISBN 979-11-6484-501-9(03320)